本书系2021年度河北省社会科学发展研究课题（年会确认课题）《以儒商精神助推中国产品和服务"走出去"研究》的研究成果，项目编号：20210601041

发达国家制造业
"外迁"与"回流"的动态及其对我国的启示

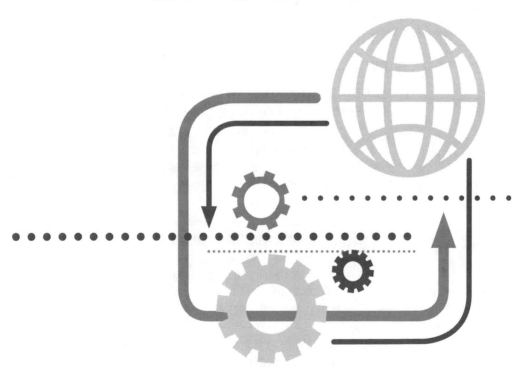

杨英法　王振　郭广伟◎著

中国财经出版传媒集团

经济科学出版社
Economic Science Press

图书在版编目（CIP）数据

发达国家制造业"外迁"与"回流"的动态及其对我
国的启示/杨英法，王振，郭广伟著 . -- 北京：经济
科学出版社，2021.11
　ISBN 978 - 7 - 5218 - 3169 - 6

　Ⅰ.①发…　Ⅱ.①杨…②王…③郭…　Ⅲ.①发达国
家 - 制造工业 - 研究　Ⅳ.①F407.4

中国版本图书馆 CIP 数据核字（2021）第 257838 号

策划编辑：李　雪
责任编辑：袁　澂
责任校对：刘　娅
责任印制：王世伟

发达国家制造业"外迁"与"回流"的动态及其对我国的启示
FADA GHOJIA ZHIZAOYE "WAIQIAN" YU "HUILIU"
DE DONGTAI JI QI DUI WOGUO DE QISHI
杨英法　王　振　郭广伟　著
经济科学出版社出版、发行　新华书店经销
社址：北京市海淀区阜成路甲 28 号　邮编：100142
总编部电话：010 - 88191217　发行部电话：010 - 88191522
网址：www. esp. com. cn
电子邮箱：esp@ esp. com. cn
天猫网店：经济科学出版社旗舰店
网址：http：//jjkxcbs. tmall. com
北京季蜂印刷有限公司印装
710 × 1000　16 开　17.25 印张　210000 字
2021 年 11 月第 1 版　2021 年 11 月第 1 次印刷
ISBN 978 - 7 - 5218 - 3169 - 6　定价：69.00 元
（图书出现印装问题，本社负责调换。电话：010 - 88191510）
（版权所有　侵权必究　打击盗版　举报热线：010 - 88191661
QQ：2242791300　营销中心电话：010 - 88191537
电子邮箱：dbts@ esp. com. cn）

本书系 2021 年度河北省社会科学发展研究课题（年会确认课题）《以儒商精神助推中国产品和服务"走出去"研究》的研究成果，项目编号：20210601041。

前　　言

以美国为代表的发达国家，制造业"外迁"和"回流"发生在特定的历史或时代条件之下，反映着制造业升级发展的一般规律。随着经济全球化进程的深入，世界市场机制的日益健全为发达国家制造业在升级发展中充分利用国际资源要素拓宽利润空间和实现创新驱动发展提供了条件。同时，随着制造业的升级发展，美国等发达国家本土劳动力等要素价格的上涨造成其传统制造业利润空间受到压缩。为降低生产成本和维持利润空间，美国制造业在20世纪60年代后大规模"外迁"，在为其国内制造业创新驱动升级发展创造条件的同时，也极大地推动了其制造业转移目的地国家和地区的工业化进程，甚至在一定程度上改变了全球的制造业格局和国际分工模式。美国等发达国家制造业"外迁"是制造业创新驱动发展规律、产业结构升级发展规律和国际市场机制下价值规律共同作用的结果，也是发达国家制造业转型升级的必然需要。制造业"回流"虽然体现出美国等发达国家力图维持其制造业和科技创新全球优势乃至世界霸权的主观意愿，被其上升到"再工业化"的国家战略高度，并配套出台了系列引导推进政策，但是因经济全球化在第三次科技革命的深入推动下已经达到了前所未有的广度与深度，决定了其力图通过单方面的政府乃至国家行为斩断制造业既有的国际分工体系和基于世界各国要素比较优势而形成的制造业产业链，以对抗国际市场机制基于价值规律对制造业全球要素资源的调节配置，必然将面对重重阻力。然而，美国等发达国家制造业"外迁"和"回流"却反映着制造业升级发展的深层规律，尤其是作为后工业化国家和制造业强国，美国制造业"外迁"的历史经验为我国提供借鉴，而其制造业"回流"的现实教训也为我国敲响了警钟。

目前，我国已是"世界工厂"，在制造业发展的诸多指标如产量规模、工业门类和贸易总量上已是世界首位，但是仍非制造业强国，且制造业发展面对的国内"产能过剩"问题也已非常突出。我国要实现从制造业大国向制造业强国的转变，成功化解国内"产能过剩"的问题，就需要不断实现制造业的转型升级，并建立健全制造业创新驱动发展机制。在此过程中，我国既要吸收以美国为代表的发达国家制造业"外迁"的经验，积极推动中国制造业企业"走出去"，利用国际市场及其要素资源助推制造业的创新升级，也要吸取美国制造业"回流"面对重重阻力而难于推进的现实教训，在避免产业空心化的前提下合理控制制造业的国民经济占比，并积极发展生产性服务业，在推进制造业与生产性服务业的协同互动发展的同时，健全我国制造业的创新驱动发展机制，顺应经济全球化发展趋势，为人类命运共同体建设和中华民族的伟大复兴提供强大的制造业支持。另外，我国还要在制造业创新升级发展中坚定融入全球化进程，并在此过程中以制造业实力支持中国国际话语权建设，不断推进国际经济贸易新秩序的建立。

作者

2021 年 11 月

目　　录

1　绪论 ……………………………………………………………… 1

　　1.1　研究背景 ……………………………………………………… 2

　　1.2　研究的目的和意义 …………………………………………… 12

　　1.3　国内外文献述评 ……………………………………………… 16

　　1.4　研究思路 ……………………………………………………… 25

　　1.5　预期创新点 …………………………………………………… 26

　　1.6　研究方法 ……………………………………………………… 27

2　制造业"外迁"与"回流"问题研究的相关概念、
　　规律与理论 ……………………………………………………… 28

　　2.1　制造业"外迁"与"回流"的相关概念 …………………… 29

　　2.2　制造业"外迁"与"回流"的相关规律 …………………… 38

　　2.3　制造业"外迁"与"回流"的相关理论 …………………… 47

3　美国制造业"外迁"与"回流"的背景、
　　原因与历程 ……………………………………………………… 59

　　3.1　美国制造业"外迁"的背景、原因与基本历程 ……… 60

　　3.2　美国制造业"回流"的背景、原因与现状 …………… 76

4 美国制造业"外迁"的效应与态势分析 ……………… 87

4.1 美国制造业"外迁"的内外效应 ……………… 88

4.2 美国制造业在全球价值链中的地位变化 ………… 93

4.3 美国制造业"外迁"的态势分析 ……………… 98

5 美国制造业"回流"的效应与态势分析 ……………… 101

5.1 美国制造业"回流"的内外效应 ……………… 102

5.2 制造业"回流"背景下美国制造业全球价值链

分析 ……………………………………… 108

5.3 美国制造业"回流"的态势分析 …………… 115

6 美国制造业"外迁"与"回流"的政策体系 ……… 121

6.1 美国推进制造业"外迁"的政策体系 ………… 121

6.2 美国促进制造业"回流"的政策体系 ………… 132

7 美国制造业"外迁"与"回流"对我国的影响 ……… 141

7.1 美国制造业"外迁"对我国的影响 …………… 141

7.2 美国制造业"回流"对我国的影响 …………… 153

8 美国和其他发达国家制造业"外迁"与"回流"

对我国的启示 …………………………………… 169

8.1 美国制造业"外迁"与"回流"对我国的启示 …… 170

8.2 英国、法国、德国、日本等发达国家制造业

"外迁"与"回流"对我国的启示 …………… 181

9　美国制造业"回流"背景下中国制造业的发展对策 ………… 204

  9.1　推进制造业动力机制转换，构建制造业创新驱动
       发展机制 ……………………………………… 205

  9.2　合理控制制造业产业占比，避免出现严重产业
       空心化问题 …………………………………… 208

  9.3　淘汰制造业过剩落后产能，积极推进传统制造业
       技术升级 ……………………………………… 212

  9.4　合理推进制造业"走出去"，积极参与制造业
       国际化分工 …………………………………… 215

  9.5　积极发展生产性服务行业，努力掌握核心自主知识
       产权 …………………………………………… 217

  9.6　顺应经济全球化发展趋势，引导全球要素市场机制
       优化 …………………………………………… 220

  9.7　尽量保留低端制造业，坚持推进低端制造业技术
       升级改造 ……………………………………… 224

10　结论 ……………………………………………… 232

参考文献 ……………………………………………… 244

1

绪　　论

　　美国、英国、法国、德国、日本、意大利、加拿大等发达国家，因为劳动力价格高，环保意识增强，为了降低成本，减少污染，曾纷纷将本国制造业外迁到发展中国家；但是，外迁后又导致了本国产业空心化，引发就业困难、贫富分化加剧、社会严重撕裂等诸多问题，因此又在谋求制造业回归。美国在20世纪，长期以制造业为主导产业，是全球制造业的中心，但是从20世纪末开始，制造业大量外迁，成为以金融业、高端服务业为支柱产业的国家，钢铁、汽车、化工等产业衰落，导致美国出现严重的产业空心化，就业机会减少，贫富分化加剧，社会严重撕裂，这成了特朗普政府上台的社会基础。鉴于产业外迁的弊端，美国政府近几年一直在采取各种措施，谋求制造业回归美国。2021年刚上台的拜登政府，于2021年1月25日马上签署了《关于确保未来由美国工人在美国制造的行政令》，旨在利用政府对商品和服务的强大购买力，加强国内制造业，为新科技创造市场。该条款适用于联邦政府每年购买的6000亿美元（约合3.9万亿元人民币）商品和服务中的1/3左右。之后又推出了23000亿美元的"超级基建"计划（2021年11月国会通过时，金额降到1.2万亿美元），谋求通过改善美国的基础设施来吸引外迁到国外的制造业回归美国，实现美国的"再工业化"。总的来看，发达国家制造业的"外迁"与"回流",二者皆利弊兼具,既有积极效应,也有消极效应,让发达国家在制造业的"外迁"与"回流"上呈现出举棋不定、前后反复、顾此失彼,处于两难境地的基本态势。我国正处在由中高收入经济体迈向高收入经济体的过渡环节,开始面临制造业的"外迁"与"回流"的两难选择,需仔细研判发达国家制造业的"外迁"与"回流"的效应与态势,取其成而避其败,预先规避可能带来的消极效应,而将其积极效应发挥到最大。

美国是发达国家的典型,研究美国可以管中窥豹,把握发达国家制造业的"外迁"与"回流"的整体态势,并评估其效应,为我国处理此类问题提供启发和借鉴。

1.1 研 究 背 景

制造业外迁是国家产业空心化的重要起因,产业空心化主要是指以制造业为中心的物质生产和资本,大量地、迅速地转移到国外,使物质生产在国民经济中的地位明显下降,造成国内物质生产与非物质生产之间的比例关系严重失衡。发达国家制造业"外迁"始于 20 世纪 60 年代,其中以美国最为突出[①]。当时,美国的汽车和电动机械等重要的制造业部门借助欧洲经济共同体的形成这一时机而纷纷将其生产据点转向西欧,使得美国国内制造业部门出现严重的投资不足,竞争力急剧下降,就业也迅速减少,制造业在国民经济与就业中的比重日趋下降,并由此引发了美国的对外贸易收支状况恶化、结构性失业严重、地区经济发展失衡等问题。

---

① 李聪颖. 发达国家和地区产业空洞化:形成与启示 [J]. 全国商情,2008(17):37 - 38.

20 世纪 50 年代以来，发达经济体产业结构的转型升级，往往伴随着中低附加值产业的外迁。相对于国内封闭的产业结构调整而言，国际产业转移使一国产业结构升级的效率迅速提高。以美国为例，20 世纪 50 年代以来，美国经历过两次重大的转型升级。第一次是二战结束后的经济整合阶段，面对国内劳动力成本的快速上升，美国于 20 世纪 50 年代前后将纺织等低端制造业向外转移（主要是日本和德国等），在国内发展半导体、通信和电子等技术密集型制造业。第二次是 20 世纪 70 年代石油危机爆发后，为降低经济对石油的依赖程度，又由于当时日本和德国制造业崛起对美国制造业造成影响，美国继续转出重化工业，经济重心逐渐由制造业向服务业转移。

美国的政商学各界，都已经认识到制造业工作岗位的大量流失，是美国中低等收入群体处于困境的关键因素所在。美国西北大学教授罗伯特·戈登（Robert Gordon，2012）的《美国增长的起落》（*The Rise and Fall of American Growth*）[①] 中，就一针见血地指出，第二次世界大战后美国推行的去工业化，在制造业衰落的同时，信息产业和金融业却在迅速崛起，掩盖了很多制造业衰退带来的问题，然而第三次科技革命中信息产业的创新和突破却集中在社会的部分领域，对生产力的拉动和经济的增长促进作用远不及第二次工业革命一样全面和彻底。制造业的重要性，远超过国内生产总值（gross domestic product，GDP）里的一行数字，作为技术创新的源泉和经济增长的动力，一国的繁荣离不开制造业。因此，金融危机以来，主要的发达国家纷纷开始反思过去的制造业外包政策和后工业时代重服务轻制造的思维，重振制造业成了各国经济政策的主旋律。

---

① Robert J. Gordon. The Rise and Fall of American Growth：The U. S. Standard of Living since the Civil War [M]. Princeton University Press，2012.

无论是美国、英国、德国、日本等发达国家,还是今天的中国,都极大地受益于制造业的繁荣和工业化的过程,服务业难以支撑经济高速增长也已经成为学术界共识。经济如何从制造业向服务业转型的过程中,保持制造业的优势和传统,是一个持久的考验。当前美国等发达国家的高科技新兴产业依然强大,但是试图重新恢复传统制造业的地位,将是一个痛苦而漫长的过程,且当前的发达国家,已经不具备传统制造业再次发展的种种历史优势,未来更可能出现的情况是:高端电子制造业和传统制造业命运迥异,电子信息科技的终端制造业或许可以部分回流,但是传统制造业,正如曹德旺和他的福耀美国工厂的实验,当前的美国,很难再现昔日的荣光①。

20 世纪 50 年代以来,发达经济体产业结构加速升级,国际分工进一步深化、由产品分工转向要素分工模式,最终促成了新国际分工体系和全球价值链的形成。第二次世界大战前后,伴随以原子能、电子计算机、合成材料等为标志的第三次工业革命(科技革命)爆发,发达经济体产业结构面临升级,产生了向外转移产业的需求,而第二次世界大战后日益开放的国际环境形成了有利条件。在这一背景下,国际分工不断纵深发展,由产品分工转向要素分工,表现为产业内的不同产品之间,以及同一产品的不同生产工序之间,根据所密集使用要素的不同进行分工。不同国家凭借比较优势参与产品生产链的国际分工,并不断提升专业化程度,最终促成了新国际分工体系和全球价值链的形成。要素分工模式下,产业转移的一般规律是,劳动密集型制造业率先转移,从经济发达、劳动力成本较高的地区向欠发达、劳动力成本较低的地区转移。20 世纪 80 年代前后,新加坡、韩国、中国香港、中国台湾的劳动力成本快

———————

① 沈建光. 二战后美国制造业的变迁与衰落 [EB/OL]. [2019 - 09 - 29]. http://jj. china. com/news/11173316/20190929/37133703_3. html.

速增长，逐渐丧失劳动密集型制造业领域的比较优势，并陆续将低端制造业向周边经济体迁移，在本土大力发展资本和技术密集型产业①。这一阶段，中国恰好处于"婴儿潮"人口的"黄金年代"，劳动年龄人口占比快速攀升、劳动力成本十分低廉。凭借巨大的"人口红利"和区位优势，中国承接全球劳动密集型加工制造业，融入全球分工体系，实现贸易和经济的快速增长，全球制造业中心从美国等发达经济体逐步转向日本和德国，再从日本和德国转向亚洲"四小龙"地区，然后再转向我国东部沿海地区，逐步推动中国成为"世界工厂"②。

总的来看，美国、英国、德国、日本等发达国家都曾出现制造业大量"外迁"的现象，也深深体会到了由其导致的产业空心化的危害，并都做出了制造业"回流"的巨大努力。

19 世纪时，英国曾经依靠其"世界工厂"的地位，使其经济发展创造了历史上的最高水平，同时也成为世界的金融中心。后来，在企业追逐更高利润的过程中，英国工业资本纷纷到海外进行殖民投资和生产，国内一些制造和加工企业也为逐利而迁往国外。到 20 世纪初，英国的海外投资曾经一度超过其国内投资的规模，导致英国国内的制造业生产下降，技术进步速度也明显缓慢，落到了美国和德国之后，从"世界工厂"变为工业品进口国。在后来的半个世纪内，英国在金融业方面的领先地位也先后被美国和日本所取代。所谓 20 世纪的"英国病"实际上就是其产业空心化的负面结果。时至今日，英国制造业的空心化仍然是其经济增长迟缓的重要原因。随之，欧盟推出了一系列"欧洲工业复兴"的再工业化计划。

---

① 杨英法，周子波，陈静．以文化和智能制造推进先进制造业发展的路径研究——以河北省为例［J］．云南社会科学，2018（3）：85－89．
② 首席经济学家论坛．从全球产业迁移，看"中国制造"崛起［EB/OL］．［2018－04－01］．https：//www.sohu.com/a/226959133_465450．

为吸引制造业投资、降低本国制造业成本，德国、英国等欧洲发达国家也相继出台系列关于土地、财税、人才、水电、基础设施等优惠政策，有效地吸引了跨国公司回流和全球制造业投资，使制造业优势得到重构。根据英国商业部下属的制造业顾问服务协会对500家中小企业的调查表明，15%的受调企业计划将位于中国等地的生产转移回英国国内，仅有4%的受调企业计划将生产转移到海外。报告表明，虽然制造业"回流"规模还不大，但是趋势在加快。对于"回流"的原因，26%的受调企业将海外生产成本上升列为首位，改善质量和减少交付时间也是其主要考虑之一。

二战后飞速发展的日本经济在20世纪90年代却陷入了较长时期的经济萧条。日本经济的这次长期萧条与其产业空心化也有着十分密切的联系。20世纪80年代中期以后，快速发展的日本经济在与美国经济的竞争和贸易摩擦中被迫实行了日元的急剧升值。这时，日本国内的工业化已发展到了转型阶段，人们的需求从物品时代转向服务时代，更向教育、福利、医疗和研究等服务业方面转移。国内外经济环境的变化使日本的传统产业结构难以适应，升值日元可能会使企业到国外投资和发展生产更为有利，从而不得不对原有产业结构进行调整，把日本的国内产业结构引向高技术化、服务化、日益朝着脱离物质生产的方向发展。日本的产业空心化是由于在产业结构大调整过程中，资本流动不利于传统产业而出现的①。

进入21世纪，由于日本相关的鼓励性经济政策，以及相对比较低廉的资金成本，再由于日本出口的关税环境持续得到改善，这使日本很多著名大企业的生产制造开始回流日本。2015年，日本经济产业省公布了《2015年版制造白皮书》（以下简称"白皮书"），声

---

① 傅钧文. 发达国家制造业回流现象及成因分析：以日本为例［J］. 世界经济研究，2015（5）：12，108 – 118.

称倘若错过德国和美国引领的"制造业务模式"的变革，"日本的制造业难保不会丧失竞争力"。因此，日本制造业要积极发挥信息技术（information technology，IT）的作用，建议转型为利用大数据的"下一代"制造业。近年来，日本制造业在中国市场逐渐消退，日本企业从中国撤资尤其被中国关注。例如，日本制造企业松下将把立式洗衣机和微波炉生产从中国转移到日本国内，夏普计划在日本本土生产更多机型的液晶电视和冰箱，TDK 也将把部分电子零部件的生产从中国转移至日本秋田等地区。在日元贬值的刺激下，在海外拥有工厂的日本企业，约有 13.3% 的企业把工厂迁回本土①。

制造业是美国称霸全球的支柱，20 世纪初以来曾长期是美国的第一大产业门类。美国制造业的核心地带是今日所称的"铁锈带"，即美国东北部靠近五大湖的一片区域。其由于靠近大湖，水运便利，钢铁、玻璃、化工、采矿等重工业在 20 世纪 20 年代迅猛崛起，成为美国最重要的工业区。在鼎盛时期，这一区域产出了美国 45% 的 GDP，仅匹兹堡一个城市，就贡献了一半的钢铁产量，堪称美国唐山。但是自 20 世纪 60 年代开始，当地的钢铁、汽车等一系列产业相继迁离，搬到了阳光温暖的南部和西部地区。到了 21 世纪，随着以互联网为代表的现代信息技术的普及和全球化的发展，美国相当一部分制造业迁出美国，迁移到了东亚、南亚、东欧、非洲等地区，制造业吸纳就业的人口大量减少。虽然这并不意味着美国制造业实力的急剧下降，但是确实呈现出"衰败"的表象。伴随着 21 世纪以来中国以"制造大国"的身份开始崛起，更加深了人们美国制造业"衰败"的印象。这种现象引起了美国各界的忧虑，自奥巴马政府开始，采取了一系列措施，引导美国制造业"回流"美国，

---

① 宾建成. 新国际分工体系下中国制造业发展方向与对策［J］. 亚太经济，2013（1）：121 - 127.

即将美国海外生产线迁回美国本土。2012 年 2 月，美国总统行政办公室和国家科技委员会公布了《先进制造业国家战略计划》，正式将先进制造业提升为国家战略。美国前总统奥巴马在 2012 年宣布投资 10 亿美元建立 15 个制造业创新研究所（Manufacturing Innovation Institutes），并将以信息网络、智能制造、新能源和新材料领域的创新技术为核心，重新树立美国制造业在 21 世纪的竞争优势。这些措施取得了一些效果，苹果、卡特彼勒等制造业企业开始把海外生产线迁回美国本土。美国的制造业似乎重新走上了复苏的道路，并开始了脱胎换骨的变化。

2017 年 1 月就任的美国前总统特朗普，在"再工业化"战略实施和制造业"回流"推进上，全面继承了奥巴马政府的政策和思路，甚至在执行的力度上比奥巴马时期还要大得多。2017 年 1 月 27 日，其就任美国总统不久，便提出了其制造业就业主动性计划（Manufacturing Jobs Initiative）。在这份计划中，特朗普通过与美国制造业工商界人士磋商达成了关于制造业不断增加就业人数的框架计划，主要目的是引导美国制造业海外企业"回流"在本土开办生产制造业企业并雇佣美国本土工人进行生产，以制造业"回流"和新兴制造业培育进一步释放制造业吸纳工人就业的活力，以缓解美国本土因产业空心化问题造成的就业率长期萎靡不振的局面。

2021 年 1 月 20 日上台的拜登政府，继承并强化了美国制造业海外企业"回流"的措施。拜登于刚上任的 2021 年 1 月 25 日就签署了《关于确保未来由美国工人在美国制造的行政令》，旨在利用政府对商品和服务的强大购买力，加强国内制造业，为新科技创造市场。2021 年 11 月，美国国会通过了拜登政府的"超级基建"计划，虽然金额由当初的 2.3 万亿美元降到 1.2 万亿美元，但是规模无疑还是很庞大，力求通过这些措施来改善美国的基础设施，从而吸引外迁到国外的制造业回归美国，实现美国的"再工业化"。

众所周知，美国是当今世界国际秩序的塑造者、维护者和引导者，其国际霸权地位源自多个方面的因素，如强大的政治、经济、军事、文化和科技实力等，而其强大的经济实力和对国际经贸体系的垄断能力是支持其世界霸权地位的重要基础，其中强大的制造业创造创新能力则为美国塑造自身的经济实力和掌握国际贸易秩序，乃至奠定世界霸权地位提供了基本前提。制造业培育和发展有其自身的规律可循，同时与一个国家的资源禀赋密切相关。19 世纪 60 年代南北战争结束后，美国制造业积极运用第二次工业革命的科技创新成果迅猛发展，到 19 世纪 90 年代，其制造业规模和产值超越英国成为世界第一。经历第一次世界大战和第二次世界大战，美国不仅将其强大的制造业转化为获得战争胜利的国家实力，而且成为战后国际秩序的塑造者和维护者。

第二次世界大战结束后，随着第三次科技革命的兴起，美国制造业在战后初期再次获得快速发展，并为其世界霸权提供了有力支持。同时，第三次科技革命中大量科技成果的产业化运用，也极大地推进了美国制造业产业结构的升级发展，造成其传统制造业的衰落趋势愈发明显。在此背景下，20 世纪 60 年代末以后，美国制造业中的传统产业，如纺织、钢铁、汽车制造等行业开始加速向其他国家转移，形成了"外迁"效应。美国制造业的"外迁"在早期主要以韩国和中国台湾等国家和地区为主，再后来以东南亚国家为主。美国制造业"外迁"既对其国内制造业发展乃至整个产业结构和经济格局产生了深刻影响，也对迁出国的经济社会发展带来了巨大变化。在此过程中，虽然美国国内制造业规模不断缩小，但是同时制造业产业得到升级，主要朝向低污染、低能耗、高附加值和高科技含量的高新技术制造业升级发展，在承接美国制造业"外迁"中，一批新兴工业化国家开始产生，其中韩国和新加坡甚至成长为发达国家。制造业"外迁"效应是一个国家在工业化进程中制造业和产业结构升级的必然现象，主要因劳动力、能源、原材料、土地等生产要素价格上涨和对生态环境保护日益重视造成，同时其"外迁"效应还与全球化进程中国际市场的日益健全有关。因此，美国制造业"外迁"效应的出现是其国内制造业升级发展的必然结果，也是其制造业遵循市场规律引导而形成的客观趋势。

但是，美国制造业的"外迁"效应及其形成的基本态势也对其国内经济社会发展带来了一定的负面影响。制造业是美国霸权的重要基础，制造业"外迁"对美国带来的直接后果即制造业占GDP比重不断降低而削弱其霸权基础，乃至让美国丧失了引领未来世界科技创新发展潮流的制造业基础，且在制造业"外迁"与产业结构的升级互动中，因其金融服务业等生产性服务业和文化产业等服务业快速发展而出现了产业空心化问题。在美国制造业"外迁"和服务业升级中，即便众多新兴现代服务业的兴起为其创造了庞大的GDP产值，但是失去制造业基础的产业结构难以承载更多的社会就业，也造成其国内经济结构抵御国际经济金融波动风险的能力相应降低。虽然美国可以凭借自身在政治、经济、科技、军事和文化等领域的世界霸权和垄断优势将国际经济金融风险有效降低，但是制造业"外迁"及其带来的诸多经济问题，已经在美国和其他发达国家相应造成了众多的社会问题，并可能在经济危机发生时演变为严重的政治问题。2007以后，美国次贷危机及由此引发的欧债危机，在以美国为首的西方发达国家引发的经济、社会乃至政治震荡充分说明了这个道理，即产业空心化下经济危机发生后因制造业占GDP比重过低和创造的就业岗位过少可能演变为一场社会危机，而社会危机则进而可能演变为政治危机。对于美国来说，制造业的"外迁"及其带来的产业空心化问题还有可能让其丧失在经济、军事和科技等领域的全球领先优势，甚至造成美国的衰落。

　　2008年国际金融危机后，美国经济虽然经历短暂动荡后复苏，但是危机带来的反思不仅没有结束，还直接造成了美国制造业发展思路的重大改变，其希望扭转制造业"外迁"趋势，并通过采取各种措施促成制造业"回流"。为扭转美国制造业因"外迁"而衰落的趋势并尽量消除其丧失世界领导权的可能，自奥巴马时期，美国各界便开始讨论制造业复兴问题，并提出了"再工业化"的战略课题。如美国前总统奥巴马在其所谓"新经济战略"中提出，"美国经济要转向可持续的增长模式，即出口推动型增长和制造业增长，要让美国回归实体经济，重新重视国内产业，尤其是制造业的发展。"奥巴马的"新经济战略"实际就是"再工业化"战略，其中的一个核心内容之一便是要促成美国制造业"回流"。前任美国总统特朗普上台后虽然对奥巴马时期的一些经济产业和贸易政策多有贬抑，但是其不折不扣地延续了奥巴马时期提出的"再工业化"战略，甚至在关税问题上开启的与中国、日本和欧盟等国家的贸易摩擦正是其积极贯彻"再工业化"战略和希望加速促成制造业"回流"美国的一种过激反应。美国是当今世界经济影响力最大的国家，其制造业"回流"战略及相应"再工业化"系列政策措施的出台，反映出发达国家在工业化进程中经济产业发展思路的重大变化，不仅对美国本身，且必将对包括我国在内的世界各国经济社会发展乃至世界格局产生重大而深远的影响，尤其是对于正处于向工业化中后期快速转变并已经出现产业空心化问题的我国，在面对经济"新常态"中合理调整制造业发展思路和制定产业结构升级引领政策时可以提供宝贵借鉴。

1.2 研究的目的和意义

21世纪以来，第三次科技革命方兴未艾，尤其是随着计算机网络技术的蓬勃发展和普及应用，制造业在信息化、数字化和智能化发展中呈现加速升级趋势，并对包括美国在内的世界各国的产业结构造成更加深刻的影响，其中一个突出表现便是美国制造业"外迁"效应持续存在，导致其国内制造业比重继续降低，而在2008年的国际金融危机后，美国制造业降低带来的产业结构失衡和产业空心化问题进一步凸显，成为美国推进"再工业化"战略和加速实现制造业"回流"的宏观背景。美国制造业"外迁"与"回流"的效应和态势在经济全球化深入发展的今天必然对我国产生深刻影响。中国、美国（简称"中美"）是当今世界上最大的两个经济体，既直接存在着密切的经济贸易往来，也在国际产业分工格局中存在较强的互补关系，同时对世界经济和贸易体系存在重大影响力。目前，我国制造业虽然与发达国家相比尚存在发展差距，但是同样面对迫切的升级转型需要并正处在快速升级之中。因而，研究美国制造业"外迁"与"回流"的效应和态势的主要目的在于为我国在新时代推进制造业升级和制定合理的制造业引导发展政策提供借鉴，且从制造业培育和发展及其造成的产业结构变化规律来看，探讨该问题既具有理论总结的必要性，也具有可为我国提供借鉴的重要现实意义。

1.2.1 研究目的

具体来说，本研究的主要目的可概括为以下两个方面：

一方面，研究美国制造业"外迁"与"回流"的效应和态势，分析发达国家制造业"外迁"与"回流"的本质，并结合美国制造业"外迁"与"回流"的现实状况，总结制造业在工业化进程中升级转型的一般规律并对发达国家制造业未来的"外迁"与"回流"趋势做出合理预测。同时，本书在研究中还要对美国制造业"外迁"的具体形式、地域分布及其对美国国内外经济产业格局造成的影响进行分析，并对美国制造业"回流"的经济背景、战略设置、政策配置和具体效果进行研究，分析美国制造业"外迁"和"回流"与制造业创新驱动发展机制和全球化背景下日益健全的世界要素市场机制之间的关系。到目前为止，发达国家依然走在人类社会工业化进程的前端，美国作为世界上现存的唯一超级大国，其制造业发展的现状和基本趋势中必然内含着包括发达国家和发展中国家在内的世界各国在持续推进其工业化进程中可以借鉴的诸多一般性规律，因而探讨美国制造业"外迁"与"回流"的效应和态势的主要目的在于从中总结出这些具有的一般性规律及其在此过程中所取得的正反两个方面的经验。

另一方面，研究美国制造业"外迁"和"回流"的效应与态势的主要目的还在于为我国在新时代推进制造业的升级发展尤其是加速培育先进制造业和构建相应创新驱动发展机制提供借鉴。"十二五"（2011～2015 年）时期以来，我国经济出现了"新常态"，制造业产能过剩问题在纺织、煤炭、钢铁等诸多行业领域表现明显。面对制造业的"产能过剩"，我国既要通过供给侧结构性改革淘汰落后产能，也要加速推进制造业发展方式从要素驱动向创新驱动的转型。同时，我国制造业发展也取得巨大成就，"中国制造"已风靡全球，但是在劳动力、能源和原材料价格上涨、生态破坏和环境污染加剧，以及对外贸易下行压力不断加大的背景下，我国制造业在升级中也出现了一定的产业空心化和制造业外迁趋势。因而，美国制造业的"外迁"效应已在我国出现，并形成了客观存在的发展态势，而其制造业的"回流"效应也将在新时代我国制造业的升级发展中出现，研究美国制造业"外迁"与"回流"的效应和态势，不仅有助于我国优化制造业创新驱动发展的现实思路和政策机制，还有助为我国制造业的未来升级发展趋势提供规律性和经验性借鉴，这也是本书研究将要达成的主要研究目的之一。

1.2.2 研究意义

（1）理论意义。

制造业是国民经济的主导产业，在现代产业结构中发挥着核心支撑作用，既支撑着一个国家产业结构的良性运转，也支撑着一个国家的国家实力和国际地位。因而，世界各国普遍重视制造业发展，尤其是作为唯一超级大国的美国，其大国崛起之路及其在当今世界上霸权地位的获得与维持，都离不开国内体量庞大、技术先进的制造业支持。制造业培育和发展及其在产业结构中比重的变化既遵循客观经济产业规律，也将对一个国家的经济产业结构乃至社会政治等替代领域产生深刻影响。美国作为世界上最为庞大的发达经济体，其制造业发展既代表着世界最高水平，也处于引领地位。美国制造业发展中出现的最新动态需要及时得到理论层面的适时反馈，也即需要分析其制造业"外迁"和"回流"效应与态势的本质、原因和特点，并将其上升到制造业发展规律的理论高度，为包括我国在内的世界各国在推进工业化和制造业升级发展中提供具有一般规律性引导价值的理论借鉴，这是本书研究最重要和最宝贵的理论意义。

（2）实践意义。

探索美国制造业"外迁"与"回流"的效应和态势对中美和世界上其他国家顺应第三次科技革命迅猛发展背景下世界范围内制造业普遍的升级发展趋势，理性分析由此带来的制造业国际分工格局重塑和国际贸易竞争等问题，具有现实的指导意义。对于美国来说，制造业的"外迁"效应，是其在升级发展中因国内要素价格上涨尤其是劳动力价格上涨和利润率下降，以及其国内生态环境保护意识不断增强造成的必然现象，而其自 20 世纪 70 年代以来造成的不可逆转的"外迁"趋势至今依然存在，只要美国制造业在升级中造成的要素市场环境和全球化的市场机制建设不断优化，其制造业"外迁"趋势将长期存在。因而，明确美国制造业"外迁"的本质有助于引导其在强力推进制造业"回流"的过程中理性看待中美产业分工合作和贸易竞争问题，进而对于中美贸易摩擦的合理解决提供实践上的助力。

另外，美国制造业在升级发展中出现的"外迁"和"回流"效应，我国已经出现或将来也会面对，如我国制造业因国内要素价格上涨和对生态环境保护的普遍重视也出现了"外迁"效应，且产业结构的空心化趋势也不断警示我们要在推进制造业创新驱动发展和产业结构向以现代服务业培育为主的升级中合理控制制造业在产业结构中的占比，避免出现严重的产业空心化问题并带来国家竞争能力下降和就业率降低等系列问题。因而，研究美国制造业"外迁"和"回流"的效应与态势对于我国优化先进制造业创新驱动发展战略和构建更加科学完善的制造业升级发展引导扶持政策机制都具有重大的实践意义。

1.3　国内外文献述评

制造业生存和发展的基本条件在于能够较为稳定地获得生产利润，而其生产利润与劳动力、能源、原材料、土地等生产要素价格和制造业企业的经营管理机制、科技研发和应用能力及所在国家的财政税收政策等众多因素相关。其中，劳动力等生产要素价格在国内市场机制下对制造业企业的利润率影响较大，如劳动力价格较高则可能压缩制造业利润空间，而制造业企业为了寻求获得利润，便需要不断寻求可以获得在劳动力、土地和原材料等要素上具有价格优势的地区进行生产布局。发达国家随着工业化进程的推进和国内经济的发展，其要素价格呈现出上涨趋势，包括美国在内的发达国家劳动力价格过高造成其制造业利润率降低是导致其制造业"外迁"的根本原因。同时，美国等发达国家生态环保意识增强，为有效降低制造业对生态环境的危害，纷纷制定了较为严苛的生态环境保护法律，而要达到这些生产标准，制造业企业往往需要大量投入，这也进一步降低了其利润率。于是，美国制造业为维持或拓宽利润空间自 20 世纪 70 年代后纷纷选择"外迁"至要素成本和生态环境保护法律更为宽松的发展中国家，而 21 世纪以来，尤其是 2008 年国际金融危机以来，美国制造业的"回流"问题也在其提出"再工业化"战略后出现现实的效应与态势。目前，国内外学术界的一些研究成果对于美国制造业"外迁"和"回流"问题有所涉及，后文将从美国制造业"外迁"和"回流"的效应和态势研究两个角度对学术界的研究成果进行梳理。

1.3.1　学术界对美国制造业"外迁"效应与态势问题的研究

美国制造业"外迁"自 20 世纪 70 年代后便已开始，但是我国学术界对该问题的关注较晚，且直接研究美国制造业"外迁"的成果也较少。目前，国内学术界较早关注美国制造业"外迁"的一篇论文见于 2003 年，李正信在其《一部分向国外转移　一部分进行转型改造　美国制造业走到十字路口》一文中提到了美国制造业在 21 世纪初的升级中面对的"外迁"和转型问题，但是并未对美国制造业"外迁"的效应和态势进行深入分析。2008 年以后，随着美国提出"再工业化"战略和特朗普政府强力推进美国制造业"回流"，我国学术界在讨论美国制造业"回流"的同时也开始对其前期的制造业"外迁"问题给予了更多关注。2012 年杨海洋在其博士论文《制造业国际转移对中国经济平稳增长的影响及对策研究》中提出，20 世纪 70 年代后期美国制造业的"外迁"与其奉行新自由主义经济思想有关，认为美国减少对经济的干预是加剧其制造业外移的重要原因，因而防止制造业"外迁"既需要分析造成一国制造业"外迁"的国内外因素，也要加强国家对制造业的发展干预。

此外，也有大量研究成果并非以美国制造业"外迁"为题，但是在研究世界制造业转移的大形势中较多渗透了对美国制造业"外迁"问题的渗透，如今贤《抓住大好机遇　承接世界制造业转移》①、唐志新《世界制造业向江苏沿江地区转移的金融支持》②、

---

① 今贤. 抓住大好机遇　承接世界制造业转移 [J]. 上海工业，2003（5）：13 – 15.
② 唐志新. 世界制造业向江苏沿江地区转移的金融支持 [J]. 现代金融，2003（6）：9 – 10.

郭强《从世界制造业中心转移看我国船舶工业发展》①、高文书《世界制造业中心的国际转移与中国的策略选择》②、程斌《基于世界制造业转移大背景下的中国制造业发展研究》③ 等，其中既有期刊论文也有硕博论文，且此类文章的发表集中在 2003～2005 年。这些研究成果拥有一个共同特点，即讨论在世界制造业转移的背景下如何抓住机遇加速推进我国的工业化，其中在讨论世界制造业转移时几乎都对美国制造业的"外迁"问题进行过一定探讨，同时从我国如何承接美国制造业"外迁"的策略思考来看，这些研究成果已经对美国制造业的"外迁"效应进行了研究涉及，并勾勒出了美国制造业在"外迁"中出现一定衰落的基本态势。2012 年以后，我国学术界对世界制造业转移问题的探讨开始减少，究其原因在于 2001 年年底，我国加入世界贸易组织后开始进入制造业加速培育阶段，凭借劳动力、土地和其他要素的价格优势成为承接美国等发达国家制造业转移的主要场所，到"十二五"（2011～2015 年）时期前已经成长为世界制造业的中心。

2012 年以后，美国于 2008 年国际金融危机后提出"再工业化"战略并在美国前任总统特朗普上台后推出系列措施强力推动制造业"回流"的背景下，我国学术界开始密切关注美国制造业"回流"的效应并对其态势进行研判，其中很多研究成果为充分说明美国制造业"回流"的原因和背景不可避免地需要对其制造业"外迁"效应和基本态势进行分析，如张楠楠《美国制造业回归对中国经济的

---

① 郭强. 从世界制造业中心转移看我国船舶工业发展 [J]. 中国造船，2004（2）：1-6.

② 高文书. 世界制造业中心的国际转移与中国的策略选择 [J]. 学术探索，2005（5）：41-45.

③ 程斌. 基于世界制造业转移大背景下的中国制造业发展研究 [D]. 保定：河北大学，2007.

影响研究》①、胡峰和王芳《美国制造业回流的原因、影响及对策》②、徐冰曦《美国制造业回归对我国产业升级的影响——基于FDI 视角的研究》③、高丽媛《美国制造业回归对中国制造业出口的影响》④ 和高婕《美国制造业回归对我国制造业出口的影响研究》⑤等文章在探讨美国制造业"回流"问题时同样对其制造业"外迁"问题进行了交代，并对"外迁"造成的世界制造业格局变化及对我国制造业培育造成的推进作用进行了分析。

对于美国制造业"外迁"的效应和态势相关问题，西方学者较早给予了密切关注。早于 20 世纪 80 年代，哈佛大学的罗伯特·海斯和史蒂芬·惠瑞（Robert Hayes & Steven Wheelwright，2003）在其著作的《恢复我们的竞争优势》一书中便提出制造业"外迁"及其造成的制造能力削弱会危害美国的国家竞争力⑥。到了 2010 年美国学者阿特金森（Atkinson，2012）也在其研究成果中指出，制造业是美国贸易优势的重要基础，制造业"外迁"及其带来的制造业占GDP 比重严重降低等问题将使美国逐渐丧失全球贸易优势和对世界贸易秩序的主导权。阿特金森（Atkinson，2015）还认为，制造业"外迁"还造成美国对国外工业制品的进口依赖不断增强，并为美国带来了庞大的贸易逆差。美国学者斯蒂格利茨（Stiglitz，2015）

---

① 张楠楠. 美国制造业回归对中国经济的影响研究［D］. 天津：天津财经大学，2013.
② 胡峰，王芳. 美国制造业回流的原因、影响及对策［J］. 科技进步与对策，2014（9）：75 – 79.
③ 徐冰曦. 美国制造业回归对我国产业升级的影响——基于 FDI 视角的研究［D］. 杭州：浙江大学，2014.
④ 高丽媛. 美国制造业回归对中国制造业出口的影响［D］. 石家庄：河北经贸大学，2016.
⑤ 高婕. 美国制造业回归对我国制造业出口的影响研究［D］. 武汉：武汉工程大学，2018.
⑥ Li G，Pang Y. Analysis of Apple's Company and Maintainance of Its Core Competence［C］. International Conference on Information System and Engineering Management，2013：595 – 598.

研究认为，从生产专业化角度来看，国际分工造成发达国家产业结构从制造业为主转向服务业为主，美国等西方国家的比较优势在服务业而非制造业，因而美国制造业"外迁"是正常的国际分工，现在的美国并不具备大规模发展传统制造业的客观经济条件①。美国另一位学者罗默（C Romer，2015）研究认为，美国因制造业"外迁"造成的就业率下降趋势至今依然存在，但是2008年金融危机后美国制造业就业率低则更多与国内需求不足有关。2014年，美国学者斯米尔（Vaclav Smil，2014）在其研究成果中对制造业"外迁"的根源及其效应等问题进行了较为客观理性的分析，认为制造业是不断推进技术创新的基本动力，制造业"外迁"是美国不断推进技术创新的结果，其"外迁"虽然造成美国制造业占比不断降低，却为美国制造业实现技术升级提供了机遇，且美国制造业虽然大量"外迁"，但是制造业的绝对增加值却长期处于增长态势，因而认为美国制造业因"外迁"而走向衰落的论点并不成立②。

1.3.2 学术界对美国制造业"回流"效应和态势问题的研究

制造业"回流"在美国推出"再工业化"战略后成为国内外学术界热切讨论的话题。美国制造业"回流"实际是其"再工业化"战略的重要内容。我国学术界对该问题的关注可以分成三个阶段：第一个阶段为改革开放之初，国内学术界个别学者开始关注美国的

---

① Alghamdi S M，Sohail M S. Sustaining Competitive Advantage in the Global Petrochemical Industry：A Saudi Arabian Perspective ［J］. Social Science Electronic Publishing，2015（3）.

② 焦国伟. 全球金融危机后美国制造业发展战略研究［D］. 长春：吉林大学，2019：8.

"再工业化"问题；第二个阶段为美国前总统奥巴马任期后期在
2008 年国际金融危机后提出"再工业化"战略，开始推进美国制造
业的复兴；第三个阶段为美国前总统特朗普上台后延续奥巴马时期
的"再工业化"战略并采取系列制造业激励发展和贸易保护政策大力
推进美国制造业"回流"。

在第一个阶段中，我国学术界主要对美国的"再工业化"战略
及其对国际制造业格局、产业分工体系和我国制造业升级发展的影
响进行分析。国内学者金慰祖和于孝同在《美国的"再工业化"问
题》一文中提到"要扭转过去 15 年内美国企业竞争能力急剧下降
的趋势——尤其令人瞩目的是今年席卷全国的工厂倒闭浪潮——唯
一切实可行的替代办法只有竭尽全力去恢复美国的生产能力"，即
实现"再工业化"①。另一位国内学者佟福全（1982）在其《美国
"再工业化"战略前景》②和《美国的"再工业化"战略》③两篇文
章中对美国"再工业化"的由来、影响和战略导向进行了分析。此
后，直到 2008 年以后，国内学术界对美国在"再工业化"问题长
期未予重视，也鲜见相关研究成果。

第二个阶段实际主要以探讨美国的"再工业化"战略为主要内
容。检索知网发现，2008 年以后国内学术界最早研究美国"再工业
化"问题的一篇文章发表于 2009 年，金碚和刘戒骄在《美国"再
工业化"的动向》一文中对奥巴马政府提出的"再工业化"战略背
景、内容和最新动向进行了分析④。此后，国内学术界对美国"再
工业化"战略推进问题给予了密切关注，研究成果也呈现出井喷之

---

① 金慰祖，于孝同. 美国的"再工业化"问题［J］. 外国经济参考资料，1980
（10）：3 - 14.
② 佟福全. 美国"再工业化"战略前景［J］. 未来与发展，1982（3）：35 - 38，45.
③ 佟福全. 美国的"再工业化"战略［J］. 世界经济，1982（7）：59 - 63.
④ 金碚，刘戒骄. 美国"再工业化"的动向［J］. 中国经贸导刊，2009（22）：8 - 9.

势。据统计，2008 年至今，仅据中国知网检索发现，国内学术界研究美国"再工业化"战略的期刊论文、报刊文献和硕博论文等接近320 篇。其中，探讨美国"再工业化"战略对我国的影响和对策是核心问题，如陈宝明《发达国家再工业化政策影响及我国的对策》①等。同时，学术界也有一批研究成果聚焦探讨美国"再工业化"战略对国际贸易体系及中美贸易关系的影响，如马玥《美国"再工业化"对中国贸易竞争力的影响及趋势研究》②、杜肖伟《美国再工业化对我国制造业出口的影响研究》③ 等。另外，学术界还有一批研究成果主要关注美国"再工业化"战略对美国制造业发展态势、经济发展走向和对外贸易政策调整导向本身，如白云天《略论"再工业化"战略对美国贸易逆差和就业的影响》④ 等。

　　第三阶段学术界关注的主要问题是美国前总统特朗普上台后美国制造业"回流"的效应和态势问题。国内学者在探讨美国制造业"回流"问题时所产生的研究成果并不算多，检索知网发现以美国制造业"回流"为核心关注点的文献研究成果大致有 50 多篇，其主要从其对我国制造业升级和国际竞争力影响的角度进行分析，如彭银《浅析美国制造业回流给中国制造业的启示》⑤ 等文章，对美国制造业"回流"对我国制造业升级、资本市场波动、对外贸易发展的效应等问题进行了探讨。另外，国内也有一些学者对美国制造

　　① 陈宝明. 发达国家再工业化政策影响及我国的对策 [J]. 中国产业，2010 (2)：2 - 5.
　　② 马玥. 美国"再工业化"对中国贸易竞争力的影响及趋势研究 [D]. 上海：上海外国语大学，2012.
　　③ 杜肖伟. 美国再工业化对我国制造业出口的影响研究 [J]. 商，2013 (20)：287.
　　④ 白云天. 略论"再工业化"战略对美国贸易逆差和就业的影响 [J]. 中国商界（上半月），2010 (8)：74 - 75.
　　⑤ 彭银. 浅析美国制造业回流给中国制造业的启示 [J]. 中外企业家，2012 (8)：58 - 59，119.

业"回流"的动因和态势做出了预测，认为其违背了产业升级中制造业国际分工的基本规律，是一种违背全球化背景下要素市场流动的逆全球化现象，并难以获得成功，如袁冬梅和刘建江《美国制造业重振中的资本回流困境与对策》[①] 等文章中基本表达了类似观点。

除国内学者外，美国"再工业化"战略背景下的制造业"回流"问题也是国际学术界关注的热点问题，并有诸多国外学者围绕该问题提出了诸多代表性观点。美国提出"再工业化"战略和推进制造业"回流"既与 2008 年国际金融危机后的反思有关，也与其制造业"外迁"后国内学术界对美国制造业衰落的思索有关。实际上，对于美国制造业是否因"外迁"而衰落，美国学术界拥有不同观点，有学者认为美国制造业在"外迁"中走向衰落，但是也有众多美国学者认为，美国制造业并未衰落，如布鲁金斯研究所的罗伯特·劳伦斯（Rober Lawrance Kuhn，1987）便指出，美国制造业并未出现衰落问题，美国制造业的实际附加值一直在增长，之所以会出现就业率下降的问题，主要是因为劳动生产率提高所致。伍德（Wood，1995）与汤尼格和维迪尔（Thoenig & Verdier，2003）等美国学者研究后也提出，美国制造业不仅没有衰落，反而因为不断增加制造业科研经费和取得更多的制造业知识产权而不断得到创新优化。2008 年后，随着奥巴马政府提出"再工业化"战略和特朗普政府大力推进美国制造业"回流"，也有不少美国学者给予其研究支持，如 2014 年时加里·皮萨诺（Gary P. Pisano，2014）和威利·史（Willy C. Shih，2014）研究中提出制造业对美国具有重大战略价值，认为外包和本地投资不足导致了美国制造业的衰落，破解之道在于

---

① 袁冬梅，刘建江. 美国制造业重振中的资本回流困境与对策 [J]. 学海，2012（1）：33 – 39.

"重振美国制造业",而推进制造业"回流"美国则是重要途径①。

整体来看,国内外学术界对美国制造业"外迁"和"回流"问题的研究产生了一批研究成果,也在研究中形成了一些与本书研究有关的视角面向,梳理发现既有研究成果还存在以下问题或不足:一是对美国制造业"外迁"和"回流"问题缺乏一贯性研究。实际上,制造业的"外迁"和"回流"是美国制造业在第三次科技革命推动下不断升级发展的结果,不应该被片面割裂开进行单独讨论,而应当置于美国制造业的整体视角下予以考量,正因如此,本书研究将美国制造业"外迁"与"回流"问题置于一起进行专门探究;二是对美国制造业"外迁"和"回流"的效应探索深度不够,既有研究在探讨中虽然对美国制造业"外迁"与"回流"的效应研究有所涉及,但是多从我国制造业转型升级、中美双边贸易、中美制造业国际竞争力等较为单一的角度进行分析,缺乏从要素流通、资本运作、国际贸易、世界产业分工及国际化影响系列视角的系统化探究,显示出国内外学术界对美国制造业"外迁"和"回流"效应研究深度的严重不足,也为本书研究的开展提供了较为宽阔的探索空间;三是国内外学术界对美国制造业"外迁"和"回流"问题的研究尚缺乏充分的经济理论支撑和及时的理论性总结,且对制造业"外迁"和"回流"的升级发展规律认识不足,导致在将美国制造业"外迁"和"回流"的经验应用到我国和其他国家制造业转型升级中时缺乏具有普遍性的引导价值;四是国内外学术界对美国制造业"外迁"和"回流"的态势认识并不完全清晰,虽然存在争议性的观点,但是对争议性观点的探讨却不够深入,比如学术界对美国制造业"外迁"的认识过于狭隘,仅仅将美国制造业"外迁"理解

① 焦国伟. 全球金融危机后美国制造业发展战略研究 [D]. 长春:吉林大学,2019:9-10.

为美国制造业企业迁出美国而到其他国家发展是片面的。实际上，美国制造业的"外迁"更主要的是以美国丧失传统制造业国内培育和发展优势后包括中国在内的具备传统制造业发展优势的广大发展中国家利用这个机遇不断培育国内相关制造业发展的过程。同时，学术界对美国制造业的"回流"理解也存在片面性，美国制造业"回流"也并非美国政府采取各种措施吸引乃至逼迫美国跨境企业回归美国投资而已，更主要的是美国要采取各种产业措施促成传统制造业在美国的复兴，当然这种复兴应当伴随着充分利用新兴技术的升级改造。

1.4　研　究　思　路

结合工业革命以来世界各国在工业化进程中随着制造业发展而引发的产业结构变化，分析制造业发展的基本动力结构，也即从要素驱动为主向创新驱动为主进行动力结构转换的一般特点，并对制造业在工业化进程中的不同阶段所带来的产业结构变化趋势及其原因进行分析，从中总结制造业和产业结构升级发展的一般规律、工业化进程中经济发展水平与要素价格变化的一般规律，以及全球化进程中市场机制发育与制造业国际分工专业化互动的一般规律。同时，总结国内外学者关于制造业国际转移及其复兴问题的理论观点，结合本书所讨论的美国制造业"外迁"和"回流"的态势与效应问题总结可以为其研究开展提供支撑的相关理论。在此基础上对美国制造业"外迁"和"回流"的历程、本质、原因、现状和态势进行分析，同时对美国制造业"外迁"和"回流"的效应从对美国国内产业结构、市场机制、政策导向、经济发展和社会影响等角度进行分析，并对美国制造业"外迁"与"回流"对世界经济产业格局尤其是我国影响的外部效应从制造业升级、对外贸易、外资利用和国内市场机制建设等角度进行分析，在此基础上对美国制造业"外迁"和"回流"的态势进行分析，对其制造业"回流"的趋势进行合理预测，同时对我国制造业升级发展相应采取的产业培育、对外贸易、要素配置方式和资本市场优化等方面的战略设置和政策导向提出相应建议。

1.5　预期创新点

本书研究的预期创新点如下：一是从美国制造业"外迁"的效应和态势分析中总结制造业升级中产业结构升级的一般规律，揭示美国制造业"外迁"的必要性与合理性及其对美国制造业与其产业结构带来的升级效应，破除国内外学术界关于制造业"外迁"会造成发达国家制造业衰落的片面认识；二是从美国制造业"回流"的效应和态势分析中揭示美国提出"再工业化"战略的产业经济动因及其逆全球化的本质，从制造业升级中全球化市场机制不断完善和要素成本控制与合理流动的一般规律出发，对美国制造业"回流"的灰暗前景做出预测性推断；三是从美国制造业"外迁"与"回流"的效应和态势研究中分析中美两国在全球化背景下，国际制造业专业分工格局下的产业和贸易竞争问题，并结合我国制造业发展现状和升级需要探索国内制造业和产业结构升级面对美国强力推进制造业"回流"应当采取的对策；四是破除美国制造业"外迁"和"回流"问题带来的关于必须避免制造业"外迁"的认识误区，依据制造业种类及其对国家经济社会安全的重要性，合理控制其国内外产业布局比例，积极推进国内生产性服务业发展和产业结构向服务业为主的升级，推动制造业发展动力结构由以要素驱动为主向以创新驱动为主转变，努力掌握制造业核心自主知识产权并占领制造业国际产业链高端位置。

1.6 研 究 方 法

本书拟采取的主要研究方法有：

第一，文献研究法。根据美国制造业"外迁"与"回流"的效应与态势研究这一选题的研究目的通过调查文献来获得资料，从而全面地、正确地了解和掌握研究问题的学术研究现状及其研究中存在的不足，并分析该选题的研究空间是否足以支撑博士论文研究的开展。同时，文献研究法还将支撑对美国制造业"外迁"与"回流"的背景、原因、进程和本质等问题的研究开展。

第二，定性分析法。对美国制造业"外迁"与"回流"的效应和态势进行定性分析，从中总结制造业和产业结构升级发展的一般规律、工业化进程中经济发展水平与要素价格变化的一般规律，以及全球化进程中市场机制发育与制造业国际分工专业化互动的一般规律，揭示美国制造业"外迁"和"回流"的原因和本质。

第三，经验总结法。通过对美国制造业"外迁"与"回流"态势和效应问题的探究，经科学的归纳与分析，对其相关经验进行系统化和理论化梳理，进而为包括我国在内的广大发展中国家推进制造业升级提供经验借鉴。

第四，实证分析法。以实证分析法，对美国推进制造业"回流"背景下全球价值链重构的特点和动力尤其是美国制造业在全球价值链中的地位变化进行分析，以对美国制造业"回流"的效应和态势进行更加科学的把握。

2

制造业"外迁"与"回流"问题
研究的相关概念、规律与理论

本书所谓制造业从人类文明史的角度看主要是指现代机器工业，即利用机器生产方式将其他各类生产要素转化为工业制品的过程。制造业是重要的产业结构内容，其主要是指机械工业时代依据市场需要利用某种或某些资源，如能源、设备、原材料、资金、技术、劳动力等经由制造过程生产大型设备、工业品和生活品的行业。制造业对国民经济拥有基础性支撑作用，既能够承载大量的就业岗位而关乎国计民生，又因直接出产工业产品而对一个国家的国内经济和对外贸易存在重大影响。正因如此，自人类步入工业文明时代以来，凡是能够在工业文明中走在时代前列的国家往往能够成为世界强国，甚至获得全球霸主地位，如工业革命发生以来，英国、法国、德国、苏联、日本和美国等世界强国往往大都因制造业而兴而强。现代制造业发展自其兴起以来便是与全球化尤其是经济全球化进程紧密结合在一起的，制造业为降低成本、拓展市场和增加盈利而对生产要素配置的优化需求在经济全球化过程中和背景下相应出现了制造业"外迁"和"回流"的经济产业现象，而要探究制造业"外迁"和"回流"问题则需要对相关的概念、规律和理论进行界定、交代和分析。

2.1 制造业"外迁"与"回流"的相关概念

在制造业所代表的工业化生产方式在西方资本主义和工业革命发展中产生并不断走向世界的过程中，制造业的"外迁"现象长期存在。制造业生产的目的是要适应市场需要并将市场需要转化为实际的消费市场，而这种转化离不开制造业产品。制造业出产制造业产品需要结合各种生产要素，如能源、原材料、土地、厂房、劳动力、技术等，且每种生产要素又可能处于相应制造业领域的产业链之中。因而，相比于传统的手工业生产，使用机器生产并面向全球市场的现代制造业直接和间接涉及的要素范围和市场空间都要更加的复杂多样且广大。因而，在制造业的生产组织和市场拓展中，其"外迁"的现象便往往不可避免地发生了[①]。同时，20 世纪 70 年代以来，西方制造业在国内产业结构向现代服务业升级的过程中，传统制造业乃至新兴制造业出于降低成本、保护国内生态环境及提高国外市场进入能力等因素考虑，开始出现制造业"外迁"的趋势[②]。21 世纪以来，尤其是 2008 年国际金融危机发生后，西方制造业"外迁"对其国内经济社会发展带来的消极影响开始得到西方经济产业界的深刻反思，并得到西方国家层面的高度重视。于是，制造业"回流"的问题开始得到西方各国尤其是美国的高度重视，并被上升到国家战略高度，如在美国提出的"再工业化"战略中，推进制造业"回流"便是其中的一个重要内容。本书研究美国的制造业

---

① Barren S. Strategic Environmental Policy and International Trade [J]. Journal of Public Economics，1994 (3)：435 - 445.

② 罗丹，王守义. 美国"去工业化悖论"的政治经济学研究 [R]. 外国经济学说与中国研究报告，2018 (1)：337 - 344.

"外迁"和"回流"问题,有必要对制造业"外迁""产业空心化""再工业化"和制造业"回流"等研究开展中可能涉及的重要概念的内涵进行分析和界定。

2.1.1 制造业"外迁"

制造业"外迁"从现象学的角度来看自制造业在工业革命发生时便已出现,因为工业革命后大机器生产在西方主要工业国家的出现是伴随着地理大发现和资本主义的全球扩展而发生的。随着英国、法国、德国等资本主义国家普遍在第一次工业革命中确立现代制造业的生产体系,为进一步利用海外殖民地和其他国家的原材料和市场,其纷纷选择将制造业的生产环节转移到国外,于是制造业"外迁"的现象便在资本主义的全球扩展中普遍出现了。当然,主要资本主义国家在经济扩张早期主要以商品输出为主,即工业制品在本土生产和制造,然后运输到世界各地去销售。但是,第二次工业革命发生后,随着主要资本主义国家国内企业资本实力的增强、生产技术的进步和围绕销售市场的竞争日益走向激烈,其经济输出的方式开始向以资本输出为主转变,而在资本输出中制造业"外迁"便是主要内容。

制造业"外迁"是大机器生产方式出现并成为占据主导地位的生产形式后伴随西方资本主义全球扩张而产生的一种产业经济现象,并在第二次工业革命后成为西方国家对外经济扩张或推行经济侵略的主要方式。到目前为止,在发达国家与发展中国家之间,以及新兴工业化国家与发展中国家之间,制造业"外迁"的现象依然普遍存在,制造业"外迁"也成为当今世界经济全球化的重要内容。而学术界对于制造业"外迁"的研究并不充分,甚至在 21 世纪以前，无论是西方国家还是我国的经济产业界对制造业"外迁"都缺乏较为系统的研究。21世纪以来，学术界和经济产业界对制造业"外迁"的研究开始增多，但是其体量和研究深度依然没有达到与制造业"外迁"对当今世界经济全球化进程和国际产业格局变化的重要影响相匹配的应有程度。

在此背景下，学术界对于制造业"外迁"也并未形成一个具有权威性和统领性的定义。因而，在对制造业"外迁"内涵的揭示中，本书只能结合研究论证中提出的拟解决问题及在上文讨论中对制造业"外迁"事实现象的描述尝试做出一个有利于研究推进的概念性判定。本书认为，所谓制造业"外迁"应当是机械工业时代制造业生产环节从一国迁移到其他国家的产业经济现象。在全球产业和资本市场日益健全的今天，制造业"外迁"并不一定直接体现为一国企业将生产设备和人员物资通过物流运输搬运到其他国家，而更多体现为一国企业通过资本的跨境输出并利用输出对象国的消费市场和要素市场机制建立的生产性机构。因而，在当今世界的制造业"外迁"格局中，制造业"外迁"依然是制造业生产环节在其他国家的建立，而其主要方式依然是以资本的跨境输出为主。

2.1.2　产业空心化

一个国家在工业化和现代化进程中，其产业结构也会经历不断升级的变化。具体来说，在工业化的初期阶段，一个国家的农业比重会降低，而制造业比重会大幅上升，服务业比重也会增长，但是工业占GDP的比重会超过农业并占据主要地位。随着一个国家工业化进程的推进，随着国内劳动力、能源和原材料等生产要素价格的上涨，其制造业为降低生产成本和进一步开拓国际市场而出现"外迁"趋势，同时其国内产业结构为配合制造业的创新升级出现以生产性服务业和文化产业等为主的现代服务业快速发展情形，而出现在工业化中期服务业占 GDP 比重大幅上升并占据主导地位的情形①。随着一个国家工业化进程的进一步推进，尤其是逐步步入工业化的中后期阶段，其国内产业结构中制造业所占比重一般会持续降低并低于服务业，如当今世界上的发达国家，其服务业占 GDP 的比重一般会在 60% 以上，而我国也于近年随着加速向工业化后期迈进，服务业占 GDP 的比重已经超过制造业。整体来看，在一个国家的工业化和现代化进程中，随着其经济社会呈现出升级性的发展变化，其国内产业结构往往不可避免地会出现制造业比重降低的现象，此即为本书所谓的产业空心化②。

当然，对于产业空心化的内涵，学术界也有不同的观点，如有人认为一个国家的制造业迁移到国外并造成国内制造业比重降低便是产业空心化。实际上，对于产业空心化而言，造成制造业比重降低的途径主要有两个：一是一个国家的制造业企业因国内劳动力等要素价格上涨或为更加便捷地开拓国际销售市场而将制造业的生产环节迁移到国外，造成本土制造业规模萎缩和占 GDP 比重降低；二是国内投资主体为获取更多利润在工业化中期后随着国内制造业产品市场趋向饱和和竞争日益激烈并造成利润率不断降低而选择将资本投向利润率更高的非制造业部门，如金融、证券和房地产等非实体领域，所造成的制造业规模萎缩和占比降低③。可见，产业空心

---

① 张友伦. 美国通史——美国的独立和初步繁荣 [M]. 北京：人民出版社，2002：194 – 195.

② 石光宇，孙群郎. 美国去工业化与后工业经济的形成 [J]. 辽宁大学学报（哲学社会科学版），2013（3）：137 – 142.

③ Butollo F. Moving Beyond Cheap Labour? Industrial and Social Upgrading in the Garment and LED Industries of the Pearl River Delta [J]. Journal of Current Chinese Affairs China Aktuell, 2014（4）：139 – 170.

化主要是指实体经济的空心化,而实体经济主要是指制造业,因为制造业在一个国家的现代化进程中相比于服务业和农业来说,其对于国家发展和社会进步的带动和推进作用更加显著,如可以创造大量的就业岗位、推动农业和服务业的升级发展、推进国家科技创新能力的提升和创新机制的优化等,并最终对塑造和提高一个国家的国家实力和国际地位起到关键作用。

目前,发达国家和世界上主要的新兴工业化国家大都出现了产业空心化问题。一般认为,产业空心化是一国产业结构中出现的负面问题,并可能对其经济社会发展带来一些消极影响。但是,学术界对此并未形成定论,甚是还存在诸多争议。比如,有些学者并不认同存在所谓的"后工业化社会",而所谓产业空心化的出现则是一个国家在工业化推进和现代化发展中出现的正常产业现象,产业结构中制造业比重降低和服务业比重上升的情况,是产业结构的软化,其不同于产业空心化。因而,持该观点的学者还认为,只要一个国家的产业结构是建立在科技创新和生产力快速发展的基础上,其产业结构内部存在良性循环的互动关系,就不能说其出现了产业空心化问题。制造业比重降低和服务业比重上升只要是依托于科技创新能力的不断增强和社会生产力的普遍提高,且国内产业结构中生产供给和消费的平衡关系依然得到维持,那么其不仅不是产业空心化的问题,反而是一种巨大的经济社会发展的进步。当然,也有一些学者认为,制造业比重降低就是产业空心化,其带来的危害是一种客观现象,如制造业创造的就业岗位更多,而服务业比重增加会稀释掉更多的就业岗位,且服务业难以发挥对社会机制良性运转的托底保障作用。可以说,学术界围绕产业空心化问题的争论各有道理,而在对其内涵的揭示上,鉴于产业空心化问题对于发达国家带来的实际经济社会危害,而更加倾向于采用制造业比重降低的观点，并对产业结构软化论的观点适当吸取，秉持一种有所倾向并适当兼容的观点。

2.1.3 再工业化

2008 年国际金融危机发生以来，西方的一些学者认为，美国次贷危机爆发的主要原因在于其近 20 年来不断推进的"去工业化"，美国经济要实现新增长要依靠实体经济，而不是金融创新。美国经济学术界一些人士认为，美国的金融创新造成了其房地产泡沫破灭、金融市场的扭曲发展和金融资产的不实增长，并因此造成美国商业银行和投资银行金融风险不断加大且未形成有效的防控机制①。可以说，美国次贷危机发生的原因与上述观点确实存在一定关联，正因如此，美国次贷危机发生后，时任美国总统奥巴马便提出了"新经济战略"，其核心思想在于实现美国经济的可持续性增长，而其基本手段在于重新实现美国经济的出口推动型增长和制造业驱动增长，即要让美国经济重新回归实体经济。在此背景下，美国政府自奥巴马时期以来便开始高度重视国内产业结构的优化调整，尤其是制造业的增长。奥巴马在"新经济战略"中提出的关于要重新振兴其制造业的观点随着美国政府不断出台系列推动政策，并将其上升到国家战略，而被各界解读为"再工业化"②。美国的"再工业化"战略也得到了前任美国总统特朗普的继承和推进，且在特朗普任期内，其为推进美国的"再工业化"战略还提出了所谓的"美国

---

① Cain L P, Paterson D G. Biased Technical Change, Scale, and Factor Substitution in American Industry, 1850 ~ 1919 [J]. The Journal of Economic History, 1986 (1): 153 – 164.

② 胡鞍钢，任皓，高宇宁. 国际金融危机以来美国制造业回流政策评述 [J]. 国际经济评论，2018 (2): 7, 112 – 130.

优先"原则,并进而将"再工业化"战略体现在美国经济政策制定的各个方面,如美联储降息、加大美元发行量、开启贸易保护主义模式、强迫美国一些大型企业将海外生产转移到国内及吸引外国企业到美国投资生产等,都是其推进"再工业化"战略的具体举措。

实际上,"再工业化"在产业经济领域并非一个新概念。早在20世纪70年代,随着第三次科技革命的迅猛发展及其最新科技创新成果普遍被应用到制造业领域,一些与此相关的新兴产业如电子工业、新材料和新能源等行业的加速产生,制造业结构的升级分化进一步加剧,尤其是带来了传统制造业在发达国家的加速衰落。在此背景下,德国的鲁尔地区、法国的洛林地区、美国的东北部和日本的九州地区等传统制造业集聚区出现了改造和升级的问题。于是,"再工业化"便成为这些传统制造业聚集区域实现传统制造业升级和新兴产业培育的重要思路①。即便是今天,美国提出的"再工业化"战略也并非要实现传统制造业本土制造,而是要以"再工业化"战略实施为契机,加速推进其传统制造业的技术改造和新兴先进制造业的加速培育,其本质依然在于以科技创新推动制造业的本土制造和升级发展。随着第三次科技革命的持续推进和制造业面对的全球化时代的快速变迁,"再工业化"的内涵也并非一成不变,而是会被注入一些新的时代内涵。美国最畅销的《韦氏词典》对"再工业化"给出了较为权威和普遍的解读,其认为"再工业化"是"一种刺激经济增长的政策,特别是通过政府的帮助来实现旧工业部门的复兴的现代化并鼓励新兴工业部门的增长"。同时,美国的一些专家学者也在产业经济学的范畴中对"再工业化"的内涵进行了诸多揭示,如罗斯韦尔和泽赫菲尔德(Roy Rothwell & Waiter

---

① 马光远. 美国制造业回流的冷思考 [J]. 当代贵州, 2017 (9): 64.

Zegveld，1985）认为"再工业化"是制造业为实现高附加值和知识密集要素配置并生产高新技术产品和服务以满足新的市场需求的以科技创新为主要驱动力的升级发展①。英文原版大辞典（*Random House Una - bridged Dictionary*，2007）认为"再工业化"是通过政府扶持、税收鼓励及工厂与机器的现代化等方式，以实现工业及其对应的工业社会形态复兴的活动②。

2.1.4 制造业"回流"

目前，在美国提出并推进"再工业化"战略和其他发达国家也加大本土制造业复兴发展的背景下，制造业"回流"的问题开始受到学术界和产业界的更多关注。制造业"回流"现象的出现相比于制造业"外迁"要晚，基本是近年来才出现的新事物。同时，制造业"回流"概念的提出也与奥巴马任美国总统时期提出的"新经济战略"及其以"再工业化"为核心内容的产业思路有关。因而，制造业"回流"现象的出现同样与2008年爆发的国际金融危机及危机过后西方经济产业界对这场危机的反思存在密切关联。2008年国际金融危机发生以来，奥巴马任美国总统时期提出要促成美国制造业的"回流"，旨在增加国内就业，并赋予美国经济持续的发展能力。加之，前任美国总统特朗普上台后完全继承了奥巴马提出的"再工业化"战略，并在诸多方面采取了推进美国制造业企业回归本土的政策。

---

① Daly A，Hitchens D M W N，Wagner K. Productivity，Machinery and Skills in A Sample of British and German Manufacturing Plants：Results of A Pilot Inquiry ［J］. National Institute Economic Review，1985 （111）：48 - 61.

② Chen X. A Tale of Two Regions：Rapid Economic Development and Slow Industrial Upgrading in the Pearl River and Yangtze River Deltas ［J］. International Journal of Comparative Sociology，2007 （3）：167 - 201.

在此背景下，一些美国制造业企业开始将海外生产转移到本土，形成了制造业"回流"的现象。如早于 2013 年，美国福特公司便宣布，自 2014 年年底开始，其将在美国的俄亥俄州组装生产 2.0 升的 EcoBoost 引擎，用本土制造供应北美消费市场。福特公司同时宣称，到 2015 年时，其本土投资工厂要全部投产，预计能为美国本土创造 450 个工作岗位①。此前，为节约生产成本和更高占领目标市场，福特公司的这款发动机在西班牙组装生产。该款发动机的美国本土生产线建立后，西班牙的生产线并不会停产，将以供应欧洲市场为主，并为其本土工厂供应零部件②。

整体来看，美国提出的制造业"回流"思路虽然已在政策层面形成了较为系统的体系，但是实际效果并不理想。因为，美国制造业"外迁"本就是符合产业经济发展规律的市场行为，而强迫美国企业及其他国家的一些在美国市场占有较大销售份额的企业"回流"或搬到美国生产，从企业经营的角度来看并不合理，往往面对较高的搬离费用，且不论其搬回美国本土后是否能够经得起高昂的要素成本价格挑战，其搬离他国也会带来海外销售市场缩水的风险。因而，美国提出并推进的制造业"回流"在经济全球化和全球资本市场非常健全的今天可谓前路漫漫，困难重重。综上所述，制造业"回流"是指发达国家制造业的投资和生产从海外转移到本土的一种产业经济现象，其既指把海外工厂迁回本土，也指放弃海外设厂规划而选择在本土开办生产企业。

---

① Davis J H. An Annual Index of US Industrial Production，1790 – 1915 [J]. The Quarterly Journal of Economics，2004（4）：1177 – 1215.
② 吴成良，刘歌. 美国制造业"回流"真相探究 [EB/OL].［2013 – 03 – 28］. http：//cpc. people. com. cn/n/2013/0328/c83083 – 20944897. html.

2.2 制造业"外迁"与"回流"的相关规律

制造业是产业结构中的特殊部门,其本身拥有复杂的生产门类,且因科技含量和资本市场发育情形等因素而形成了较为系统和复杂的发展梯度。同时,随着现代制造业对科技创新的依赖越来越强,生产制造环节应用到的生产要素,尤其是原材料越来越多,使现代制造业的社会协同性越来越强,社会分工愈发细致,并在生产的投资、产品的销售和其他生产要素的配置上与经济全球化更加紧密地联系在一起。正是基于经济全球化塑造的世界市场机制,制造业才出现了所谓的"外迁"和"回流"现象,而无论制造业的"外迁"还是"回流",其主导者都在于发达国家。但是,发达国家的政府并不是制造业"外迁"和"回流"的主导主体,其主体应当是发达国家的制造业企业。制造业"外迁"还是"回流"是一种市场行为,是发达国家企业基于市场价值规律为降低生产成本获得更高的经营利润而采取的一种市场化行为,而经济全球化背景下世界市场的健全则为其开展此种市场行为提供了可能。因而,发达国家的制造业"外迁"和"回流"应当是遵循相应市场规律的客观行为。回顾发达国家和新兴发展中国家走过的工业化历程,制造业在升级发展中主要呈现出制造业升级与产业结构变化规律、工业化推进与要素价格增长规律、制造业要素驱动向创新型转型升级规律、制造业国际分工与世界市场的优化规律,而这些规律也应当是研究美国制造业"外迁"和"回流"问题时应当遵循的一般规律。

2.2.1 制造业升级与产业结构变化规律

制造业是伴随近代资本主义生产方式的出现而出现的，并在工业革命之后成为人类社会经济领域中一种新兴的产业形式。制造业的产生从根本上来说是工业革命带来的社会生产力发展推进的结果。自制造业从工业革命的科技创新中孕育并随着西方列强的全球资本主义扩张成为世界性的产业形式以来，科技创新的步伐从未结束，并依次经历了第一次工业革命和第二次工业革命，而人类社会正在经历的第三次工业革命正在进行当中，虽然已经持续了60年左右的时间，但是依然呈现出方兴未艾之势。在科技创新不断涌现的过程中，制造业自产生以来也处在持续的升级发展之中。制造业的升级发展基本呈现出这样一种规律，即从粗放式制造业向集约型制造业升级、从低附加值制造业向高附加值制造业升级、从要素驱动型制造业向创新驱动型制造业升级、从产业链低端制造业向产业链高端制造业升级、从传统制造业向知识密集型制造业升级。可以说，制造业在科技进步的推动下处在持续的升级之中，且随着第三次科技革命不断开拓出更多的新兴领域，尤其是在现代网络技术和智能化技术的融合推动下，制造业在升级中对科技创新的依赖性越来越强，且现代制造业升级的节奏也越来越快。

目前，世界范围内的制造业正在经历新一轮升级，其主要原因是：一方面，2008年国际金融危机后，国际消费市场出现复苏乏力的现象，且随着各国消费者消费需求的不断升级，传统制造业提供的中低端产品正在失去消费者的青睐，"物美价廉"的制造业优势正在让位于品质高端的质量优势。在此背景下，我国国内制造业及世界范围内的制造业生产呈现出升级发展的显著趋势。实际上，美国提出的"再工业化"战略也内含着推动制造业升级的时代要求。另一方面，新科技革命成果的普及应用也推动了世界范围内制造业出现加速升级的趋势。21世纪以来，第三次科技革命陆续在诸多新的领域取得突破性发展，尤其是在电子计算机、互联网和人工智能等领域取得的技术突破，已经在与制造业的融合发展中将人类社会带入一个崭新的信息时代、智能时代和知识时代。甚至在很大程度上可以如此认为，当前各国制造业正在经历的升级发展，其本质就是要实现制造业的信息化、数字化和智能化发展①。为此，各国开始高度重视科技创新机制的优化，并将先进制造业培育上升为国家战略，如美国的"再工业化"战略、德国的"工业4.0"战略和我国的"中国制造2025"战略等，其实都是顺应世界范围内制造业创新驱动升级发展的产物。

在制造业升级中，往往还会造成国家产业结构的变化，且其造成的产业结构变化还呈现出一定的规律性。一般来说，在一个国家制造业刚刚起步之际，也即工业化的初级阶段，制造业占GDP的比重会迅速增加，并占据主要地位。随着制造业的升级发展，当一个国家步入工业化中期阶段时，制造业占GDP的比重会相应降低，并逐步回归到一个合理的水平。在该阶段，随着制造业比重的降低，服务业占GDP的比重会逐步增加，并在工业化的后期阶段占据GDP的主要地位。当然，这主要是回顾发达国家在工业化进程中制造业升级对产业结构造成变化的一般事实所总结出的一般规律，而在当今世界范围内，也有一些国家的产业结构呈现出特殊性，如印度的服务业占GDP的比重超过60%，而其并非发达国家。

对于制造业升级和产业结构变化的一般规律，一些西方学者已

---

① 王林燕. 金融危机以后国际分工新趋势——发达国家制造业回流对国际分工的影响［J］. 知识经济，2015（14）：73-74.

经在研究中将其上升到理论高度，如配第—克拉克定理、库兹涅茨定理和霍夫曼定理等都可以印证该规律。其中，尤以德国经济学家霍夫曼提出的霍夫曼系数最为直观。1931 年，德国经济学家霍夫曼在其所著的《工业化的阶段和类型》一书中通过分析制造业中消费资料工业生产与资本资料工业生产的比例关系，得出了著名的霍夫曼比例，即霍夫曼比例 = 消费资料工业的净产值/资本资料工业的净产值。霍夫曼依据霍夫曼比例将工业化进程分成四个阶段，且通过分析得出四个阶段的霍夫曼系数分别为 5（±1）、2.5（±1）、1（±0.5）和 1 以下。霍夫曼系数越低，则说明制造业在产业结构中的占比越低①。可见，当今世界制造业升级和产业结构变化的一般事实基本可以对 20 世纪 30 年代霍夫曼提出的霍夫曼系数进行印证，且这样一个印证的事实在今天也完全可以被上升到规律的高度。

2.2.2　工业化推进与要素价格增长规律

企业是制造业发展的基本组织形式。制造业企业生产经营的核心问题在于盈利，而盈利既要通过不断的自主科技创新、引进新的生产设备和工艺等创新途径来降低产品的生产成本，也要通过内部的财务核算等合理控制其生产成本。对于制造业企业来说，其产品的生产成本和企业运营成本主要来自各类生产要素的成本叠加，如能源、原材料、劳动力、土地、技术等生产要素的成本。因而，在制造业企业的经营发展中，要素成本价格的变动将对其生产经营策略产生直接影响。一般情况下，制造业企业的利润空间来自产品市场价格和产品生产成本的差额，且产品市场价格越低，在质量和功

---

① 龚轶，王铮，顾高翔. 技术创新与产业结构优化——一个基于自主体的模拟 [J]. 科研管理，2015（8）：44 – 51.

能一致的情况下，其市场竞争力也即产品的市场销售总量就会越大①。因而，在制造业企业的生产经营中，其产品生产成本的控制既要考虑产品的市场销售价格，也要考虑如何合理控制产品的生产成本，而其市场销售价格则更多受到目标销售市场通货膨胀情况的影响。在各国的工业化进程中，随着社会财富总额的积累及政府为推动本国工业化和城镇化进程往往会采用积极的财政政策，即通过一系列的财政货币手段来维持适度的通货膨胀率，以拓宽制造业企业产品的盈利空间。即便如此，政府调控下的通货膨胀率也要维持在适度的水平，且世界各国大都在工业化进程的初中期采用类似的积极财政政策，因而在一定程度上来讲，通货膨胀率对各国制造业产品利润空间的拓展效应可能在很大程度上会被抵消。那么，对于制造业企业来说，生产成本的控制就要更多去考虑其所在国家的生产要素价格及其变化趋势。

在工业化进程推进中，一国的生产要素价格整体来看呈现出不断上涨的规律性。但是，在诸多生产要素中，各国的土地和劳动力价格上涨又因其经济社会发展水平的不同呈现出较大的差异性。一般来讲，经济社会发展水平越高，其土地和劳动力价格就会越高。除土地和劳动力要素以外的其他要素价格也会呈现出此种变化趋势，但其又更多受到国际要素市场价格的影响而在一定程度上抵消价格差异。比如，石油是工业发展的血液，其价格在各国虽然有差异性，但是基本来说受到国际石油价格变动的影响。因而，各国在制造业发展中，随着其国内工业化进程的推进和土地尤其是劳动力等生产要素价格的上涨，其本土制造业会不断承受要素价格上涨带来的盈利增加压力。如果一个国家的工业化进程推进到中期阶段，

① Edward J. Feser, Edward M. Bergman. National Industry Cluster Templates: A Framework for Applied Regional Cluster Analysis [J]. Regional Studies, 2000 (1): 6 – 10.

那么政府施行的积极财政政策所能获得的通货膨胀效应也会出现效力降低的现象，此种现象在产业经济学科领域中存在一个专业的理论，即凯恩斯在 20 世纪 30 年代提出的"流动性陷阱"[①] 理论[②]。如此一来，已经步入工业化中期及后期的国家，其制造业企业要想获得生存和发展就不得不选择将制造环节"外迁"，到土地和劳动力价格较低的国家投资设厂。

综上所述，随着工业化进程的推进，发达国家和新兴发展中国家制造业发展的历程已经证明，其生产要素价格会呈现出上涨趋势，而生产要素价格的上涨和"流动性陷阱"效应的不断凸显会不断压缩其本土制造业企业的产品利润空间，进而使其制造业企业在本土遭遇较大的生存和发展压力。在此情形下，发达国家和一些新兴发展中国家的制造业企业为降低生产成本，往往选择到土地和劳动力等生产要素价格较低的发展中国家投资设厂，进而出现制造业"外迁"趋势。显然，工业化推进和要素价格上涨规律也是研究美国制造业"外迁"和"回流"问题应当遵循的一个重要规律。

2.2.3　制造业要素驱动向创新驱动转型升级规律

对于一个国家的制造业培育和发展来讲，其在工业化初期因企业资本实力有限，且技术和工艺水平不高，故在制造业发展中往往采取要素驱动的发展模式。在要素驱动阶段中，制造业企业可以凭借工业化初期国内的卖方市场优势，以及土地、劳动力和原材料等

---

① 流动性陷阱在名义利率降低到无法继续降低地步甚至接近于零时，因某种"流动性偏好"作用，人们宁愿以现金或储蓄持有财富，而不愿把财富以资本形式投资，也不愿把财富消费掉。此时，国家货币供给量即便增加，也会以"闲资"方式被吸收，如同掉进"流动性陷阱"，因而货币增加对总需求、所得及物价难以产生影响。

② 姚文宽. 技术创新与产业结构优化——一个基于自主体的模拟 [J]. 经济研究导刊，2014（8）：199–201.

生产要素的廉价优势在制造业中低产品生产中形成价格的比较优势，甚至可以在国际市场上形成较强的竞争优势。但是，在制造业要素驱动发展中，其科技含量不高，且并未掌握制造业产品领域的核心知识产权，也未形成自主科技创新的健全机制，因此其产品多处在中低端环节，附加值也相对较低，甚至可能面对来自其他新兴工业化国家的同质产品的激烈竞争。同时，要素驱动的制造业还存在大量消耗国内资源及对生态环境造成污染破坏的问题。因而，要素驱动是一个国家在工业化初期的制造业培育中不得不采取的一般发展模式，属于制造业的粗放发展阶段①。但是，制造业的要素驱动发展模式在一个国家的工业化进程推进中又往往是不可逾越的阶段，因为制造业的培育和发展，尤其是企业资本和技术实力的积累尤其是自主科技创新能力的培育不可能一蹴而就。

所谓创新驱动是相对于要素驱动而言，是指经济增长主要依靠科技创新提高效益和质量，以实现集约发展和增长，就是要用技术变革提高生产要素的产出率。具体到制造业而言，创新驱动主要是指制造业要摆脱过去的要素驱动模式，将企业的经营发展动力转换到以自主科技创新实现集约增长的方式上来。在制造业的创新驱动发展中，创新驱动机制的建立和创新发展能力的培育是关键，且制造业企业的产业链将得到升级，要占据产业链的中高端环节和掌握更多的核心自主知识产权，同时其产品附加值得到大幅提高，不断降低了能源和原材料的消耗率，达到了绿色低碳无污染的生态化发展要求②。当然，制造业的创新驱动发展中，其企业还要建立起现代企业制度，拥有科学高效的公司法人结构及更加现代化的人力资

① 郭树华，杨泽夏. 中国产业结构演变的驱动要素 [J]. 安庆师范大学学报（社会科学版），2020（1）：87－93.

② 张媛媛. 科技创新第一动力论的整体性审视 [J]. 经济问题，2020（7）：19－26.

源管理制度等。在要素驱动下，当一个国家的制造业培育达到中等工业化程度时，其制造业企业便会出现创新驱动的发展需要和趋势。当然，实现制造业从要素驱动向创新驱动的转变是每一个处在工业化进程中的发展中国家的奋斗目标，但是其能否实现这种脱胎换骨的转变，关键在于创新能力能否跟上其制造业升级的步伐和需要。

目前，美国作为发达国家，其制造业已经经历了要素驱动阶段而进入到创新驱动发展阶段。在此过程中，美国的制造业为实现从要素驱动向创新驱动的转变出现了大规模的"外迁"趋势。可以说，美国制造业的发展历程，既证明着一个国家制造业从要素驱动向创新驱动转变的一般规律，同时也在当前仍然存在着这种转变的必要性。美国制造业在从要素驱动向创新驱动转型的过程中，其企业"外迁"的作用正是要降低生产成本，并配合国内制造业的创新驱动升级，同时有效降低要素驱动下传统制造业对其国内生态环境造成的负面影响。因而，研究美国制造业的"外迁"和"回流"问题应当充分把握一个国家制造业在发展培育中从要素驱动向创新驱动转型的一般规律。

2.2.4 制造业国际分工与世界市场的优化规律

现代制造业作为工业革命的产物，其兴起和发展的过程本身便伴随着世界市场的不断拓展和国际市场机制的不断健全。现代制造业在第一次工业革命的催生之初，便已经呈现出国际分工的格局。当时，世界上主要的资本主义国家在本土生产纺织品等工业产品的同时，还从世界各地的殖民地和半殖民地国家掠夺或购买原材料，形成了现代制造业产生之初国际分工的基本格局，同时还伴随着资本主义世界市场的拓展和完善。回顾制造业发展的整个历程可以发现，制造业国际分工的不断细化和国际市场的不断优化存在协同共进的发展关系，而其基本的推动力是制造业的科技创新和产业升级。到目前为止，在经济全球化的背景下，制造业的国际分工和世界市场的优化已经达到了前所未有的高度①。

制造业的国际分工高度依赖于世界市场机制的不断健全。制造业的国际分工不断细化，主要在于制造业企业在实现从要素驱动向创新驱动的转型中需要集中更多的要素资源专注于科技研发，并通过制造业的"外迁"或者零部件的全球分工制造和供应实现生产要素资源的最优配置，以实现降低成本和提高效率的经营目标。显然，制造业国际分工的实现必需依赖于不断健全的国际市场机制。同时，世界市场机制的完善也离不开制造业国际分工的不断细化。目前，经济全球化已经达到了前所未有的高度，而其核心内容和基本动力在于高度全球化的国际市场机制的形成。在国际市场形成的过程中，制造业及其国际分工始终发挥着关键作用。正是在历次工业革命推动的制造业升级发展中，制造业在生产分工和国际销售市场竞争中不断推动世界市场走向成熟，并形成了当今世界范围内绝大多数国家积极参与的 WTO 贸易机制。

因此，制造业国际分工和市场机制的优化及其相互间存在的互促共进关系也是探究美国制造业"外迁"和"回流"问题时需要借鉴和遵循的一条重要规律。当前，美国虽在"再工业化"战略推进中出现了贸易保护主义抬头的问题，但是就全球贸易和国际分工的整体格局来说，经济全球化依然是不可阻挡的时代潮流，并得到了世界上绝大多数国家的认同和推进，而全球范围内在制造业领域中形成的国际分工格局已经塑造了较为稳定的产业链。在制造业领域的每一个产业链条上，任何国家的任何制造业企业都因往往存在相

---

① 谢思艳，陈利晓. 全球价值链下的国际分工地位 [J]. 合作经济与科技，2018（22）：98 - 99.

对的比较优势而发挥着难以被替代的积极作用，而想单纯依靠政府或行政的强制力量去斩断这种符合市场规律产业链的做法，即便能够做到，也会因市场规律赋予的强大的矫正作用而面对重重困难。

2.3 制造业"外迁"与"回流"的相关理论

"外迁"与"回流"是各国制造业在发展中呈现出的一种客观现象，其本质在于制造业企业在世界市场机制下进行生产要素的优化配置，进而降低生产运营成本。因而，制造业"外迁"和"回流"的主体是企业，而其动力则来源于企业的盈利需要。制造业"外迁"和"回流"并不会大规模出现在所有国家，目前发达国家是制造业"外迁"和"回流"的主要国家，而一些新兴发展中国家，如中国等，也出现了制造业"外迁"的趋势。制造业的"外迁"对于发达国家企业来说，是一种客观的市场选择行为，对其优化制造环节的要素配置、降低制造产品成本及提高自主科技创新能力等都具有积极的推进作用①。另外，制造业"外迁"也曾长期得到发达国家政府的引导和支持，如美国在 20 世纪 70 年代后曾引导其国内企业到海外投资，甚至将传统制造业视为"夕阳产业"，尤其是传统制造业造成的生态污染和环境破坏，让发达国家的政府和民众曾对其深恶痛绝。制造业"回流"是近年来出现的一个新概念，且在学术界探讨中至今也未引起足够的重视。即便如此，在制造业"外迁"和"回流"问题的探究中也有一些相关的理论观点可以为本书的研究提供一定的理论扶持。

---

① Elu J. The Impact of Ten Years of IMF (SAP) Reform: The Case of Sub-Saharan Africa (SSA) [J]. World Studies in Education, 2000 (1): 41-59.

2.3.1 西方经济学术界研究形成的理论观点

西方经济学术界拥有漫长的理论研究历程，也积累了丰富的理论成果。在制造业"外迁"和"回流"问题的研究中，西方经济学术界虽然并未形成直接以其命名的理论成果，但是要研究制造业的"外迁"和"回流"问题，西方经济学术界中形成的一些理论却需要加以明确，其关于世界市场、经济全球化和生产要素等方面的一些理论观点，对于拓展美国制造业"外迁"和"回流"问题的研究理论视角，增加研究开展的逻辑思维视角和更加深刻地理解制造业"外迁"和"回流"研究中的一些推论观点，都可以起到重要的理论支撑作用。制造业的"外迁"和"回流"在国际市场发展步入全球化时代的今天，尤其是在 WTO 国际贸易规则的世界市场框架下，从根本上来说是一种借助市场机制的生产要素优化行为。目前，西方经济学中对于美国制造业"外迁"和"回流"问题的探究具有重要参考价值的理论主要包括以下几个方面：

一是生产要素理论。生产要素理论由英国古典经济学家之父威廉·配第在其经济著作选集中首次提出，其认为土地是财富之母，而劳动是财富之父和能动要素。威廉·配第虽然没有提出"生产要素二元论"，但是其在事实上将土地和劳动作为最基本的生产要素。随后，英国古典经济学家亚当·斯密又提出将资本作为一种生产要素。亚当·斯密在其著名的《国富论》中指出，不论在何种社会形态下，商品价格最终都可被分解为劳动、资本和土地三个部分，其观点被称为"生产要素三元论"①。第二次工业革命之后，随着生产

① 丁堡骏. 亚当·斯密的宏观经济分析与现代西方宏观经济学 [J]. 经济评论，1996 (6)：90－95.

规模、组织形式和产品成本结构的深刻变化，19 世纪末 20 世纪初，西方经济学家马歇尔在其名著《经济学原理》中提出把组织作为第四种生产要素，形成所谓"生产要素四元论"①。20 世纪 50 年代后，在第三次科技革命迅猛发展并推动制造业不断升级发展的情形下，一些西方经济学家开始把技术作为第五种生产要素，于是形成了"生产五元素论"。20 世纪 80 年代，中国著名经济学术界徐寿波提了生产过程依赖于六种资源的观点，即人力、财力、物力、运力、自然力和时力都在生产中发挥着重要作用，可被视为"生产要素六元论"②。21 世纪以来，在信息技术深入发展并深刻影响制造业发展形态的背景下，也有一些学者主张将信息作为一种新的生产要素。可见，现代制造业发展因技术变革加速和创新驱动作用凸显在生产要素的种类上日益丰富，说明现代制造业的生产组织形式更加复杂，而其对国际分工的要求也更加迫切。因为，现代制造业的生产要素结构越复杂，单纯依靠某个国家满足所有生产要素需要的难度就会越大，而制造业企业在控制产品成本时考虑的生产要素地域范围也会越大，若国外某地的生产要素价格具有显著的比较优势，那么其"外迁"经营的可能性也会越大。

二是价值规律理论。价值规律是商品生产和交换的基本规律，也是制造业企业在世界市场机制高度健全的今天生产经营中遵守的基本规律。价值规律的内容主要包括两层内涵：商品的价值量由社会必要劳动时间决定，商品交易实现等价交换；市场供求影响价格，商品价格围绕价值上下波动。价值规律决定了制造业企业在产品的生产和交换中要发生生产技术的对比，出现优胜劣汰的竞争，

---

① 牛文涛. 经济学原理、马歇尔学说及其启示 [J]. 决策与信息，2017（4）：86 - 92.

② 李鸿雁，徐斌，任小伟，刘玉梅，张瑜. 河北省生产要素市场发展对策 [J]. 北华航天工业学院学报，2009（3）：36 - 38.

并推动生产力的发展。英国古典政治经济学家亚当·斯密在《国富论》中的《论商品的自然价格和市场价格》一文首先对价值规律的基本内容进行了系统阐述，其重点阐释了自然价格与市场价格之间的关系，认为市场价格受供求影响上下波动，而自然价格却始终发挥"中心价格"作用。意外因素可能将商品价格提高到自然价格之上或压低到自然价格之下，但是市场价格归根结底要受到自然价格支配①。英国古典经济学的另一座重镇李嘉图则批判亚当·斯密的二元价值论，并提出了劳动价值论，其在《政治经济学及赋税原理》中的《论价值》一文中提出，商品价值取决于生产商品的相对劳动量。李嘉图否定了亚当·斯密关于价值产生于生产费用的观点，认为商品价值仅由生产商品耗费的劳动量决定，且首次提出必要劳动概念。然而，李嘉图没有正确区分价值与交换价值，也没有搞清楚劳动的二重性②。但是，西方经济学家对于价值形成本质的探索揭示，却对后来马克思在政治经济学研究中构建更加科学的价值规律理论起到了重要借鉴作用。价值规律理论对于本研究揭示美国制造业"外迁"的必要性和合理性，以及帮助我们理解其制造业"回流"的不合理性和面对的来自市场机制的阻碍，都具有重要的理论借鉴价值。

三是流动性陷阱理论。制造业的培育和发展离不开市场机制作用的有效发挥，无论生产过程本身的要素配置，还是制造业产品的销售，以及制造业发展以来的创新驱动机制效能的发挥，都离不开有效的市场机制。在市场机制中，一切生产要素的配置都要依赖于有效的价格机制，而只有销售价格高于生产成本的情形下，制造业

---

① 刘昭媛. 亚当·斯密经济理论对中国特色社会主义市场经济的启示 [J]. 新西部, 2017 (30): 160 – 161.
② 郑忆石. 列宁对英国古典政治经济学的辨析 [J]. 贵州省党校学报, 2020 (3): 5 – 13.

产业链上的各个环节才能有利可图，其产业链和价值链才能得以维持。因而，保证销售价格高于生产价格便成为有效的市场机制和政府通过一定的财政货币政策调控市场所追求的基本目标。但是，流动性陷阱现象的存在却对政府通过积极的财政政策为制造业发展营造良好的价格环境造成了制约。流动性陷阱是指在利率降低到无法继续降低的情形时，如降低到零，因居民的"流动性偏好"影响，其便可能出现宁愿持有现金或储蓄财富的趋势，而不愿意将现金转变为投资或者去消费。在此情形下，即便国家采取何种方式增加货币供给量，其都将以"闲资"形式被社会吸收，如同进入"流动性陷阱"一般，而难以对物价产生合理的抬升作用①。也就是说，在"流动性陷阱"情形下，国家采取的积极货币政策将处于失效状态，难以对制造业发展产生有效的推动作用，具体来说，制造业企业可能因通货紧缩或物价平稳而不断失去盈利空间②。流动性陷阱假说由英国著名经济学家凯恩斯提出，其对于本研究的开展起到重要的理论支撑作用，尤其是对于理解制造业"外迁"的必要性及其"回流"的可行性可以提供更加合理的理论视角。

2.3.2 马克思主义经典作家的相关理论

马克思主义是我国的基本意识形态，其科学性已经在国际社会主义实践中一再得到证实。马克思主义既为人们提供了认识问题和分析问题的科学立场、观点和方法，也在政治经济学研究中形成了科学的理论体系，其对于资本主义经济社会发展的诸多认识，尤其

---

① Erik Dietzenbacher, Bart Los. Structural Dependent Determinants [J]. Economic Systems Decomposition Analyses With Research, 2000 (4)：497 – 514.

② 李翀. 流动性陷阱之谜的解析 [J]. 学术研究，2019 (6)：74 – 84, 178.

是对于资本主义经济发展的深刻探究和在此过程中形成的诸多理论观点，对于我们更加深入地理解美国制造业的"外迁"和"回流"问题能够起到非常重要的理论借鉴价值。一般认为，马克思主义由马克思主义哲学、马克思主义政治经济学和科学社会主义三个部分组成，而其政治经学的研究则在其理论体系中起到了重要的理论支撑作用，是马克思运用辩证唯物主义和历史唯物主义的立场、观点和方法研究资本主义的本质及其发展规律和趋势所取得的相关理论成果。在此过程中，马克思对资本主义社会的经济和政治的关系及其互动联系进行了深刻的事实分析和理论总结，并形成了大量的关于政治经学的笔记、手稿和论著，如《资本论》等，而其中的诸多理论观点对于我们理解制造业培育和发展的规律及其"外迁"和"回流"的实质都提供了权威性的理论扶持。在马克思主义的整个理论体系中，其政治经济学研究虽然可能并非最重要的部分，但是却绝对称得上是最精华的内容，而在马克思提出的关于政治经学的丰富理论成果中，如下两个方面的理论观点对于我们正确理解美国制造业的"外迁"和"回流"问题可以起到重要的理论支撑作用。

一方面，马克思的国际分工理论为理解制造业"外迁"的必要性及其"回流"问题提供了重要理论支撑。马克思主义的国际分工理论对英国古典经济学中亚当·斯密的理论有所继承，也有所创新。国际贸易理论主要起源于18世纪的英国古典经济学家亚当·斯密。实际上，在亚当·斯密之前，英国的重商主义曾认为，世界总财富是个定量，而他国想从世界贸易中得到利益，便需要牺牲他国利益。重商主义认为自由贸易对一些国家是有害的，尤其是对那些在国际贸易中存在贸易逆差的国家。因而，在重商主义思想影响下，西方国家在早期的国际贸易中强调国家要以合理的贸易政策增加出口并降低进口①。亚当·斯密的国际贸易理论试图通过分析自由贸易的好处去反驳重商主义限制自由贸易的观点。为此，亚当·斯密对国际贸易开展的必要性进行了系统分析，其认为国际贸易的决定因素来自一个国家的内部产业结构，自由贸易的开展既是国内产业发展之所需，也有助于不断提高国内产业结构的层次、质量和国际竞争力。后来，马克思在亚当·斯密关于自由贸易合理性观点的基础上提出了马克思主义的国际分工理论，并在亚当·斯密的理论观点的基础上做出了创新性发展。马克思认为国际分工是人类生产力发展到一定阶段的必然产物，国际分工反过来又为生产力的进一步发展提供了重要前提。马克思还认为国际分工与生产的国际化是经济全球化的基本动力，其使世界各国的经济需要和相互依赖不断加深，并达到了空间规模和程度。马克思还指出，社会生产力发展，主要是科技革命创新成果的不断涌现及其在制造业中的推广应用，是造成国际分工不断走向细化和深化的基本动因，构成了国际贸易和国际分工不断发展的物质基础②。另外，马克思还分析了资本主义国际分工的本质，认为其不可避免地对生产力发展水平落后的国家和民族造成剥削，甚至会带来压迫，在此过程中随着被压迫国家和民族不断被裹胁进现代生产体系中，其本身的近代化进程也会加速发展。

另一方面，马克思的国际贸易理论为从生产要素合理配置的角度理解制造业企业"外迁"或"回流"的合理性提供了基本的理论支持。制造业的"外迁"和"回流"既是一个国际分工细化问题，也是一个国际贸易问题。国际贸易领域始终是马克思主义政治经济

---

① 王闯闯．"共同体"与英国重商主义者的富强观 ［J］．江海学刊，2019（3）：191－198．

② 刘勇，姜彦杨．近年来马克思世界市场理论研究述论 ［J］．理论与改革，2019（5）：177－178．

学关注的重要问题。马克思曾在其所著的《政治经济学批判》中提到:"我照着这个次序来研究资本主义经济制度:资本、土地所有权、雇佣劳动;国家、对外贸易、世界市场",并为此制定了"六册计划",其中"第五册"便是关于"对外贸易"的探讨。马克思的国际贸易理论内容非常丰富,形成了一个关于国际贸易产生、发展、实质、规律、作用和政策在内的完整理论体系,其提出的关于国际贸易是资本主义生产方式的产物、国际分工是国际贸易的基础、国际贸易的基础是国际分工、国际价值理论是国际贸易的运行规律,以及国际贸易实现了资源、商品、资本和技术等的国际交换和重新配置,并优化和提升了贸易参与国家和地区自身的产业结构,为其生产力的大发展提供了重要前提等观点,实际上对于我们科学理解制造业"外迁"的必要性和合理性及其"回流"的可行性等问题提供了基本的理论视角。从马克思的国际贸易理论视角来看,制造业的"外迁"和"回流"只要符合国际价值理论,那么其便是一种有利于贸易参与各国经济社会发展及其制造业升级发展的合理行为,且国际贸易既是人类社会发展尤其是科技革命推动的生产方式变革的产物,也是不断推动人类社会发展的必然需要。因而,制造业"外迁"带来的国际分工细化和由此带来的生产要素的跨国流动作为国际贸易的重要内容,是一种积极的、合理的和有益的社会进步现象,而那些在贸易保护主义思路下主张限制国际贸易,如采取政治的强力措施逼迫本国"外迁"制造业"回流"的做法显然是违背价值规律和阻碍人类社会发展进步的不可取行为。

2.3.3　国内经济学术界研究形成的理论观点

近年来,随着我国制造业发展在经济"新常态"背景下面对日益凸显的升级压力,国内企业"走出去"的步伐日益加速。21 世纪以来,我国制造业发展所面对的国内外产业和市场环境发生了重大变化。从国内来看,我国制造业经历 40 多年的改革开放,在长期的以市场换技术和制造业培育初期的有效发挥作用的积极财政政策培育和国内庞大消费市场的加持下,取得了迅猛发展。目前,我国拥有世界上最为完备的工业体系,联合国相关机构公布的所有工业大类及其涉及的相关小类在我国制造业领域几乎都能够找到。同时,我国制造业产量也长期高居世界首位,有几百种工业制品的产量位居全球首位。在制造业体量不断增大的同时,我国也有一批制造业企业的经营发展质量得到了大幅提高,出现了一批国营和民营拥有一定技术实力甚至掌握行业领域内核心知识产权的大型制造业企业,其资本实力雄厚、企业规模庞大,且随着国内劳动力等生产要素价格的上涨而出现了"外迁"发展的迫切需求。在此背景下,自"十一五"(2006~2010 年)时期以来,我国制造业企业"外迁"已经成为一种客观趋势,并在学术界引起了一定探讨。但是,我国学术界在讨论制造业"外迁"问题时更多关注国内制造业的"外迁"问题,而对美国制造业的"外迁"问题关注不多,且因学术界讨论历时并不长,因而也未形成具有一定影响力的理论观点。

以"制造业外迁"作为关键词检索中国知网发现,学术界讨论制造业"外迁"问题的相关文献仅有 10 篇,且其关注的视角为我国制造业的"外迁"问题。其中,最早的一篇关注我国制造业"外迁"问题的文章出现于 2008 年,是孙小林的《长三角指导意见效应:30% 制造业需外迁》,其结合 2008 年 9 月 16 日国务院颁布的《关于进一步推进长江三角洲地区改革开放和经济社会发展的指导意见》,认为江苏省、浙江省、上海市两省一市所在的长三角地区 30% 的制造业企业需要"外迁",但是其所提出的"外迁"并非单纯指迁往海外，而是指迁移出长三角所在的区域①。2014 年以后，随着我国制造业升级加速及其"外迁"趋势更加明朗，学术界关注国内制造业"外迁"的文章开始增多，如叶檀的《制造业外迁背后》（2008）② 和《制造业外迁是个假问题》（2015）③、张鑫的《制造业外迁倒逼城市经济转型》（2015）④、胡国良和王继源的《全球产业布局调整背景下中国制造业外迁问题研究》（2020）⑤ 等文章都属于这个话题的研究成果。其中，叶檀在《制造业外迁是个假问题》一文中所讲的制造业"外迁"并非指我国企业，而是指我国的"外商投资企业"，其认为所谓"外商投资企业"加速撤离我国而转移到东南亚等地是个假命题，因为我国国内市场对于外商投资企业来说仍然具有较强的投资吸引力。胡国良和王继源的《全球产业布局调整背景下中国制造业外迁问题研究》一文属于系统研究我国制造业"外迁"问题的一篇力作。该文构建中国和美国多区域的投入和产出模型，依据制造业的三个技术类别、两个发展阶段和三个影响渠道对制造业"外迁"对我国 GDP 与产业结构的影响进行了定量测算，其发现制造业"外迁"以直接效应、关联效应和溢出效应三种渠道对我国 GDP 和产业结构产生影响，短期内低技术制造业"外迁"对我国 GDP 影响最大，长期内中高技术制造业对国内 GDP 和产业结构的影响要大于低技术制造业，尤其是中高技术制造业"外迁"将对国内制造业和产业结构升级形成约束效应。

相比于美国的制造业"外迁"问题，自美国提出"再工业化"

① 孙小林. 长三角指导意见效应：30% 制造业需外迁 [J]. 长三角，2008（10）：66-67.
② 叶檀. 制造业外迁背后 [J]. 商周刊，2015（Z1）：07.
③ 叶檀. 制造业外迁是个假问题 [J]. 上海企业，2015（3）：47.
④ 张鑫. 制造业外迁倒逼城市经济转型 [N]. 中国社会科学报，2016-07-03：4.
⑤ 胡国良；王继源. 全球产业布局调整背景下中国制造业外迁问题研究 [J]. 上海企业，2020（1）：50-64.

战略并于近年加速推进所谓制造业"回流"后，国内学术界对该问题给予了较多关注。检索中国知网可以发现，早于 2011 年国内刊物《21 世纪经济报道》便刊载了一篇题为《不要低估美国制造业回流的伤害》的文章，提醒我国要高度重视美国制造业"回流"对国内造成的危害①。目前，国内学术界在探讨美国制造业"回流"问题时将更多的精力放在其对我国造成的影响上。在该问题的探讨中，国内学术界经历了前期的恐慌，到目前为止，更多观点倾向于认为，美国制造业"回流"虽然对我国不可避免地的会造成一定冲击，但是也不要过度夸大这种影响，因为我国作为世界上最具活力和发展潜力的经济体的基本面并未改变，且美国制造业"回流"因违背其制造业"外迁"的客观趋势而面对较大困难，如 2019 年金成在《我国产业应对制造业回流美国的压力研究》一文中认为，美国"再工业化"战略的目标在于以高新技术升级传统产业和孕育新兴产业，其势必对我国制造业发展造成一定冲击，但是我国若措施得当将有足够的能力予以应对②。

综上所述，国内学术界在探讨美国制造业"外迁"和"回流"问题时虽然出现了一定研究成果，但是成果体量并不大，且并未形成具有普遍影响力的理论观点。国内学术界对美国制造业"外迁"和"回流"问题的关注近年来开始升温，尤其是对美国制造业"回流"对我国影响的分析早于 2011 年左右便展开了，说明国内学术界对该问题的研究保持着一定的敏感度。美国制造业"外迁"虽然至少持续了几十年，但是国内学术界对该问题并未给予充分关注，而美国制造业"回流"开启的时间虽然不长，但是国内学术界对该

① 本刊评论员. 不要低估美国制造业回流的伤害 ［N］. 21 世纪经济报道，2011 - 07 - 12：2.

② 金成. 我国产业应对制造业回流美国的压力研究 ［J］. 山东社会科学，2019 （3）：120 - 124.

问题的研究却相比其制造业"外迁"问题要更多。即便如此，国内学术界无论是直接探讨美国制造业的"外迁"和"回流"问题还是探究我国制造业的"外迁"问题，乃至将研究视角聚焦在美国制造业"回流"对我国制造业升级发展的影响上，其所取得的研究成果和其提出的一些看法仍然对于我们进一步系统探讨美国制造业的"外迁"和"回流"问题拥有一定的借鉴意义。

3

美国制造业"外迁"与"回流"的背景、原因与历程

在当今世界上，美国是唯一的超级大国，更是首屈一指的制造业强国。但是，美国制造业却于21世纪以来长期处于萎缩状态，并面对来自包括中国、印度等发展中国家和日本、韩国等发达国家日益激烈的竞争。即便如此，截至目前，美国制造业占其GDP的比重虽然仅有11%，但是因其制造业多属于具有高技术含量的高端产业，占据着制造业产业链的上游环节，并拥有所在领域的核心自主知识产权和强大的创新驱动发展活力，故其制造业产业附加值非常高，决定了美国制造业占全球制造业产值的比重仍然位居世界第一位。正因如此，关于美国制造业是否处在衰落状态的争议一直存在。有人认为，美国制造业占GDP比重正在降低，其提供的国内就业岗位大幅减少并提高了美国的失业率，且美国制造业的衰落可能降低其国际地位，也有人认为，美国制造业占国内GDP比重虽然降低，但是因其附加值高并保持强大的创新活力而不存在所谓衰落之说。"外迁"是美国制造业发展中长期存在的趋势，自20世纪70年代后便大规模开始，而制造业衰落则是美国在近年来开启制造业"回流"的重要动因。美国制造业的"外迁"和"回流"既有特殊的历史和时代背景，也有深层的发展动因。因而，回顾美国制造业

发展的历程，并深刻分析其"外迁"和"回流"的背景和原因，对于正确理解并恰当把握其制造业"外迁"和"回流"的基本态势和在此基础上分析美国制造业"外迁"和"回流"对美国、中国及世界经济格局的影响，都具有重要意义。

3.1 美国制造业"外迁"的背景、原因与基本历程

　　制造业是工业革命的产物，而制造业的兴起和发展对人类社会的影响是全方位的，其不仅带来了生产方式的变革和社会财富的迅速增长，而且对现代社会的政治、经济、社会和文化等方面具有全方位的影响。甚至可以说，工业革命以来制造业的快速发展及其在世界范围内的传播和升级，已经深刻改变了人类社会发展的传统面貌，并带来了持续性的重大变革。因而，制造业发展实际构成了工业化的主要内容，并在较大的程度上代表着一个国家和民族的现代化发展水平。制造业发展塑造了现代市民社会，并使自由、民主、平等和博爱等现代政治文明理念深入人心，推动着现代政治文明在探索发展中日益走向成熟，其不仅塑造了资本主义国家，也孕育出了社会主义国家。因而，从某种角度来看，制造业发展水平代表着一个国家和民族的工业化和现代化发展水平。美国作为当今世界上制造业最为发达的国家，其制造业"外迁"正是其工业化和现代化发展到一定阶段的产物，也是其国内制造业高度发展并领先世界的重要体现。美国制造业"外迁"符合制造业升级发展的基本规律、生产要素优化和制造业产品控制的互动关系规律，以及世界市场日益健全和制造业升级发展的协同共进规律。要充分认识美国制造业

的"外迁"问题，仍然需要对其背景、原因和基本历程开展更为充分的分析。

3.1.1 美国制造业发展及其"外迁"的背景

长期以来，制造业一直是美国经济的重要支撑。目前，美国制造业对其经济和全球霸权的支撑能力有所减弱，但是回顾美国制造业发展历程及其"外迁"的背景仍然可以从中总结诸多有益的经验。美国制造业起步于五大湖流域，形成了著名的五大湖经济带。在西起密西西比河、东至大西洋沿岸的波士华城市带、北到五大湖南岸、南到俄亥俄河和波托马克河的地域范围内，曾经集中了美国接近50%的制造业产业，而面积仅占到其国土面积的8%。美国制造业起步于19世纪初，尤其是南北战争后，随着国内政治社会秩序的稳定，其石油和煤炭等传统制造业的迅猛发展为美国制造业的迅猛发展奠定了基础。1860年美国制造业前10位主导产业产值比重如图3-1所示。

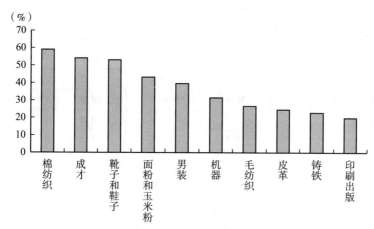

图3-1 1860年美国制造业前10位主导产业产值比重

资料来源：杰里米·阿塔克，彼得·帕塞尔. 新美国经济史：从殖民地时期到1940年［M］. 北京：中国社会科学出版社，2000：458.

第二次工业革命后，在电力和内燃机等新兴能源和生产设备的普及应用中，美国制造业快速发展，其钢铁和煤炭工业开始跃居世界首位。1884年，美国制造业产值超过农业产值，意味着美国成为一个真正的工业国家。1894年，美国制造业产值超过英国，成为世界第一位，其制造业产值约占当时世界制造业总产值的30%①。第一次世界大战后，美国制造业获得更加快速的发展，其领先优势在更多的制造业领域取得突破，如汽车、电气、建筑、钢铁、化工等行业都居于世界首位（见表3－1）。第二次世界大战期间，罗斯福新政的实施再次强化了美国在世界制造业领域的领先地位。历经两次世界大战的洗礼，美国制造业不仅长期位居世界首位，且领先优势得到前所未有的加强，并为其争夺和维护世界霸权奠定了坚实的物质基础。

表 3－1　　　　　1860～1914 年美国制造业增速统计

制造业	1860 年 工业增加值 （万美元）	1914 年 工业增加值 （万美元）	工业增加值 变动 （%）	人均工业 增加值变动 （%）
印刷业	22.6	668.0	29.6	10.1
器具制造	3.5	97.8	27.9	9.5
橡胶生产	5.7	137.9	24.2	8.3
烟草业	14.4	283.1	19.7	6.7
机械制造	50.4	949.2	18.8	6.4
运输装备	27.7	498.6	18.0	6.1
石油	15.5	270.8	17.5	6.0
纸业	12.1	203.7	16.8	5.7
未归类	25.8	411.4	15.9	5.4
食品	104.5	1619.6	15.4	5.3

① Finegold D, Wagner K. The Search for Flexibility：Skills and Innovation in the German Pump Industry ［J］. British Journal of Workplace Industrial Relations，2015（3）：469－487.

续表

制造业	1860年 工业增加值 （万美元）	1914年 工业增加值 （万美元）	工业增加值 变动 （％）	人均工业 增加值变动 （％）
化学工业	26.3	375.3	14.3	4.9
金属制造	35.3	486.7	13.8	4.7
制造业整体	767.2	9607.8	12.5	4.3
冶金业	54.4	634.5	11.7	4.0
石材、陶土和玻璃制品	32.9	377.4	11.5	3.9
服装业	58.3	622.9	11.4	3.9
家具制造	17.5	178.8	10.2	3.5
木材业	76.5	659.5	8.6	2.9
纺织业	108.2	748.2	6.9	2.4
皮革制造	75.6	353.4	4.7	1.6

资料来源：Louis P. Cain，Donald G. Paterson. Biased Technical Change，Scale and Factor Substitution in American Industry，1850 – 1919［J］. Journal of Economic History，1986（1）：153 – 164.

　　第二次世界大战后期，布雷顿森林体系确立起美元的世界货币地位，为在战后维持美国制造业的世界领先地位奠定了全球金融垄断基础①。但是，20世纪70年代后，美元等同黄金的布雷顿森林体系解体，美国虽然将美元与国际石油贸易直接挂钩，但是其国际金融垄断优势被大大削弱。同时美国制造业还面对来自苏联、日本和联邦德国等工业化强国的激烈竞争，造成其制造业国际领先优势逐渐受到挑战。即便如此，美国制造业的成长经历仍然为后来的发展中国家在推进工业化的过程中留下了诸多可以借鉴的宝贵经验。

　　一是充分利用国内要素价格优势，以低成本产品开拓国内外市场。在制造业的起步发展时期，美国凭借其国内丰富的自然资源和

---

① 陈洪斌. 美国制造业的发展变迁对我国的启示［J］. 债券，2019（11）：71 – 74.

优越的区位条件，获得了生产要素的价格优势，并将其转化为制造业产品的低成本竞争优势。制造业生产中所需要的生产要素，如煤炭、石油等能源、矿产资源、农产品等原材料及较为丰富的劳动力等，在美国制造业培育和发展中都呈现出相比其他工业化国家的比较优势。美国在较早步入工业化国家的行列中属于集制造业发展的自然和社会禀赋于一身的国家。美国国土面积辽阔，自然资源丰富，且五大湖区、圣劳伦斯河及其大西洋沿岸港口的良好区位优势和交通运输便利条件还赋予了了美国制造业发展的物流成本优势。加之，美国石油和煤炭等重要基本能源的储量和产量位居世界前列，其得天独厚的农业生产条件和极其丰富的农产品产量，都为美国制造业的快速发展提供了世界上绝大多数国家都无与伦比的优势。

　　二是完善并优化国内制造业物流体系，降低制造业产品的物流成本。在制造业发展中，物流是成本控制的重要内容。实际上，相比于德国和日本及西欧等早期工业化国家而言，美国在制造业培育和发展中拥有较为显著的要素成本优势，但是相比于英国和法国等长期拥有大量海外殖民地的早期工业化国家而言，美国的要素成本优势并不突出。美国在第二次工业革命后为降低制造业产品的物流成本，非常重视对国内交通物流体系完善的优化。为此，美国高度重视国内交通运输网络建设，除前述美国得益于五大湖区、圣劳伦斯河和大西洋西岸的制造业区域交通运输优势外，其还非常重视国内的铁路、公路和航空运输网络建设，并积极开拓其本土内河航运和海外贸易运输通道。二战后，尤其是 20 世纪 80 年代后，美国国内高速公路建设加速发展，并形成了健全且通达的国内高速公路网络，都为美国制造业的升级发展提供了较高的交通运输基础设施保障①。

---

　　① 石光宇，孙群郎. 美国去工业化与后工业经济的形成 [J]. 辽宁大学学报，2013 (3)：137－142.

三是加强区域国际贸易合作，主导二战以后的国际贸易市场及其秩序。制造业的培育和发展不仅需要生产要素的有效供给，还离不开稳定且不断扩大的产品消费市场。现代制造业因不断采用新的生产技术和工艺，且科技创新的速度越来越快，虽然带来制造业生产力的快速进步和劳动生产率的不断提高，但是也在客观上对消费市场规模不断提出新的要求。在制造业发展中随着全球化进程的不断加速，其产品销售基本存在国内和国际两个消费市场，同时制造业发展所依赖的生产要素供应也要依赖于国内和国际两个消费市场。美国作为制造业强国，其在工业化起步的过程中不仅长期实行贸易保护主义政策，且国内要素价格带来的制造业产品竞争优势较为显著，因而第二次工业革命后的很长一段时期内，其他国家的同类制造业产品在进入美国市场时难度较大。美国在第二次工业革命后，其得天独厚的制造业发展优势开始在生产技术和工艺快速革新的加持下创造出令人震惊的生产奇迹，主要体现为其强大的制造业潜能和制造业快速发展所需要的消费市场规模越来越大。为此，美国在制造业规模逐步取代英国并掌握核心自主知识产权后逐步从贸易保护主义向贸易自由主义思想转变，并为引导和鼓励国际贸易发展而制定了大量旨在打开别国市场的贸易政策。为提高自身开拓国际市场的能力，美国还非常重视开展区域国际贸易合作，建立成熟有效的区域国际贸易合作机制，如美国与加拿大和墨西哥较早建立了北美自由贸易区，同时美国还与西欧、日本等国家签署过大量关于推进双边或多边贸易合作的协议①。不仅如此，随着二战后，美国开始掌握世界霸权，其还在事实上成为国际贸易市场和国际贸易的规则和秩序的主导者，如国际贸易合作组织，也即当今世界上最大的

---

① 陈曦. 美国贸易促进政策的启示 ［J］. 中国外资, 2020 (11)：42－45.

国际贸易组织，便是在美国主导下建立的。美国主导国际贸易秩序和国际贸易市场地位的形成，既是其制造业快速发展的结果，也为其长期维持其制造业创新驱动发展活力提供了庞大的海外市场拓展优势。

综上所述，美国制造业在20世纪70年代之前经历了南北战争后的起步，并在19世纪末超越英国而成为世界第一制造业大国，此时的美国仅仅是在制造业的规模和产量上超越英国，并未成为制造业创新发展的主导者和国际贸易秩序和规则的主导者，其制造业全面领先优势的形成是第二次世界大战之后。二战期间，美国本土几乎没有受到战争的波及，反而其制造业在战后得益于美国在二战期间建立的全球霸权而获得了快速升级发展的更多优势，因而在20世纪70年代之前成为世界上最具创新活力的制造业强国，此即为美国制造业"外迁"的宏观历史背景。

3.1.2 美国制造业"外迁"的原因分析

20世纪70年代以后，美国制造业经历战后20多年的快速发展，开始出现"外迁"的趋势。美国制造业"外迁"在当时更多被称为"去工业化"。当时，美国之所以出现"去工业化"现象，其主要原因是国内制造业培育和发展的市场环境发生了重大变化。其中，最重要的一个影响因素在于美国国内劳动力、能源等生产要素的价格大幅度上涨，造成本土制造业的利润空间受到大幅压缩。美国本土制造业中出现"外迁"的行业领域主要集中于传统制造业，如汽车、钢铁、纺织、煤炭等传统制造业行业因利润空间较为狭窄，而在劳动力和能源价格出现上涨的情况下，其利润空间受到压缩后可能无利可图，故其"外迁"到其他劳动力、能源和原材料价格更低的国家和地区经营发展成为必然选择。实际上，美国当时出现的所谓"去工业化"并非仅仅指美国本土制造业"外迁"到其他国家和地区,更多的是指一些传统制造业在美国本土因生产成本上涨而失去发展优势,故美国国内投资不再或开始减少对这些传统制造业的投资,导致其本土传统制造业出现萎缩趋势,而其他具有生产价格优势的国家和地区,尤其是一些发展中国家则开始承接美国传统制造业萎缩造成的市场空间,大量投资开办相关制造业行业。

在美国本土制造业"外迁"的同时,其国内产业结构则呈现出加速升级趋势。具体来说,美国国内制造业开始广泛利用第三次工业革命的科技创新成果,朝着掌握更多核心自主知识产权、具有高附加值和更加具有科技含量的高端先进制造业升级转化,且其国内服务业占 GDP 的比重大幅增加并成为占比最大的产业形式,服务业中的生产性服务业,尤其是科技中介、金融服务等先进制造业创新驱动发展所依赖的生产性服务业获得较快发展,充分说明美国 20 世纪 70 年代开始大规模出现的制造业"外迁"并非意味着美国制造业的衰落或萎缩,相反其在更大程度上是美国制造业及其产业结构升级优化的一种需要和产物。在以上分析的基础上,可以将美国制造业"外迁"的原因总结为以下几点。

一是美国土地和劳动力等生产要素价格上涨,导致其本土企业"外迁"。包括生产要素价格在内的物价水平呈现出上涨趋势,是处在工业化进程中的任何一个国家和地区在经济发展和产业培育中出现的正常现象,甚至可以被理解为一种客观规律。因为,随着工业化和现代化进程的推进,整个社会创造的物质财富越来越多,必然需要相应印发更多的货币。但是,除了因经济社会发展带来的物价水平的提高外,在一个国家的工业化进程中,为了让本国的制造业及其他产业培育处在一个能够维持较好的利润空间市场环境下,各国一般会采取积极的财政政策,即通过适度增加货币发行量并采取其他的财政和货币政策提高本国货币的流通性，并维持物价水平处在上升态势。如此一来，物价水平在经济社会发展推动和国家长期采取积极财政政策的双重推动下便呈现出较快的增长趋势。当此种物价上涨达到一定程度后，积极的财政政策所起到的物价推升作用将受到抑制，也即出现"流动性陷阱"现象。也就是说，对于任何一个处在工业化进程中的国家来说，当其工业化处在从工业化中期向中后期转变阶段时，其国内生产要素价格将出现大幅度上涨，并导致制造业生产成本上涨和利润空间被严重压缩，尤其是其中的一些科技含量不高、产品附加值较低、劳动力密集型的传统制造业，如钢铁、纺织、煤炭甚至汽车制造业等传统制造业，其利润空间不仅会被严重压缩，甚至可能消失。20 世纪 70 年代后，美国经历二战后 20 多年的高速发展，其制造业规模已经稳居世界第一位，且开始出现劳动力和土地等生产要素价格大幅上涨的情形，20 世纪 70 年代国际石油危机还引发了美国国内的经济危机，导致其能源价格上涨。在此背景下，美国制造业企业尤其是传统制造业企业纷纷选择"外迁"到要素价格优势更加突出的发展中国家和地区。

二是美国传统制造业本土竞争优势降低，出现了传统制造业从美国向其他国家和地区转移的趋势。20 世纪 70 年代后，美国国内制造业发展面对的要素和市场环境出现了重大变化，其劳动力、土地和能源价格的大幅上涨导致其本土的传统制造业，如纺织、钢铁、煤炭等大量制造业行业出现了利润率大幅下降的问题。在此背景下，美国传统制造业产品的国际竞争优势不断削弱，随着西欧的复兴和亚洲一些新兴工业化国家的兴起，美国传统制造业面对来自德国、法国、日本、韩国和中国台湾等国家和地区的同类产业的竞争越来越激烈，且世界范围内大量的发展中国家也逐步开启自身的工业化进程，其劳动力、土地和能源等生产要素价格优势相比美国更加显著。在此情形下，美国的一些传统制造业出现了衰落趋势，如其纺织工业面对来自日本、韩国及东南亚国家同类产品的激烈竞争而几乎停滞。在此过程中，美国甚至因传统制造业大幅度萎缩甚至停产而出现了一些衰败的工业城市，其中最为世人熟知的便是底特律。

美国制造业增加值 GDP 占比趋势如图 3 - 2 所示，美国制造业对外直接投资规模趋势如图 3 - 3 所示。

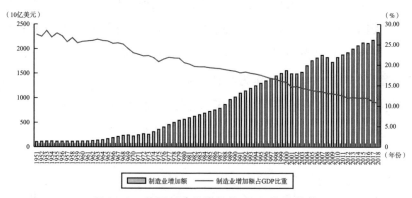

图 3 - 2　美国制造业增加值 GDP 占比趋势

资料来源：Industry Accounts of the Bureau of Economic Analysis.

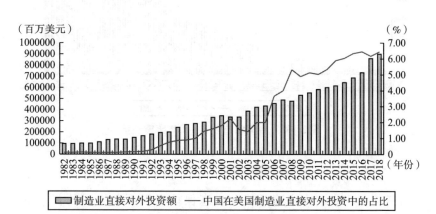

图 3 - 3　美国制造业对外直接投资规模趋势

资料来源：Industry Accounts of the Bureau of Economic Analysis.

20 世纪 70 年代后，石油危机重创了美国的汽车制造业，且日本和其他国家的汽车制造业也对美国的福特等传统三大汽车公司构成了严重挑战。在此背景下，底特律的汽车制造业规模不断萎缩，并导致大量工人失业。20 世纪 80 年代，美国经济长期处于滞胀状态，底特律重工业制造中心地位进一步衰落。底特律白人和黑人之间的种族矛盾及黑人主政城市对富人征收重税，造成以白人为主的精英人口外流，其汽车制造业也遭受到严重冲击。20 世纪 90 年代后，美国汽车制造业受到来自欧洲、日本、韩国和中国等国家和地区汽车企业的激烈冲击，其部分汽车和相关零部件制造企业陆续"外迁"。2009 年，曾经作为底特律支柱产业的汽车制造业在国际金融危机冲击下彻底崩塌。2013 年 12 月，底特律宣布破产①。

美国制造业占 GDP 比重趋势如图 3 - 4 所示。

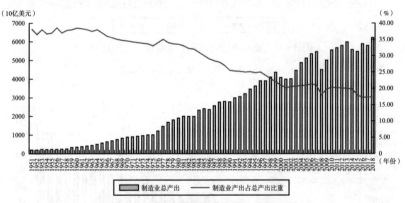

图 3 - 4　美国制造业占 GDP 比重趋势

数据来源：Industry Accounts of the Bureau of Economic Analysis.

三是在产业结构快速升级和生态保护意识不断增强的背景下，

---

① 叶振宇，茹雪，张云鸽. 从底特律破产看东北老工业城市之转型 [J]. 环境经济，2017（3）：18 - 21.

美国政府引导"夕阳产业"退出本土。美国制造业"外迁"的产业背景不仅存在传统制造业的衰落，而是还伴随着传统制造业的技术改造和新兴制造业的培育发展。在美国传统制造业在"外迁"中萎缩的同时，美国制造业在20世纪70年代还因第三次科技革命成果的应用推广而呈现出显著的升级发展趋势，且其传统制造业的技术升级和新兴先进制造业的培育发展也在客观上要求其制造业企业摒弃技术含量和产品附加值较低的传统制造业，如纺织、钢铁、煤炭和汽车制造等行业，或高度依赖密集的劳动力，或产品附加值较低，或科技含量不高，在其制造业日益面对升级压力的情况下，淘汰传统制造业而将更多的要素和资源集中在新兴先进制造业创新驱动的发展上，已是其产业结构和制造业升级发展的必然需要。与此同时，二战以后，包括美国在内的发达国家日益重视生态环境保护，且其相继制定了标准更高和要求更加严格的生态环境保护法律，并形成了健全严厉的生态环境保护机制。传统制造业因科技含量较低，故在生产经营中存在高要素投入和污染严重等生态环境问题，因而将其"外迁"也成为美国加强其国内生态环境保护的一个重要选择。

在产业结构快速升级和生态环境保护不断增强的背景下，20世纪70年代后，美国制造业的"外迁"实际上受到了其产业界的鼓励和政府的引导。对于该问题，前文已经做出较为细致的分析，当时美国的产业界将纺织、钢铁、煤炭和汽车等传统制造业行业称为"夕阳产业"，同时将美国制造业"外迁"理解为美国通过资本和产业输出更加广泛而深入地控制或融入世界霸权的一种重要方式，甚至美国当时的一些学者还认为制造业"外迁"是美国国家实力强大的一种重要体现，其既有利于提高美国的"硬实力"，也有利于提高美国的"软实力"，因为美国制造业"外迁"不仅是美国资本的对外输出，还往往能够将其文化理念和价值观念携带到其制造业的"外迁"目的国。另外，20 世纪 70 年代后，美国政府事实上也在政策层面引导美国传统制造业"外迁"。美国政府在制造业政策制定上，对高新技术企业和创新性企业给予更多的财政和税收扶持，并决定将劳动密集型和污染严重型的制造业转移到其他国家①。从政府政策引导的角度来看，20 世纪 70 年代后，美国制造业持续 40 多年的"外迁"趋势既是其国内经济产业结构升级发展和生态环境保护加强造成的结果，也是其政府将更多的资源要素集中于高新技术研发及其产业化、占领世界制造业科技创新和产业链制高点采取的系列综合政策造成的结果。

3.1.3　美国制造业"外迁"的历程与世界分布

目前，在经济全球化深入发展的背景下，世界制造业结构和分布格局已经发生了深刻变化，而美国制造业"外迁"则是引起这种深刻变化的重要因素之一。从根本上来说，美国制造业的"外迁"是科技革命深入发展的结果，而全球化则是促成美国制造业"外迁"的间接因素。美国制造业"外迁"自 20 世纪 60～70 年代便已开始，到目前为止，虽然提出"再工业化"战略意图促成制造业"回流"，但是因其制造业"外迁"面对的本土要素和市场环境并未发生根本改变，且全球化进程仍然在深入推进，因而其制造业"外迁"的大趋势实际并未根本性改变。回顾美国制造业"外迁"的历程，其大致可以被分为两个阶段，即 20 世纪 60～70 年代至 20 世纪

① 孙群郎，孙金龙. 20 世纪中后期美国东北部和中西部的去工业化与城市衰落 [J]. 求是学刊，2020（4）：167–180.

90 年代为第一阶段，21 世纪以来至今为第二阶段[①]。

在第一阶段中，美国制造业"外迁"趋势迅猛，其中既有美国本土制造业向其他国家的生产转移，也有其本土制造业衰落而其他新兴工业化国家趁机发展的情况。在此过程中，欧洲、日本和一些发展中国家的工业化推进对美国制造业的"外迁"产生了重要影响。尤其是日本不仅直接承接了美国的大量制造业转移，而且在美国国内传统制造业出现发展危机时迅速填补了其国际市场空白，甚至对美国制造业发展形成了巨大挑战。比如，1960 年日本对美出口汽车数量为 38809 台，但是仅仅过去 20 年，到 1980 年时，日本对美出口汽车的数量则迅速飙升至 230 万台。如前文所述，美国在第二次工业革命后期开始出现汽车制造业，且迅速培育出福特、通用和克莱斯勒等三个享誉世界的汽车品牌，其五大湖区工业带的底特律更是成为世界汽车工业之都。但是，20 世纪 70 年代后，美国本土汽车工业开始衰落，其汽车制造业的国际地位则被日本取代。据统计，20 世纪 60~70 年代的 10 年间，美国汽车工业利润率大幅下降，下降幅度甚至达到了 65%。美国汽车制造业利润率下降及其背后的产业大幅萎缩只是当时美国国内生产要素价格上涨和制造业利润率被压缩的众多行业领域的一个缩影。除汽车制造业外，美国其他制造业产品的利润率也经历了大幅下滑，如电视机和收音机利润率降幅高达 70%，钢铁产业利润率降幅达到了 39%，农用机械利润率降幅高达 51%，电气设备利润率降幅达到了 49%[②]。20 世纪 70 年代后，随着美国本土要素价格继续上涨及石油危机造成的金融动荡，美国制造业利润空间受到进一步压缩。

---

① 《国际问题》研究组. 美国产业结构变迁 [J]. 上海国资，1999 (10)：3 - 5.

② Paul D. Staudohar, Holly E. Brown, Deindustrialization and Plant Closure [M]. Lexington：D. C Heath and Company, 1987, P. 10.

在此背景下，美国制造业开启了"外迁"潮流。在美国制造业"外迁"过程中，跨国公司起到了关键作用。2004 年时，世界银行发布的一份投资报告显示，全世界 6.1 万家跨国公司在全球共建立了 90 多万家分公司，而美国的跨国公司数量最多，其跨国公司的全球分公司当年的销售总额甚至超过美国本土，达到了美国本土企业出口总额的 3 倍①。美国跨国公司在其制造业"外迁"中起到了主体作用，其通过在全球设立分公司形式，将制造业的生产环节转移到海外，而在美国本土设置公司总部，主要负责产品的设计研发及全球经营的统筹管理工作。美国制造业在"外迁"中充分利用全球化背景下的国际市场机制，将制造业的生产企业设立在资源丰富、劳动力价格低廉和拥有广阔消费市场的国家和地区。

美国制造业跨国公司进口规模变化趋势如图 3 - 5 所示。

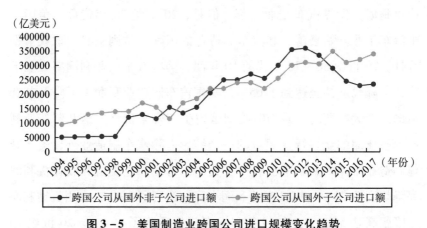

图 3 - 5　美国制造业跨国公司进口规模变化趋势

数据来源：Industry Accounts of the Bureau of Economic Analysis.

在第一阶段的制造业"外迁"中，韩国、新加坡、巴西和中国

---

①　圭拉姆，德拉德赫萨. 全球化博弈［M］. 董凌云，译. 北京：北京大学出版社，2009：53.

台湾等国家和地区成为美国制造业"外迁"的首选地。在承接美国等发达国家制造业而迅速推进本国工业化进程的国家和地区当中，韩国可谓相当成功。20 世纪 60 年代，在美国制造业"外迁"中，韩国主要承接了美国的纺织和服装制造等劳动密集型产业。此时，美国制造业企业对外直接投资尚少，其本土制造业已经出现萎缩迹象，主要是劳动力价格上涨导致其劳动密集型产业利润率大幅被压缩，因而美国本土一些纺织和服装企业开始减产甚至停顿。为此，韩国通过大力引进美国的纺织和服装等劳动密集型制造业装备和技术，利用其国内廉价劳动力优势打造本土纺织和服装产业①。经历 20 世纪 60~90 年代的制造业"外迁"，美国本土的传统制造业，如纺织、服装、钢铁、化工、汽车制造业、电子电器、造船和运输设备制造等制造业中资源能源消耗大、劳动力需求量大和高污染的行业基本"外迁"到韩国、新加坡、巴西和墨西哥等国家和地区②。由此可见，美国制造业"外迁"基本经历了从劳动密集型制造业到资本密集型制造业再到兼具资本和技术密集型制造业的基本过程，且其"外迁"的具体方式在前期则以装备和技术输出为主，而到后期则以装备和技术输出与对外直接投资并重的方式进行。

20 世纪 90 年代后，尤其是 21 世纪以来，美国制造业"外迁"进入到第二个阶段。在该阶段，美国制造业"外迁"的主体仍以跨国公司为主。此时，美国制造业"外迁"主要以高新技术产业为主，然而并非将高新技术产业的核心技术环节转移到海外，而是仅将高新技术产业的组装环节转移到劳动力价格便宜和消费市场广阔的国家和地区。之所以出现此种情况，主要是因为美国在第一阶段的制造业"外迁"中还伴随着其国内制造业的转型升级，也即其制

---

① 黄梅波. 世界经济国别经济 [M]. 厦门：厦门大学出版社，2005：72 - 76.
② 陈宝森. 当代美国经济 [M]. 北京：社会科学文献出版社，2001：383 - 385.

造业向着更具科技含量、附加值更高和创新能力更强的先进制造业升级发展。在此过程中，美国大量的先进制造业企业往往掌握着核心自主知识产权，也即产业链的高端位置，其跨国公司在本土进行科技研发和产品设计，而将高新技术产品的零部件生产和产品组装"外迁"到其他国家和地区。在该阶段，中国、东南亚、印度和南美洲等的一些国家和地区，都承接了美国大量的先进制造业零部件生产和产品组装的代加工工作，如中国台湾的富士康便是美国网络电子通信企业在海外最大的代工合作企业，我国也有大量企业承接了美国先进制造业产品的代加工生产业务。在第二个阶段，美国制造业"外迁"的动力仍然来自科技革命，尤其是网络通信技术的快速发展及第三次科技革命在近 20 年中所取得了一系列创新性成果，都成为推动美国制造业"外迁"走向深入的重要推动力。

3.2　美国制造业"回流"的背景、原因与现状

20 世纪 70 年代后，美国制造业在升级发展中出现了"去工业化"现象，并造成了其制造业"外迁"的基本趋势，导致其本土制造业规模出现萎缩。20 世纪 80 年代后，美国制造业的国际领先地位在规模产量上不断受到中国和印度等新兴发展中国家的挑战，而其长期保持并引以为傲的制造业科技创新优势则开始受到日本、德国和韩国等发达国家和地区的严重挑战。21 世纪以来，美国仍是当今世界首屈一指的制造业强国，但是其制造业国际领先地位则受到了来自迅速崛起的中国和印度等新兴工业化国家更为严峻的挑战[1]。

---

① Gereffi G, Lee J. Economic and Social Upgrading in Global Value Chains and Industrial Clusters: Why Governance Matters [J]. Journal of Business Ethics, 2016 (1): 25 – 38.

尤其是中国，不仅在工业产量和规模上超越美国，而且在5G、人工智能等新兴网络技术领域展示出一定的后来居上的发展趋势。在此背景下，美国逐渐提出了"再工业化"战略，并力图采取一系列措施促成制造业"回流"美国①。目前，美国制造业"回流"已是各界热切讨论的重要话题，要研究其制造业"回流"的态势和效应，则需要对美国制造业"回流"的背景、原因和现状进行分析。

3.2.1 美国推动制造业"回流"的背景

美国制造业"回流"的背景要从2007年年底开始出现，并在2008年呈现爆发之势的国际金融危机说起，也可以如此理解，2008年的国际金融危机是促成美国政府推出"再工业化"战略和推进其制造业"回流"的时代背景。

2008年美国次贷危机的发生，实际是其国内经济产业问题长期积累的结果。进入21世纪，美国在2000年发生了高科技股票破灭危机，并在2001年遭受到恐怖袭击，在此双重危机的打击下，美国联邦储备系统（简称"美联储"）开启了长期的宽松货币政策通道。美联储持续降息的同时并未相应加强金融监管，造成美国产业结构因金融产业膨胀而进一步畸形，美联储曾经公布的数据显示，20世纪80年代到2002年期间，美国金融市场的各类金融产品总额为106万亿美元，但是在2002～2008年的短短6年间，美国各类金融产品总额达到了531万亿美元。在此背景下，美国国内的各类"债务抵押债券"和"信用违约互换"业务也相应出现膨胀增长，如其"信用违约互换"总额2000年时仅为1万亿美元，到2007年时已

---

① 魏春竹.浅析美国制造业回流现象［J］.知识经济，2015（22）：53－54.

经高达 62 万亿美元。但是，在 2000~2007 年美国以制造业为主的实体产业却不仅没有出现相应增长，反而出现相对萎缩。2008 年次贷危机爆发前，美国制造业占 GDP 的比重已经降低到 10% 左右，而同期其他主要发达国家制造业占 GDP 的比重大都高于美国，如德国和日本都在 20% 左右。可见，制造业严重萎缩，金融产业加速膨胀，造成美国产业结构的严重失衡，使其经济产业发展失去了以制造业为主的实体经济支撑，是导致美国 2008 年次贷危机爆发的主要根源①。

近年来美国制造业占 GDP 比重变化情况如图 3 - 6 所示。

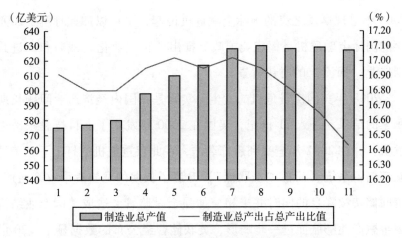

图 3 - 6　近年来美国制造业占 GDP 比重变化情况

数据来源：Industry Accounts of the Bureau of Economic Analysis.

2007 年，美国发生的次贷危机在次年的 9 月份开始演变为一场席卷全球的经济危机，其深刻影响了全球经济、产业和金融格局的

---

① 王婷，谭宗颖，谢光锋. 从发达国家制造业回流看中国制造业的发展 [J]. 科学管理研究，2014（3）：113 -116.

发展趋势。危机过后,发达国家和发展中国家的地位出现了一定改变,以美国为首的发达国家出现了衰落迹象。尽管美联储和欧洲中央银行多次实行量化宽松货币政策以提振经济,但是其成效并不显著。在危机期间和后危机时代,以中国和印度等新兴工业化国家为主的发展中国家因实体经济规模庞大而表现抢眼。我国虽然同样受到这次经济危机的冲击,但是相比美国等发达国家而言,因我国制造业规模庞大而在应对这场经济危机时并未出现如美国和欧盟等国家那样的慌乱局面。危机过后,在对本轮危机的反思中,西方国家发现,这次经济危机之所以发生并对发达国家造成如此大的冲击,其主要原因在于产业空心化。金融产业等虚拟经济膨胀发展并远远超越实体经济的承载能力是造成这次经济危机发生的重要因素,而经济危机发生后之所以能够对西方社会造成如此大的冲击,其主要原因也正是在于实体产业的空心化。因为制造业规模的相对萎缩造成美国等发达国家失业率不断增高,而金融产业和文化产业等非实体经济虽然能创造 GDP,但是却难以提供大量的就业岗位。正是因为制造业规模的萎缩和实体产业的空心化,当经济危机到来的时候,美国等发达国家相应出现了因大量人口失业而造成的社会危机。当然,本轮经济危机在发达国家中的影响也存在差异,从整体来看,制造业在 GDP 总量中占比高的发达国家承受经济危机冲击的能力相对较强,如德国和日本等国家,反之则相对较弱,如美国、意大利、希腊和西班牙等国家。正是基于对 2008 年国际金融危机发生的原因及其对发达国家造成的严重冲击的反思,在奥巴马担任美国总统期间,美国政府提出了"再工业化"战略,并力图推进其"外迁"制造业"回流"美国本土①。

---

① 胡峰,王芳. 美国制造业回流的原因、影响及对策 [J]. 科技进步与对策,2014 (9):75 – 79.

3.2.2　美国推进制造业"回流"的原因分析

20 世纪 80 年代，发达国家便出现了关于"再工业化"的讨论，而制造业规模萎缩和比重下降对美国经济社会发展造成的潜在影响也早已客观存在，并引发了美国各界对"去工业化"的反思。因而，2008 年的国际金融危机确实构成了美国推进制造业"回流"的现实背景，但是仍有其他诸多因素也是造成其致力于要推动制造业"回流"的重要原因，这些因素主要体现在以下几个方面。

一是"再工业化"战略框架下的美国采取的相关产业政策在一定程度上促成了其制造业"回流"。奥巴马在担任美国总统期间提出"再工业化"战略后，为重振美国制造业相继出台了一系列促进政策。2009 年美国政府就颁布了《重振美国制造业框架》，次年又颁布了《美国制造业促进法案》和《创造美国就业及结束外移法案》等政策法规，为促进美国制造业"回流"奠定了基本政策框架。另外，美国政策还以税收减免方式促进本土制造业复兴和吸引海外制造业"回流"，如奥巴马在担任美国总统期间不仅暂时取消或消减了制造业的原材料进口关税，还给予回归本土的制造业企业 20% 的税收抵扣和 2 年内的工资税减免，并出台了"回归企业的土地使用优惠政策"。此外，美国政府规定要在政府采购中优先选用本土制造业企业。美国政府拥有世界上最大的采购规模，并建立起非常完善的政府采购流程机制。1993 年时，美国政府就出台了"购买国产货"的相关规定。2008 年全球金融危机过后，奥巴马在担任美国总统期间更加强调政府要优先采购美国货，并在此前基础上将美国货在政府采购中的比重提高了6%。在政府采购中，美国政府还优先照顾中小企业，规定 10 万美元以下的政府采购要优先顾及中小企业，并给予其一定的价格优惠①。

二是美国国内政治形势也是造成美国政府提出和推进制造业"回流"的重要因素。美国制造业"外迁"虽然是国际市场和分工的客观产物，但是美国政府提出推动制造业"回流"则在很大程度上受到其国内政治因素影响。经历长期的制造业"外迁"后，美国本土传统制造业的萎缩及大量失业问题的存在，让很多美国民众认为制造业转移到中国等国家已经造成了美国社会的民生压力。因而，反对制造业"外迁"，反对全球化，提倡贸易保护主义，在以美国为首的西方发达国家已经形成了一股民粹思潮。在此背景下，美国的政治选举中，谁想赢得选民，就需要顺应这样一个民意。可以说，2008 年国际金融危机过后，"再工业化"和制造业"回流"已成为美国的主流民意，而其最直接的意图便是可以增加就业率。在这样一种形势下，美国的大公司所面对的要为美国创造更多就业岗位的政治责任也越来越大。2012 年年底，奥巴马政府在白宫召开圆桌会议，提出美国海外企业要回归本土发展。同时，美国政府还出台了《创造美国就业及结束外移法案》《就业回国法案》等法规从政策层面对美国企业施加"回流"压力，并规定不再为"外迁"的美国制造业企业提供财政补贴和"外迁"成本减税优惠。为逼迫苹果公司"回流"，2012 年 9 月，美国国际贸易委员会还对其诸多业务发起了"337"调查，于 2013 年年底，苹果公司迫于政府压力将 Mac 生产线迁回美国本土。在特朗普政府上台后，对"再工业化"战略的实施更加不遗余力，甚至在贸易保护主义的思路下提出了"美国优先"原则，而对美国"外迁"制造业的"回流"所施

---

① 胡鞍钢，任皓，高宇宁. 国际金融危机以来美国制造业回流政策评述 [J]. 国际经济评论，2018（2）：7，112－130.

加的压力则远远超过了奥巴马时期①。在此背景下，包括苹果、通用在内的美国大型企业不得不回归美国本土发展。

三是美国本土外世界各国生产要素和制造成本上涨也是促成美国制造业"回流"的重要因素之一。20世纪70年代以来，美国制造业"外迁"的直接动力是将制造业的生产环节转移到劳动力等生产要素价格更低的国家和地区以降低生产成本，并规避其国内不断上涨的生产要素价格。但是，21世纪以来，广大发展中国家生产要素价格低廉的情形正在发生着改变。以中国为例，经历40多年的改革开放，我国劳动力的素质和价格都在大幅提高，导致制造业在我国发展长期以来的"人口红利"正在消失。同时，我国生态环境保护意识也不断增强，尤其是中国共产党第十八次全国代表大会（简称"十八大"）以来，我国生态环境保护法律体系日益健全，并将生态文明建设上升到了国家战略高度。另外，我国国内制造业迅猛发展，科技创新能力日益增强，美国企业在我国市场的国际竞争力也不断降低。以苹果公司为例，苹果手机虽然质量较好，但是在面对国内手机生产企业如华为、OPPO和vivo等品牌时所展现出来的优势并不明显，且其价格往往更高。因而，在以上诸多因素的共同作用下，美国的一些制造业企业撤离中国而回归美国本土也是正常现象。毕竟，在劳动力和土地等生产要素价格不断上涨的背景下，我国的一些制造业企业也出现了"走出去"到东南亚、印度甚至非洲等劳动力价格更低的国家和地区发展的趋势。

美国制造业创造就业岗位趋势如图3-7所示。

---

① 王昌林，盛朝迅，苑生龙. 特朗普"制造业回流"政策对我国产业的影响及应对[J]. 全球化，2017（8）：62-68，134.

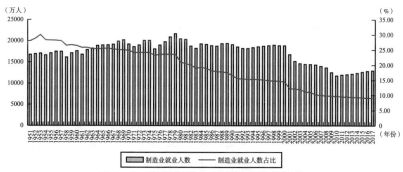

图 3 – 7   美国制造业创造就业岗位趋势

资料来源：Industry Accounts of the Bureau of Economic Analysis.

四是美国本土生产方式更新迅速，生产效率大幅提高，为制造业"回流"提供了可能。目前，美国的劳动力成本虽然很高，广大发展中国家的劳动力成本相比美国仍然拥有显著优势，但是美国的劳动生产率却远远高于发展中国家。比如，我国制造业劳动生产率仅为美国的1/12，美国制造业企业若"回流"到美国本土，不仅可以节约部分物流和仓储成本，而且可能会因劳动生产率提高而存在较好的利润空间。

1987～2018 年美国制造业劳动生产率指数统计如表 3 – 2 所示。

表 3 – 2   1987～2018 年美国制造业劳动生产率指数统计

年份	工作时长	小时薪金	就业人数	单位劳动成本	每单位劳动产出
1987	142.80	42.57	146.76	93.93	44.10
1990	143.39	48.25	147.97	101.34	46.13
1995	142.91	56.33	144.32	100.81	55.33
2000	142.70	69.90	143.99	100.27	69.08
2005	115.86	84.28	119.12	95.10	86.20

续表

年份	工作时长	小时薪金	就业人数	单位劳动成本	每单位劳动产出
2006	116.81	86.25	118.43	96.46	88.19
2007	114.83	89.67	116.41	95.69	92.43
2008	110.00	92.31	112.26	99.00	91.36
2009	95.86	95.34	99.63	100.79	91.02
2010	95.84	96.56	96.85	96.21	99.32
2011	97.70	98.33	98.14	97.20	100.71
2012	100.00	100.00	100.00	100.00	100.00
2013	100.78	100.56	100.63	99.11	101.61
2014	102.38	103.31	101.97	102.11	101.59
2015	103.37	105.89	103.25	106.28	99.76
2016	103.39	106.47	103.25	106.96	99.67
2017	104.47	110.22	104.22	109.46	100.93
2018	106.47	112.60	105.92	111.00	101.97

资料来源：Bureau of Labor Statistics. Labor Productivity and Costs Measures for：Manufacturing，Durable Manufacturing and Nondurable Manufacturing Sectors［B/OL］. CEIC，https：//www. ceicdata. com/zh – hans/indicator/united – states/labour – productivity – growth.

　　另外，美国制造业在"外迁"中不仅要考虑劳动力价格，还要考虑迁移目标国的劳动力素质。随着韩国和中国等国家劳动力成本的不断上升，印度和东南亚等国家和地区虽然可以为美国制造业企业弥补廉价劳动力的空缺，但是其劳动力素质较低，难以满足美国一些制造业行业的劳动力素质要求，而美国本土的人力资源优势则为其制造业"回流"提供了可靠的人才保障。美国的制造业"回流"存在一个大的战略前提，便是其提出的"再工业化"战略。美国的"再工业化"战略并非简单复兴其传统制造业，而是要以第三次科技革命的最新成果推进其传统制造业的技术改造和新兴先进制造业的培育，其发展动力来源于科技创新驱动，实质是要推进其制造业的智能化、信息化和数字化发展。尤其是人工智能在美国制造业发展中的应用极大地提高了其生产的自动化程度，在诸多的生产环节取代了劳动者的工作，为其在劳动力成本较高的情形下推进制造业"回流"奠定了生产技术的基础。美国的"再工业化"战略是与其先进制造业创新驱动发展战略融合在一起实施的，而其制造业"回流"之所以具有一定的可行性，正是在于其与美国的生产方式变革同步推进①。智能、低碳和绿色的现代制造业生产方式正在美国引领的全球科技创新中成为现实，美国在自动化生产、工业机器人技术、人工智能、3D 打印技术等领域所拥有的核心自主知识产权，已经为其推动其本土生产方式的变革奠定了坚实的科技基础。这一切都为其将制造业"回流"本土提供了可以规避劳动力价格劣势的可能。

3.2.3 美国制造业的"回流"现状

2008 年以后，美国提出"再工业化"战略并推进制造业"回流"虽然取得了一定成效，但是也应客观看到，其制造业"回流"并未达到预期效果，且未来还将面对重重困难。为推进其"再工业化"战略实施和实现制造业"回流"，美国不惜斩断与一些国家和地区的制造业产业链合作关系，甚至重新捡起贸易保护主义的大棒，鼓吹"美国优先"。美国近年来出现的逆全球化现象实际上并不符合世界发展潮流，全球化依然是当今世界发展大势。2020 年初以来，新冠肺炎疫情的暴发虽在一定程度上助长了以美国为首的西

---

① 韩力，梁一新. 如何应对美国制造业回流政策 [J]. 中国经济报告，2018 (5)：27 - 29.

方国家的逆全球化呼声，甚至在疫情过后的一段时间内，逆全球化的声音也将长期存在。但是，经济全球化依然是不可阻挡的历史潮流，因为科技创新是推动全球化的根本动力，只要第三次科技革命依然在稳步推进，全球化的进程就不可能停下脚步。美国的"再工业化"战略及其制造业"回流"在经济全球化的时代大势下将面对诸多的实施困难，甚至难以实现。美国推进制造业"回流"在很大程度上是要实现其制造业的"去中国化"，也即让美国的制造业"回流"本土并将中国排除在其制造业发展的产业链条之外。

从某种角度来看，美国推进制造业"回流"的一个重要目的之一便是要与我国开展制造业竞争，争夺未来制造业发展的世界领导权，以维持美国全球霸权的经济、产业和科技优势。但是，因以下几个因素的存在，美国的制造业"回流"及其"去中国化"实际上很难实现。一是美国国内缺乏大批熟练的、高水平的、高效率的制造业工人队伍；二是美国在短期内难以建立起一整套比较完备的、系统的现代制造业体系；三是美国制造业"回流"并"去中国化"将远离我国这个世界上最为庞大并充满无限潜力的消费市场。正因如此，当美国政府强迫苹果公司将大量制造业务迁出我国时却发现，在当今世界上包括美国在内的任何一个国家都无法与我国制造业的规模、技能、基础设施和成本相匹配。即便美国拥有当今世界上最为发达的制造业科技研发体系，并掌握诸多制造业领域的核心自主知识产权，但是要从要素配置、成本控制和生产体系构建的角度来看，其强行将一些制造业的生产环节迁移到美国本土，并不符合全球化背景下的国际市场规则，实际上就是违背了价值规律，故其制造业"回流"虽然有一定的可行性，但是依然任重道远，从战略的高度来看，美国的制造业"回流"所面对的实现难度未来相当巨大。

4

美国制造业"外迁"的效应与
态势分析

在经济全球化背景下，制造业产品生产过程中的能源和原材料在国际市场发育相当成熟的当下虽然在不同国家间存在差距，但是差距相比于发达国家和发展中国家之间的劳动力和土地价格差异要小得多，并且劳动力和土地成本在制造业产品成本中所占比重相当大。正因如此，美国制造业企业出于控制生产成本并提高经营收益等因素，自20世纪60～70年代后开启了"外迁"趋势。同时，在2008年国际金融危机后，美国为维护其制造业全球优势并为其全球霸权提供制造业基础，提出了"再工业化"战略，努力推进制造业"回流"。在经济全球化的今天，世界各国的制造业发展中形成了密切的产业链关系。美国在世界制造业产业链中居于中高端环节，而广大发展中国家则多居于中低端环节。同时，世界各国制造业还存在上下游产业之间的协同关系，并通过世界市场形成了复杂的国际分工和要素配置关系。美国制造业"外迁"和"回流"必然对美国国内外及我国制造业乃至整个产业格局产生影响。分析这种影响，并对美国制造业"外迁"和"回流"的态势和效应进行研究，既有助于更加深刻地把握美国制造业"外迁"和"回流"的实质，也有助于我国立足对其态势和效应的科学探究采取合理的应对措施。

4.1 美国制造业"外迁"的内外效应

制造业"外迁"是第二次世界大战结束后在发达国家和广大发展中国家之间出现的最重要的产业经济现象之一，其深刻影响和改变了世界经济产业格局，极大地推动了经济全球化进程。在此过程中，美国制造业的"外迁"无疑最为引人注目。从前文对美国制造业"外迁"的分析中可以发现，对于制造业"外迁"问题，美国人经历了从前期的支持和鼓励再到近年来的反思甚至力图遏止的转变。实际上，对于制造业"外迁"对美国造成的影响，即便在美国政府提出"再工业化"和推进制造业"回流"的当下，也存在不同的观点。之所以出现这种情形，主要是因为制造业"外迁"在造成美国一些传统工业城市衰落、制造业规模萎缩和制造业就业人口降低等问题的同时，也在客观上为美国增加制造业科技研发、提升制造业科技创新能力和推动其制造业转型升级提供了重要条件，同时美国制造业的产值和效率也获得了大幅提升。另外，美国制造业"外迁"在深刻影响到美国自身经济社会发展格局的同时，也对迁入国乃至整个世界的经济产业形势及其发展趋势产生了深刻影响。在经济全球化进程中，美国作为世界上最大的制造业强国，其制造业"外迁"必然会对全球经济社会发展的各个领域产生重要影响。研究美国制造业的"外迁"效应，既要探讨其对美国自身的影响，也要对美国制造业"外迁"对迁入国和世界经济产业形式造成的影响进行分析。为此，在探究美国制造业"外迁"实质的过程中，还应当对其制造业"外迁"的内外影响进行分析。

对于美国制造业"外迁"对美国自身的影响，可以从以下几个方面进行认识。

一方面，制造业"外迁"确实给美国经济社会发展带来了一定消极影响，让美国经济社会发展经历了"去工业化"带来的阵痛。制造业"外迁"曾经直接造成美国大量从事传统制造业经营的中小企业倒闭。20世纪60~80年代的20多年间，美国传统制造业企业大量倒闭，其中以中小企业居多。从分布范围上来看，这期间倒闭的美国中小企业分布在全美各地，因美国传统制造业主要集中在北部地区，因而美国北部地区传统的制造业聚集区域，尤其是其"五大湖经济带"出现了中小企业大量倒闭的现象，并造成一批工业城市的衰落①。对此，美国学者巴里·布鲁斯通（Barry Bluestone）曾经做过专门研究，其指出在20世纪70年代，哪怕是美国北方的老牌制造业大型企业所面对的倒闭风险也超过30%，而制造业中小企业倒闭的风险更大，如在1969年时还在正常经营的制造业中小企业，到1976年时仍然在其原主经营下的数量仅仅剩下60%②。

制造业倒闭带来的直接后果是大量工人失业和社会就业岗位的减少。美国著名私营企业信用评级机构邓百氏咨询公司曾经发布的调查数据显示，在美国"去工业化"过程中，其在20世纪60~80年代的20多年间，每年因工厂倒闭造成的失业人数高达320万，仅在20世纪70年代的10年间，美国因"去工业化"中工厂倒闭而减少的就业岗位就多达3200万个③。美国传统制造业中的优势产业，如钢铁和汽车制造等行业在此期间经历了严重冲击。据统计，

① Gereffi G. International Trade and Industrial Upgrading in the Apparel Commodity Chain [J]. Journal of International Economics, 1999 (1): 37 - 70.

② Barry Bluestone. "Foreword," in Jefferson Cowie and Joseph Heathcott, eds., Beyond the Ruins: The Meanings of Deindustrialization [M]. Ithaca: Cornell University Press, 2003: ix.

③ Barry Bluestone and Bennett Harrison. The Deindustrialization of America: Plant Closings, Community. abandonment, and the Dismantling of Basic Industry [M]. New York: Basic Books, Inc., Publishers, 1982: 34.

1979～1984 年的 5 年间，美国钢铁制造业提供的就业岗位数量萎缩了近 40%。在 1978～1982 年的 4 年间，美国有 30 万制造业工人因企业制造业衰落而失去就业岗位①。在传统制造业因"去工业化"而加速衰落的过程中，美国北部地区一批曾经风光无限的工业城市也开启了艰难的转型之路，在此期间，底特律的汽车制造业、匹兹堡的钢铁生产和阿克伦的轮胎制造业基本停止，而这仅是全美制造业萎缩的一个缩影。在美国制造业"去工业化"的同时实际上伴随着其制造业的"外迁"，因为在美国"去工业化"的同时有大量美国企业将生产环节转移到了其他国家和地区。

另一方面，制造业"外迁"也给美国推动制造业升级和产业结构优化创造了条件，推动了美国制造业创新驱动发展能力及产值和效率提高。在国内劳动力等生产要素价格上涨和国际竞争日益激烈的背景下，美国传统制造业在 20 世纪 70 年代后开启了转型升级之路。在此过程中，美国的一些传统制造业企业通过转移投资的方式来提高经营收益，如将制造业企业迁移到国内劳动力、能源和税率更低的地区生产，或者改变主业从事多元化经营，转型生产附加值更多的产品及从事房地产投资等非实体经营等。在 20 世纪的 70 年代后期，美国传统制造业，尤其是钢铁和汽车等传统优势制造业为度过生存困境加速推进投资多元化。如美国钢铁公司作为美国曾经最大的钢铁企业，在 1976～1979 年的 3 年间不断压缩钢铁产品生产规模，并将更多的资金投入到化工企业、大型购物中心和房地产行业中去。截至 1979 年，美国钢铁公司的非钢铁产品或行业投资已经占到其全年投资总额的 46%。20 世纪 80 年代初，美国钢铁公司斥资 60 亿美元将马拉松石油公司收归旗下，使其钢铁产品经营占公司

① Steven High. Industrial Sunset：The Making of North America's Rust Belt，1969－1984 [M]．Toronto：University of Toronto Press，2003：6.

经营的比重降低到不足 30%①。除钢铁行业外，20 世纪 70 年代末以后，美国传统制造业企业通过并购实现多元化经营还广泛出现在其他制造业行业中，如美国通用电气公司作为曾经以汽车制造业为主业的制造业企业在此期间将生产业务范围衍生到了面包烤箱和喷气式飞机引擎制造等领域，美孚石油公司则将经营触角延伸到了连锁百货商店和包装产品制造领域，而通用轮胎公司则成为一家生产电视机、有线电视、收音机、饮料、塑料和火箭推进装备的综合性制造企业②。

20 世纪 60 年代后，随着美国传统制造业开始萎缩，大量富余资本开始转向高新技术领域投资，尤其是半导体行业开始成为吸引美国先进制造业投资并助推其制造业升级转型的重要行业，最终成就了"硅谷"的科技产业奇迹。当今，"硅谷"依然是美国科技创新、风险投资和先进制造业培育的摇篮，并引领着美国乃至世界先进制造业培育和发展的潮流，成为美国网络、通信和电子产业创新发展的领跑者。另外，20 世纪 60 年代后，随着第三次科技革命的深入发展，美国制造业在加速推进传统制造业转型的过程中，也开始将更多的资源投向其他新兴制造业领域，比如航空航天、原子能工业、新能源、新材料、生物医药、智能化装备等新兴先进制造业领域都成为美国制造业创新驱动发展的重要领域，其在推动美国制造业结构优化的同时，也在不断推动着其国内产业结构的优化，并在美国制造业规模萎缩的情况下凭借更高的附加值不断推动其制造业附加值的稳定增长，成为维持美国制造业强国地位及其世界霸权

①　Bluestone, Barry. Deindustrialization of America［M］. New York：Basic Books, Inc, Publishers, 1982：36 - 37.

②　Barry Bluestone and Bennett Harrison. The Deindustrialization of America：Plant Closings, Community Abandonment, and the Dismantling of Basic Industry［M］. New York：Basic Books, Inc. , Publishers, 1982：41.

的重要基础。

在 20 世纪 50～90 年代，美国大量的制造业企业"外迁"，截至 1967 年，美国运输设备制造行业中 33% 的生产环节"外迁"，化学品制造业"外迁"比例达到了 25%，机械制造业的"外迁"比例达到了 20%。到 1979 年时，美国的福特汽车公司已将大部分的制造环节"外迁"，甚至其海外经营利润达到了公司年度利润总额的 94%。美国的可口可乐公司更是"外迁"发展的典范，其在不断开拓海外市场的同时，也将生产制造环节相应迁移到目标市场国家，1979 年时可口可乐公司的海外经营收益已占到其全年营收的 63%[①]。美国制造业"外迁"为一些正处于工业化进程中的发展中国家提供了推进工业化的契机，其不仅承接了美国制造业的先进技术和装备，还创造出大量的非农就业岗位，甚至一些国家还在引进和吸收美国制造业技术和工艺的过程中逐渐培育出自主科技研发能力，如前文中提到的韩国便经历了从引进吸收到自主创新的制造业培育发展过程。20 世纪 70 年代后，美国通用电气公司大力增加其海外资本存量。据统计，在 20 世纪 70 年代的 10 年间，通用电气员工总数增加了 5000 人，而这 5000 人恰好是通用电气解雇本土 25000 名员工并雇佣 30000 名海外员工的差额[②]。截至目前，美国制造业"外迁"的步伐并未完全结束，而其对世界经济产业格局造成的影响也将在未来持续存在。

---

① Barry Bluestone and Bennett Harrison. The Deindustrialization of America: Plant Closings, Community Abandonment, and the Dismantling of Basic Industry [M]. New York: Basic Books, Inc., Publishers, 1982: 42.

② Barry Bluestone and Bennett Harrison. The Deindustrialization of America: Plant Closings, Community Abandonment, and the Dismantling of Basic Industry [M]. New York: Basic Books, Inc., Publishers, 1982: 6－7.

4.2 美国制造业在全球价值链中的地位变化

在本节中首先对数据选取及其研究方法进行阐述，通过将美国的出口总额划分为本土增加值、增加返回值及海外增加值三个类型，对出口总量中本土和海外域的增加值开展分析。数据表明，美国制造业的全球价值地位二战后先经历上升，再经历降低，现在又处于上升的趋势之中，而其制造业发展的区域影响力基本经历了由弱到强的发展过程。

4.2.1 研究方法

运用投入产出法分解美国的出口总额。把 2018 年世界投入产出表整合成中国、日本、欧盟、美国及其他国家和地区五个部分，并形成五个部分的模型和世界投入产出表，然后计算投入产出表反映的系数矩阵 B_{sr}、A_{sr}、Y_{sr}、V_s。A_{sr} 是 56×56 的直接消耗矩阵；B_{sr} 是 56×56 的里昂惕夫逆矩阵，$B_{sr} = (I - A_{sr})^{-1}$，$I$ 是 56×56 的单位矩阵；Y_{sr} 是 56×1 的最终产品矩阵；V_s 是 s 国 1×56 的附加值矩阵。s、r 代表中国、欧盟、美国、日本及其他国家，下标 sr 代表 r 国自 s 国进口产品量。

4.2.2 数据分析

经济学的结论，有赖于数据的支撑。采集数据需根据具体时空制定详尽的方案。分析这些数据，需要借助于符号、图表来进行数学表达，如表 4 - 1 所示。

表 4 - 1　　　　　　　　　　　　数据采集指示表

		中间需求					最终需求				总产出
		国家 1	国家 2	国家 3	······	国家 N	国家 1	国家 2	国家 3	······	国家 N	
中间投入	国家 1											
	国家 2											
	国家 3			$A_{5611 \times 5611}$					$Y_{5611 \times 11}$		$Y_{5611 \times 1}$	
	······											
	国家 N											
增加值		$V_{1 \times 5611}$										
总投入		$X_{1 \times 5611}$										

$$\begin{bmatrix} X_1 \\ X_2 \\ \vdots \\ X_N \end{bmatrix} = \begin{bmatrix} A_{11} & A_{12} & A_{13} & \cdots & A_{1N} \\ A_{21} & A_{22} & A_{23} & \cdots & A_{2N} \\ A_{31} & A_{32} & A_{33} & \cdots & A_{3N} \\ \vdots & \vdots & \vdots & \ddots & \vdots \\ A_{N1} & A_{N2} & A_{N3} & \cdots & A_{NN} \end{bmatrix} \begin{bmatrix} X_1 \\ X_2 \\ \vdots \\ X_N \end{bmatrix} + \begin{bmatrix} Y_{11} & Y_{12} & Y_{13} & \cdots & Y_{1N} \\ Y_{21} & Y_{22} & Y_{23} & \cdots & Y_{2N} \\ Y_{31} & Y_{32} & Y_{33} & \cdots & Y_{3N} \\ \vdots & \vdots & \vdots & \ddots & \vdots \\ Y_{N1} & Y_{N2} & Y_{N3} & \cdots & Y_{NN} \end{bmatrix}$$

其中 X_n，$n \in (1, N)$ 表示 i 国 n 部门产出，X 为 S×1 矩阵，表示 i 国总产出；A 为 S×S 投入产出系数矩阵，表示 j 国使用的 i 国的中间投入品系数矩阵；Y_{ij} 表示 j 国对 i 国最终产品的需求；Y_{jj} 表示 j 国对本国最终产品的需求。简单表示为式（4-1）所示：

$$X = AX + Y \tag{4-1}$$

由此，可得公式 $X = (1-A)^{-1}Y$，令 B = (1-A)，B 则为里昂惕夫逆矩阵，又称完全消耗系数矩阵，其每列元素表示获得第 i 个部门最终产品，需要消耗本部门 1 单位产品和其他所提供的中间产品之和。定义 V 为各经济体各部门的直接附加值系数构成的对角矩阵。将直接增加值数矩阵与里昂惕夫逆矩阵相乘得数，得到最终的附加值数 VB。因此，世界最终需求 Y 产生的各经济体各部门的附加值矩阵可表示为：

$$
VBY = \begin{bmatrix}
Y_{11} & Y_{12} & Y_{13} & \cdots & Y_{1N} \\
Y_{21} & Y_{22} & Y_{23} & \cdots & Y_{2N} \\
Y_{31} & Y_{32} & Y_{33} & \cdots & Y_{3N} \\
\vdots & \vdots & \vdots & \ddots & \vdots \\
Y_{N1} & Y_{N2} & Y_{N3} & \cdots & Y_{NN}
\end{bmatrix}
$$

（1）总出口矩阵。

假设世界上存在 N 个经济体和 S 个部门，每个部门生产一种产品，这个产品可以是中间产品，也可以是最终产品，S 国的总出口矩阵 E_s 为：$E_s = \sum\limits_{s \neq r}^{s} E_{sr} = \sum\limits_{r \neq r}^{s} (S_{sr} X_r + Y_{sr})$，进而一国的总出口可以分解为式（4-2）所示：

$$
uE_s = \{ \underset{(1)}{V_s \sum\limits_{s \neq r}^{s} B_{ss} V_{sr}} = \underset{(2)}{V_s \sum\limits_{s \neq r}^{s} B_{sr} V_{rr}} + \underset{(3)}{V_s \sum\limits_{s \neq r}^{s} \sum\limits_{t \neq r,r}^{s} B_{sr} V_{rt}} \} +
$$

$$
\{ \underset{(4)}{V_s \sum\limits_{s \neq r}^{s} B_{sr} Y_{rs}} + \underset{(5)}{V_s \sum\limits_{r \neq s}^{s} B_{sr} A_{rs} (1 - A_{ss})^{-1} Y_{ss}} \} + \underset{(6)}{V_s \sum\limits_{r \neq s}^{s} B_{sr} Y_{rs} (1 - A_s s)^{-1}}
$$

$$
+ \{ \underset{(7)}{\sum\limits_{t \neq s}^{s} \sum\limits_{r \neq s}^{s} V_t B_{ts} Y_{sr}} + \underset{(8)}{\sum\limits_{t \neq s}^{s} \sum\limits_{r \neq s}^{s} V_t B_{ts} A_{sr} (1 - ARR)^{-1} Y_{rr}} \}
$$

$$
+ \{ \underset{(9)}{\sum\limits_{t \neq s}^{s} V_t B_{ts} A_{sr} \sum\limits_{r \neq s}^{s} (1 - A_{rr})^{-1} E_r} \} \tag{4-2}
$$

式（4-2）中，（1）代表最终产品出口的国内增加值，（2）代表中间产品直接出口的国内增加值，（3）代表中间产品间接出口的国内增加值，（4）代表以最终产品形式返回国内的国内增加值，（5）代表以中间产品形式返回国内的国内增加值，（6）代表计算（4）和（5）时的重复计算项，（7）代表通过最终产品出口的国外附加值，（8）代表通过中间产品出口的国外附加值，（9）代表（7）和（8）的重复计算项。总出口分解为国内增加值、增加值返回和国外增加值三部分，分别对应（1）+（2）+（3）、（4）+（5）+（6）和（7）+（8）+（9）。

（2）基本分工地位的判断。

本书拟通过分解出口，采用以下方法对 GVC 地位展开研究。首先，通过比较国内增加值中最终产品出口的国内增加值（1）、（2）+（3）中产品出口的国内增加值的占比，判断该国参与国际分工的形式。若（1）大于（2）+（3），则该国主要以最终产品生产加工方式参与全球价值，在 GVC 处下游位置；若（1）小于（2）+（3），则该国主要以中间产品参与全球价值链，在 GVC 中处于上游位置。

（3）GVC 指数的测算。

库普曼（Koopman，2001）提出了如下他能指数：$GVC - position = \ln(1 + IV_{ir}/E_{ir}) - \ln(1 + FV_{ir}/E_{ir})$，其中 IV_{ir} 为向上调整指标，指 r 国 i 行业作为中间产品再出口的国内增加值，对应（3）项；FV_{ir} 为向下调整指标，指 r 国行业作为最终产品出口中的国外附加值部分，对应（7）项。如果 GVC 地位指数为正，代表该国在原来的位置上向上游调整；如果 GVC 地位指数为负，则代表该国在原来的位置上向下游调整。

（4）区域化程度的测算由此可得 $X = (I - A)^{-1}Y$，设定 $B = (I - A)^{-1}$，B 则为里昂惕夫逆矩阵，又称完全消耗系数矩阵，其每列元素表示获得第 i 个部门最终产品，需要消耗本部门 1 单位产品和其他所有部门提供的中间产品之和。设定 V 为各经济体各部门的各个附加值系数构成的对角矩阵。将直接增加值系数矩阵跟里昂惕夫逆矩阵相乘，得到最终的附加值矩阵 VB。因此，由世界最终需求 Y 产生的各经济体各部门的附加值矩阵，便可表示为：

$$
VBY = \begin{bmatrix}
V_1 B_{11} Y_1 & V_1 B_{12} Y_2 & V_1 B_{13} Y_3 & \cdots & V_1 B_{1N} Y_N \\
V_2 B_{21} Y_1 & V_2 B_{22} Y_2 & V_2 B_{23} Y_3 & \cdots & V_2 B_{2N} Y_N \\
V_3 B_{31} Y_1 & V_3 B_{33} Y_2 & V_3 B_{33} Y_3 & \cdots & V_3 B_{3N} Y_N \\
\vdots & \vdots & \vdots & \ddots & \vdots \\
V_N B_{3N} Y_1 & V_N B_{3N} Y_2 & V_N B_{3N} Y_3 & \cdots & V_N B_{3N} Y_N
\end{bmatrix}
$$

$$
FINO(s, i) = \sum_{k=1}^{N} VAk(s, i)
$$

基于最终产出价值，对诸种产品完成过程的最终产出进行分解，以此考察产品生产过程中的价值增值，可表示为：$FINO(s, i) = \sum_{k=1}^{N} VAk(s, i)$。

最终产品的某国国外增加值，可表示为：$FVA(s, i) = \sum_{k \neq i} VAk(s, i) = FINO(s, i)$。

而国外附加值又可进一步分为区域内国外值（RFVA）和全球的国外附加值（GFVA），构建区域的国外增加值（RFVAS）占比为：RFVAS = RFVA/GRVA。该数值越大，表示本国的国外增加值中该区域的国外增加值越大，价值链分工呈区域化趋势；若该数值小，表示本国的国外增加值中该区域外的增加值越大，价值链分工呈全球化趋势。

4.3 美国制造业"外迁"的态势分析

通过前文数据分析可以发现,美国制造业在"外迁"不仅直接推进了迁入地的工业化进程,而且其产生的科技创新示范效应影响更为深远。在美国制造业"外迁"中,亚洲的日本、韩国、新加坡和中国台湾、中国香港等国家和地区基本经历了从引进吸收到自主创新的制造业发展历程,并最终成长为发达经济体。日本在第二次世界大战后得益于美国的支持,其制造业曾创造出年均13.2%的增幅奇迹,其发展速度甚至是当时美国制造业发展增幅的3倍。日本在美国制造业向全球"外迁"时已经在此前美国的支持下构建起高效完备的国家工业协作体系,并让日本在承接美国制造业中主要承接了具备更高技术水平的行业,这对推进日本制造业和国民经济的快速发展起到了重要作用,让其在1968年成为GDP位居世界第二位的发达国家。紧随日本之后的则是韩国、新加坡和中国台湾、中国香港,其在20世纪70年代开始的制造业第三次大迁移中成为美国制造业"外迁"的主要目的地。在美国制造业"外迁"的推动下,其成为第二次世界大战后世界上经济社会发展速度最快的经济体。在此过程中,这些国家及地区发挥各自优势,承接美国相应的制造业"转移",建立起各具特色的优势制造业行业,成为后起的工业化国家发展的典范,如我国香港地区此前只是一个从事商业贸易的中转港口,制造业发展几乎为零,但在20世纪70年代后,承接了美国的部分制造业部门,其纺织业、塑胶、钟表和灯泡等制造业行业迅速发展,并使制造业产值一度占到中国香港地区生产总值的 30%[①]。

21 世纪以来，美国制造业"外迁"作为客观现象依然存在，但是 2008 年国际金融危机过去后，其对外投资趋势开始出现转折，呈现出减少趋势。2018 年以前，美国对外直接投资额虽然整体呈现下降趋势，但是在 2017 年时其仍然出现了较大增幅，达到了 3423 亿美元。2018 年以后，美国对外直接投资之所以出现大幅降低，主要原因在于特朗普在担任美国总统期间加大了制造业"回流"系统政策的实施力度，尤其是 2017 年年底美国政府推出的税改政策成为导致 2018 年前两个季度其跨国公司对外投资加速回流的重要动因。同时，美国对外直接投资在 2018 年后出现大幅降低实际上也是发达国家对外投资大幅降低的缩影。据统计，2018 年世界上主要的发达经济体对外直接投资降幅达到了 40%[②]。

自 2017 年年底美国为促成其制造业"回流"推出本土制造业降税的税改政策以来，其制造业对外直接投资虽然出现了降低势头，但是在经济全球化高度深入发展的今天，全球性的制造业分工已经将美国和其他国家紧密地联系在一起，而此前在国际分工格局中形成的制造业国际分工和产业链格局都是在尊重市场规律和产业经济发展规律的前提下由国际市场自发调节所形成的，美国意图通过政府强力推行的政策逆国际市场规律而行，短期内也许能够收获政策强力推进的制造业"回流"效果，但是从长远来看，其制造业"外迁"的客观需要仍然存在，而其制造业"回流"面对的来自国际要素市场机制自我矫正和美国制造业企业主体经营机制自我优化的压力既长期存在，也有不断加大的可能。因而，"外迁"虽然在

---

① 杨英. 香港制造业现状与趋向 [J]. 嘉兴学院学报，2005 (1)：68 – 71.
② 搜狐.《2019 年世界投资报告》发布（附全文）[EB/OL].（2019 – 06 – 15）. https：//www. sohu. com/a/320792519_100020617.

美国制造业"回流"政策下出现了暂时的人为遏止态势，但是其长期持续发展的态势可能会在价值规律和国际要素市场的持续矫正下得以维持。因为制造业升级发展的过程既是一个不断追求利润空间的过程，也是一个新兴制造业领域不断取代旧有制造业领域的过程，只要美国依然维持制造业创新驱动发展的活力，其制造业升级更新的新陈代谢过程就决定了其制造业本身需要不断通过"外迁"来实现生产要素的优化配置和产品利润空间的维持拓展及本土制造业的转型升级。

5

美国制造业"回流"的
效应与态势分析

　　制造业"外迁"及其对美国经济社会发展造成的消极影响正是当前美国不遗余力地推进其制造业"回流"的主要原因。制造业是国民经济的主导，也是一个国家在以工业化为核心的现代化发展中最为核心的竞争力来源。美国在二战后国际格局中所形成的世界霸权优势，与其强大的制造业工业体系和长期引领世界制造业发展潮流的实体经济优势密切相关。制造业对于国民经济和社会进步能够起到强大的带动和辐射作用，可以提供大量的就业岗位以巩固民生和维护社会安定，同时也是科技进步和创新驱动发展的核心驱动力。正因如此，美国高度重视制造业的发展，即便在其大力提倡和推进制造业"外迁"的过程中，也不过是将国内的落后产能转移到国外，而对于先进制造业尤其是制造业各行业领域的核心知识产权和科技研发环节，美国历来都高度重视，并尽量将其置于本土。但是，美国制造业"外迁"及其产业结构向非实体经济的加速转型，尤其是制造业占国民经济比例的持续降低，却难以承载本土大量的就业人口，并可能对其长期维持科技创新优势和强大的综合国力造成消极影响。为此，美国在2008年国际金融危机过后推出了"再工业化"战略，并大力推进制造业"回流"。制造业"回流"对美国产生的内外效应及其发展态势，也应当是本研究开展应当探讨的重要问题。

5.1 美国制造业"回流"的内外效应

2008 年国际经济危机结束后，奥巴马在担任美国总统期间便提出了"再工业化"战略，并在该战略框架内推出了一系列推进制造业"回流"的政策。中国和美国学术界在内的国内外学者很多对美国制造业"回流"政策的执行效果抱有迟疑态度，认为其实际执行效果并不理想或将面临重重阻力。从后危机时代世界各国经济的复苏情况来看，美国仍然是发达经济体中经济复苏最快、最具经济发展活力和创新驱动发展能力的经济体之一。美国不仅迅速走出经济危机带来的衰退趋势，还在增加国内就业岗位、降低制造业生产成本和提高对外出口规模上取得了不俗的成绩，可谓后危机时代世界上经济发展表现最好的国家之一。因而，在探讨制造业"回流"的影响时，既要客观承认其违背经济全球化进程中国际市场的价值规律和全球产业链格局带来的执行难度，也要理性分析其对美国本土及世界经济社会发展造成的内外效应。其中，制造业"回流"对美国本土造成的内部效应可以从以下几个角度来分析。

一方面，美国本土制造业企业提供的就业岗位数量虽然有所增加，但是对就业的提振作用并未达到预期效果。2010 年以来，美国制造业企业数量持续增加，相应地其提供的就业岗位数量也不断增加。数据显示，2010～2014 年美国制造业企业提供的就业岗位增加了 646000 个[①]。必须客观承认，相比于全球经济危机爆发之前，美

---

① 王贝. 美国制造业回流及其对中美贸易的影响 ［D］. 天津：天津财经大学，2015：17.

国制造业确实在一些数据指标上呈现出了复苏迹象，尤其是其提供的就业岗位上数量相比有所增加。2015～2018 年美国制造业就业总人数统计数据如表 5 – 1 所示。

表 5 – 1　　　　2015～2018 年美国制造业就业总人数统计数据　　　单位：千人

年份	制造业就业人数
2015	16300. 5
2016	16382. 0
2017	16372. 6
2018	16593. 2

资料来源：联合国 MBS 数据. 2015～2019 年 7 月美国制造业就业总人数统计表［EB/OL］. http：//data. chinabaogao. com/hgshj/2019/10144554522019. html.

但是，美国制造业在"回流"中实现复兴所面对的困难仍然很多，其制造业复兴呈现出一定的阶段性变化。美国制造业在"回流"中持续复苏的趋势并未得到长期维持，至少自 2019 年下半年开始，又出现了一定程度的萎缩。美国本土最具权威性的制造业指数美国供应管理协会（ISM）采购经理人指数显示，2019 年 12 月美国制造业采购经理人指数自 48. 1 下跌到了 47. 2，且该指标已连续 5 个月呈现出下降趋势，还创下自 2009 年 6 月份以来的最低水平。美国制造业的 ISM 指数之所以出现持续下跌趋势，主要原因在于其制造业受本土商业投资减少、国际市场需求疲弱和美国与中国等经济体频频发起的贸易争端等因素影响。其中，美国波音公司的 737MAX 机型出现空难及其引发的关于美国客机乃至其高科技产品的质量危机也是造成本轮 ISM 生产指数持续下降的原因之一①。

----

①　美国 ISM 制造业指数 3 年来首次陷入萎缩水平［EB/OL］. 财经与科技，https：//www. sohu. com/a/338692910_120154969.

2014~2019 年美国失业人数统计数据如表 5-2 所示。

表 5-2 　　　　　　　2014~2019 年美国失业人数统计数据　　　　　单位：千人

年份	制造业就业人数
2014	9616.5
2015	8296.4
2016	7751.1
2017	6982.3
2018	6313.9
2019	6724.6

资料来源：联合国 MBS 数据.2014~2019 年 7 月美国失业总人数统计表 [EB/OL].
http：//data.chinabaogao.com/hgshj/2019/10144554532019.html.

受此影响，2019 年 12 月 ISM 制造业就业指标也跌到了自 2016 年 1 月份以来的最低水平，充分说明美国劳动力就业市场虽然仍有较大潜力，但是制造业对就业的带动能力依然有限。从制造业的分行业情形来看，2019 年 12 月美国 18 个制造业行业中出现了 15 个行业的萎缩，尤其是服装和木制品制造业行业的萎缩情况最为严重①。

另一方面，美国制造业产量有所增长，出口产品数量也有所增加。2008 年国际经济危机过后，美国经济在复苏进程中整体表现较好，在发达经济体中维持了较高的经济增长率，而其制造业也在"再工业化"战略提出和制造业"回流"系统政策刺激下出现了复兴发展的转折点。从图 5-1 可知，2009 年以来美国制造业产量在维持增长势头的同时，其制造业产值也在持续增长。如在 2013 年时，美国制造业增加值为 38%，占到了当年美国 GDP 增加值的 19%。制

---

① 美国 ISM 制造业指数 3 年来首次陷入萎缩水平 [EB/OL]. 财经与科技，https：//www.sohu.com/a/338692910_120154969.

造业的强势增长必然相应带动美国制造业产量和出口量的增加。

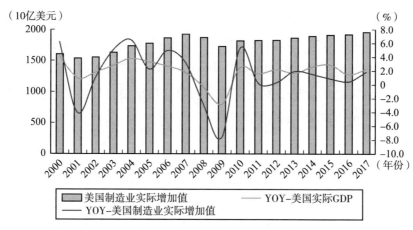

图 5 - 1 2000～2017 年美国制造业实际增加值及其增速情况

资料来源：2000～2017 年美国历年制造业实际增加值及增速情况［EB/OL］. 观研网，http：//www. gyii. cn/m/view. php？ aid＝212379.

从图 5 - 2 可知，美国制造业在 2009 年后经历了持续 4 年的增长势头，自 2015 年后出现了增加值降低的趋势。美国虽然不遗余力地推进其制造业"回流"，但是在国内贸易保护主义越发严重和与中国等经济体贸易摩擦频发的背景下，其本土制造业"回流"并未起到助推其国内制造业强势复兴的预期效果。从表 5 - 3 可知，2015 年后，美国出口商品总额也出现了下降，且在 2015 年商品出口总额的降幅达到了 7.3%。2017 年后，美国出口商品总额虽然出现了回升趋势，但是 2018 年以后，因美国与诸多经济体的贸易摩擦不断加剧，其制造业商品出口面对的下行压力仍一直存在。整体来看，美国推进制造业"回流"虽然对国内制造业起到了一定的提振效果，使其制造业产品数量和增加值相比于 2008 年国际金融危机爆发前有所增长，但是也不能客观夸大其提振效果。尤其是在美国为推进制

造业"回流"和加速复兴本土制造业而不断提升贸易门槛甚至制造
贸易摩擦的背景下，其制造业"回流"对其本土制造业起到的提振
效果也在实际上受此影响而大打折扣①。毕竟，美国推进制造业
"回流"既要依赖于其国内消费市场，也需要不断开拓国际出口市
场，而美国对中国、欧盟、日本和印度等国家和地区频频采取的贸
易摩擦政策必然激起相关国家和地区的贸易反制，最终又对美国制
造业产品出口造成了冲击。

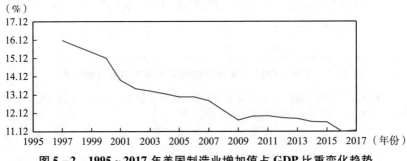

图5-2 1995~2017年美国制造业增加值占GDP比重变化趋势

资料来源：快易理财网. 美国历年制造业增加值占 GDP 比重 [EB/OL]. https://
www. kylc. com/stats/global/yearly_per_country/g_manufacturing_value_added_in_gdp/
usa. html.

　　美国制造业"回流"在对其国内制造业发展造成一定提振效果
的同时，也对制造业迁出国乃至世界经济产业格局产生了一定影
响。美国制造业"回流"实际上存在两种方式，即将美国跨国公司
的海外制造业企业迁回本土和在本土投资筹建制造业企业。无论是
美国跨国公司迁回本土生产还是在美国本土投资开办制造业企业，
对于制造业迁出国来说，都会降低其制造业产值和减少相应的就业

---

　　① Giuliani E. Human Rights and Corporate Social Responsibility in Developing Countries' Industrial Clusters [J]. Journal of Business Ethics, 2016 (1): 1-16.

岗位数量。

表 5 – 3   2009～2019 年美国商品进出口总额统计数据

年份	总额 （百万美元）	同比 （%）	出口 （百万美元）	同比 （%）	进口 （百万美元）	同比 （%）	差额 （百万美元）	同比 （%）
2009	2615668	– 22.9	1056043	– 18.0	1559625	– 25.9	– 503582	– 38.3
2010	3192351	22.0	1278495	21.1	1913857	22.7	– 635362	26.2
2011	3690462	15.6	1482508	16.0	2207954	15.4	– 725447	14.2
2012	3822088	3.6	1545821	4.3	2276267	3.1	– 730446	0.7
2013	3846504	0.6	1578517	2.1	2267987	– 0.4	– 689470	– 5.6
2014	3978230	3.4	1621874	2.7	2356356	3.9	– 734482	6.5
2015	3751285	– 5.7	1503101	– 7.3	2248183	– 4.6	– 745082	1.4
2016	3638816	– 3.0	1451011	– 3.5	2187805	– 2.7	– 736794	– 1.1
2017	3889638	6.9	1546733	6.6	2342905	7.1	– 796172	8.1
2018	3986638	5.2	1648657	5.6	2486825	5.1	– 832231	6.8
2019	4056267	5.8	1778684	5.2	2538567	5.5	– 862182	6.2

资料来源：全球经济数据. 2001～2017 年美国对外商品出口、进口总额［EB/OL］.
http://www. qqjjsj. com/show72a25405.

美国的制造业"回流"政策不仅波及美国企业，其还凭借其强大的世界经济产业霸权和优势，强迫和引诱一些与美国大型跨国企业存在密切分工协作关系的别的国家和地区的企业将生产环节迁移到美国。美国的制造业"回流"必然造成一些大型的美国跨国公司将生产环节或资金迁回美国本土，并对其原在国家和地区的制造业产值和就业造成一定冲击。同时，美国的制造业"回流"还对全球化背景下的国际分工机制和制造业产业链造成了不小的冲击。这种冲击造成的影响在不同的国家和不同的行业所形成的影响存在一定的差异性。整体来看，美国的制造业"回流"在 2017 年后表现并不尽如人意，其对一些美国制造业企业迁出国，尤其是世界经济产业格局造成的冲击不容小觑。

5.2　制造业"回流"背景下美国制造业全球价值链分析

制造业"回流"背景下，美国制造业在全球价值链中出于什么地位呢？本书尝试直观描述美国制造业参与全球价值链活动程度，为分析其在全球价值链中所处地位提供相关信息。

5.2.1　全球价值链参与度测度方法

本研究采用了王直等于 2017 年提出的全球价值链参与度指数，对美国全球价值链参与度进行测度。因为出口增加值分解方向不同，因而这一指数可以分为全球价值链前向参与度指数（GVC_PF）和全球价值链后向参与度指数（GVC_PB），这两个指数具体公式表示如式（5-1）、式（5-2）所示：

$$GVC\_PE = \frac{V\_GVC_s^i}{V_s^i} = \frac{V\_GVC\_S_s^i}{V_s^i} + \frac{V\_GVC\_C_s^i}{V_s^i} \qquad (5-1)$$

$$GVC\_PB = \frac{Y\_GVC_s^i}{Y_s^i} = \frac{Y\_GVC\_S_s^i}{Y_s^i} + \frac{Y\_GVC\_C_s^i}{Y_s^i} \qquad (5-2)$$

式（5-1）为全球价值链前向参与度指数（GVC_PE），其中，$V\_GVC_s^i$ 表示 s 国 i 产业部门出口的用于各国最终产品生产的中间品增加值，由被进口国直接吸收（$V\_GVC_s^i$，简单 GVCs）和被进口国用于在出口生产（$V\_GVC_s^i$，复杂 GVCs）两部分构成，V_s^i 表示 s 国

i 产业部门的前向增加值分解总和。式（5 - 2）为全球价值链后向参与度指数（GVC_PB），其中，$Y\_GVC_s^i$ 表示 s 国 i 产业部门产出中来自各国的中间品增加值，由直接用于国内生产（$Y\_GVC\_S_s^i$，简单 GVCs）和用于再出口生产（$Y\_GVC\_C_s^i$，复杂 GVCs）两个部分构成，Y_s^i 表示 s 国 i 产业部门的后向增加值分解总和，亦即 s 国 i 产业部门的总产出。

全球价值链前向参与度指数（GVC_PF）用来表示一国某一产业部门下游产业部门中出口的国内增加值占该产业部门前向分解出口增加值的比重，数值越高表明一国某一产业的国内增加值更多地以中间品出口形式参与价值链。全球价值链后向参与度指数（GVC_PB）用来表示一国某一产业部门全部最终产品和服务中所蕴含的上游产业部门增加值所占的比重，数值越高表明一国某一产业更多地依赖国外及国内其他产业部门中间品的投入。通过测算全球价值链前向、后向两个参与度指数，可以从价值流向和价值来源两个方面直观地描述美国制造业参与全球价值链活动的程度，为分析其在全球价值链中所处的地位提供信息依据。

5.2.2 美国制造业全球价值链前向参与度

美国制造业全球价值链前向参与度，在进入 21 世纪以来，平稳提升（如表 5 - 4 所示）。2000 ~ 2010 年间美国制造业全球价值链前向参与度指数呈现持续提升趋势，从 2000 年的 0.13 提高到 2010 年的 0.16，此后一直维持在这一水平。2000 ~ 2014 年美国制造业全球价值链前向参与度指数共提升 0.3 个百分点。全球价值链前向参与度反映的是一国（或地区）某一产业部门隐含在下游产业部门中出口的国内增加值占该产业部门前向分解出口增加值的比重。从上述指标表现可以看出，美国制造业出口国内增加值以中间品出口形式参与国际价值链的程度有所提升。

表5－4　　　　　　　美国制造业全球价值链前向参与度

产业部门	2000年	2005年	2008年	2010年	2011年	2012年	2013年	2014年	2000~2014年
C5	0.02	0.02	0.04	0.03	0.04	0.04	0.04	0.04	0.02
C6	0.10	0.13	0.16	0.16	0.16	0.12	0.12	0.12	0.02
C7	0.09	0.07	0.10	0.12	0.12	0.13	0.13	0.13	0.03
C8	0.16	0.16	0.19	0.20	0.20	0.20	0.21	0.20	0.04
C9	0.06	0.07	0.09	0.09	0.09	0.10	0.10	0.10	0.03
C10	0.09	0.09	0.13	0.14	0.16	0.16	0.17	0.17	0.09
C11	0.20	0.21	0.25	0.25	0.26	0.25	0.25	0.25	0.04
C12	0.13	0.15	0.19	0.19	0.21	0.20	0.19	0.20	0.07
C13	0.14	0.14	0.17	0.17	0.18	0.18	0.17	0.17	0.04
C14	0.11	0.09	0.12	0.14	0.15	0.15	0.15	0.14	0.03
C15	0.21	0.22	0.26	0.29	0.29	0.29	0.27	0.27	0.06
C16	0.12	0.13	0.15	0.17	0.17	0.18	0.18	0.17	0.03
C17	0.24	0.22	0.23	0.23	0.23	0.23	0.20	0.20	－0.04
C18	0.17	0.17	0.19	0.21	0.21	0.22	0.22	0.23	0.06
C19	0.13	0.15	0.18	0.18	0.17	0.17	0.17	0.16	0.03
C20	0.11	0.10	0.13	0.13	0.13	0.12	0.12	0.11	0.01
C21	0.19	0.19	0.19	0.21	0.26	0.23	0.22	0.21	0.02
C22	0.04	0.04	0.06	0.05	0.05	0.06	0.06	0.07	0.03
制造业	0.13	0.13	0.15	0.16	0.16	0.16	0.16	0.16	0.03

分产业部门看，2000~2014年美国低技术类制造业中，C5、C6、C7、C9、C22等产业部门全球价值链前向参与度指数分别为

0.04、0.12、0.13、0.10、0.07，虽然上述产业部门全球价值链前向参与度指数均出现了增长，但是仍然低于制造业平均水平，低技术类别制造业全球价值链前向参与度相对较低。美国中低技术类制造业全球价值链前向参与度指数处于相对较高水平，2000～2014年C10、C13、C15、C16全球价值链前向参与度指数分别由0.09、0.149、0.21、0.14提升至0.17、0.17、0.27、0.17，分别提高了0.08个、0.021个、0.06个、0.03个百分点。美国中低技术类别制造业出口国内增加值以中间品出口形式参与国际价值链的程度有所提升，相对于其他产业部门处于较高水平。

相较于其他经济体，除C20外，美国中高技术类制造业全球价值链前向参与度处于最高水平。2000年C11、C18、C19、C20、C21等产业部门全球价值链前向参与度指数分别为0.20、0.17、0.13、0.11、0.19，2014年上述产业部门全球价值链前向参与度指数分别提升至0.25、0.23、0.16、0.11、0.21，分别提高了0.05个、0.06个、0.03个、0.00个、0.02个百分点。可以看出，美国中高技术类制造业更加依靠中间品出口参与全球价值链，全球价值链前向参与水平最高。这在某种程度上再次表明：美国中高技术类制造业处于"微笑曲线"上部，具有较强的国际竞争力。在高技术类制造业方面，C12产业部门价值链前向参与度指数由2000年的0.13提升到了2014年的0.20，提高了0.07个百分点，全球价值链前向参与度有大幅度提高。C17产业部门价值链前向参与度指数，则由2000年的0.24下降到了2014年的0.20，降低了0.04个百分点。该产业部门是美国制造业在所有产业部门中，全球价值链前向参与度出现下降的唯一部门。据此可以断言：美国高技术产业类制造业通过中间产品参与全球价值链水平有限，更多的是出口制成品。

5.2.3 美国制造业全球价值链后向参与度

美国制造业全部最终产品出口中蕴含的上游产业部门增加值所占的比重如何，需进一步探讨。为此，本书对美国制造业全球价值链后向参与情况做进一步分析（如表 5 - 5 所示）。全球价值链后向参与度反映的是某一产业部门隐含的上游产业部门增加值。总的来看，美国制造业全球价值链后向参与度指数要高于前向参与度指数。2000～2014 年间美国制造业全球价值链后向参与度指数呈现先升后降态势，由 2000 年的 0.14 提升至 2008 年的 0.19，后开始出现波动，2014 年小幅降至 0.18。2000～2014 年美国制造业全球价值链后向参与度指数共提升 0.4 个百分点，增幅略高于前向参与度指数。纵观上述指标，可以断言：美国制造业增加值中所含上游部门增加值有所提高。

表 5 - 5　　　　　　　　美国制造业全球价值链后向参与度

产业部门	2000 年	2005 年	2008 年	2010 年	2011 年	2012 年	2013 年	2014 年	2000～2014 年
C5	0.09	0.10	0.10	0.11	0.13	0.12	0.12	0.12	0.03
C6	0.13	0.16	0.16	0.15	0.17	0.16	0.16	0.16	0.03
C7	0.15	0.16	0.16	0.15	0.16	0.16	0.16	0.16	0.02
C8	0.12	0.15	0.15	0.15	0.17	0.17	0.17	0.17	0.05
C9	0.10	0.12	0.12	0.12	0.12	0.12	0.12	0.12	0.02
C10	0.29	0.31	0.31	0.31	0.32	0.34	0.31	0.28	0.00
C11	0.12	0.15	0.15	0.15	0.16	0.16	0.15	0.15	0.03
C12	0.12	0.15	0.15	0.14	0.16	0.16	0.15	0.15	0.03

产业部门	2000年	2005年	2008年	2010年	2011年	2012年	2013年	2014年	2000~2014年
C13	0.13	0.17	0.17	0.18	0.20	0.19	0.19	0.19	0.07
C14	0.11	0.12	0.12	0.13	0.15	0.15	0.14	0.14	0.04
C15	0.15	0.19	0.19	0.22	0.25	0.23	0.23	0.23	0.07
C16	0.11	0.14	0.14	0.15	0.18	0.17	0.17	0.17	0.06
C17	0.14	0.11	0.11	0.07	0.08	0.07	0.10	0.10	-0.04
C18	0.14	0.16	0.16	0.14	0.18	0.18	0.18	0.18	0.04
C19	0.14	0.16	0.16	0.17	0.19	0.19	0.19	0.19	0.05
C20	0.19	0.22	0.22	0.25	0.26	0.24	0.25	0.25	0.07
C21	0.15	0.15	0.15	0.14	0.16	0.18	0.20	0.20	0.05
C22	0.10	0.12	0.12	0.11	0.13	0.13	0.13	0.13	0.04
制造业	0.14	0.16	0.16	0.17	0.19	0.19	0.18	0.18	0.04

分产业部门看,2000~2014年美国低技术类制造业中,C5、C6、C7、C8、C9、C22等产业部门全球价值链后向参与度指数分别由0.09、0.13、0.15、0.12、0.10、0.10提升至0.12、0.16、0.16、0.17、0.12、0.13,全球价值链后向参与度指数均出现了增长,但是各产业部门全球价值链后向参与度指数均低于制造业平均水平,低技术类制造业全球价值链后向参与度相对较低。美国中低技术类制造业全球价值链后向参与度指数也处于相对较低水平。2000年,除C10、C15产业部门外,其他产业部门全球价值链后向参与度指数均低于制造业平均水平。2000~2014年C13、C14、C15、C16全球价值链后向参与度指数分别由0.13、0.11、0.15、0.11提升至0.19、0.14、0.23、0.17,分别提升了0.06个、0.03个、0.08个、0.06个百分点。美国中低技术类制造业全球价值链

后向参与度均有所提升，特别是 C13、C15 两个产业部门提升幅度较大，中低技术类制造业出口增加值对其他国家或地区中间产品的依赖度有所提升。

与全球价值链前向参与度相似，美国中高技术类制造业全球价值链后向参与度，相对于其他技术类别制造业，处于最高水平。2000 年 C11、C18、C19、C20、C21 等产业部门，全球价值链后向参与度指数分别为 0.12、0.14、0.14、0.19、0.15，2014 年上述产业部门全球价值链后向参与度指数分别提升至 0.15、0.18、0.19、0.25、0.20，分别提高了 0.03 个、0.04 个、0.05 个、0.06 个、0.05 个百分点。由此观之，2014 年以后，美国增加出口额更加依赖于中间品输入，且其全球价值链后向参与水平不断升高。综合全球价值链前向参与度与后向参与度，可以清晰地看出：美国中高技术类制造业全球价值链后向参与程度较高。

综上分析，不难发现：2008 年全球金融危机以后，多数美国制造业各产业部门全球价值链后向参与度有所提升，但是多数产业部门全球价值链后向参与指数开始出现下降，其增加值出口所蕴含的国外中间品比重有所下降。这表明，美国制造业出现某种程度的"回流"，尽管幅度不大，但是确实已经发生。

将美国制造业全球价值链前、后向参与度作对比分析，可以发现：美国制造业无论是通过隐含在下游产业部门中的出口增加值中间品，还是蕴含的上游产业部门增加值所占比例均处于较低水平，而其出口中返回并被本国吸收的国内增加值（RDV）所占比重却远高于其他国家。由此可见，美国制造业更多地依靠本国产业链，而其自身全球价值链参与度尚有很大的提升空间。

5.3 美国制造业"回流"的态势分析

2008 年国际金融危机爆发后，包括美国在内的众多发达国家经济体遭受了严重冲击，主要体现在其产业结构中制造业所占比重较低，难以提供大量的就业岗位，导致其应对危机的经济产业承载能力较差，甚至造成经济危机演变为一场社会危机。在此背景下，美国逐步意识到制造业的重要性，逐步改变过去推进"去工业化"的产业发展思路，认识到强大的制造业才是实现美国经济社会发展和构建创新型经济体的关键。随后，美国政府出台了一系列旨在重振本土制造业的政策法案，其中推动制造业"回流"也是这些政策法案实施的重要目标之一。2009 年 9 月，美国政府提出《美国创新战略：促进可持续增长和提供优良工作机会》，将创新型经济体建设和新兴制造业打造规划上升到了国家战略高度。同年 12 月，美国政府提出《重振美国制造业框架》，勾画了美国制造业振兴的基本框架，并提出要以创新驱动先进制造业发展创造更多的就业岗位[1]。2010 年 8 月，美国政府颁布《制造业促进法案》，提出要降低制造业生产成本，增加制造业就业岗位，提高美国本土制造业竞争力，进一步将制造业打造为美国经济复苏的关键动力。2011 年 11 月，美国为保证其在全球先进制造业领域的引领地位，成立了"先进制造伙伴关系指导委员会"，明确提出要立足先进制造业培育来推动美国制造业振兴。2013 年 9 月，美国发起成立"第二届先进制造伙伴关系指导委员会"，意在进一步夯实美国高新技术研发和应用领

---

① Hannon B. Input-Output Economic Dynamics, 1995, Economics and Ecology [J]. Structural Change, 2010 (3): 331 – 333.

域的全球领先地位。特朗普任职美国总统时全面继承并大大强化了奥巴马政府制定的美国制造业重振计划①。

2000～2018 年美国制造业各部门产值统计数据如表 5-6 所示。

表 5-6　　2000～2018 年美国制造业各部门产值统计数据　　单位：亿美元

产业部门	2000年	2005年	2010年	2015年	2016年	2017年	2018年	2000～2018 年变化（％）
木制品	950	1148	719	1010	1055	1126	1161	22.2
非金属制品	977	1132	924	1190	1245	1288	1331	36.2
初级金属制品	1557	2025	2357	2270	2054	2237	2564	64.7
金属制品	2692	2879	2956	3517	3374	3642	3956	46.9
机械	2946	2991	3187	3790	3507	3805	3995	35.6
电脑及电子制品	5487	4078	3589	3480	3405	3528	3774	-31.2
电气设备、电器和部件	1251	1088	1086	1260	1243	1289	1361	8.8
机动车辆、车身和拖车及零部件	4824	5231	4347	6769	7005	7111	7543	56.4
其他运输设备	1619	2062	2490	33332	3164	3201	3445	112.8
家具及相关产品	759	843	573	737	741	757	776	2.2
其他制品	1290	1485	1597	1664	1673	1709	1777	37.7
耐用品小计	24353	24962	23825	29019	28465	29693	31683	30.1
食品饮料和烟草制品	5571	6611	8003	9462	9367	9617	9736	74.8
纺织厂和纺织产厂	851	770	498	536	523	540	569	-33.1
服装、皮革及相关产品	753	403	233	187	183	190	200	-73.5
纸制品	1637	1601	1694	1829	1789	1816	1898	16.0
印刷及相关支持活动	1072	990	838	822	844	817	831	-22.5
石油和煤炭制品	2330	4621	6077	5011	1238	5229	6520	179.8

---

① 张大龙. 美国制造业回流政策对中国出口的影响及应对策略［J］. 对外经贸实务，2020（6）：17-20.

产业部门	2000年	2005年	2010年	2015年	2016年	2017年	2018年	2000~2018年变化（%）
化工制品	4548	6108	7157	7855	7775	7988	8382	84.3
塑料和橡胶制品	1791	1981	1866	2336	2326	2299	2351	31.3
非耐用品小计	18552	23084	26366	28036	27045	28496	30487	64.3
制造业合计	42905	48046	50191	57055	55510	58189	62170	22.2
增速（%）	—	12.0	4.5	13.7	-2.7	4.8	6.8	—

资料来源：Bureau of Economic Analysis. Gross Output by Industry［EB/OL］. An official website of the United States government，https：//www. bea. gov/data/industries/gross – output – by – industry，2019.

　　2017 年 1 月 27 日，前任总统特朗普颁布美国制造业就业主动性计划。特朗普与美国工业界磋商后对其提出了增加制造业就业的要求。特朗普政府的制造业"回流"主张主要体现在两个方面：一是就业与增长回流；二是增加就业、提高工资和支持美国制造业。整体来看，2008 年国际金融危机爆发以来，美国政府为推进制造业"回流"出台了系列政策，如优化投资环境、实行税收优惠和出口刺激政策、提高劳动者技能和健全创新驱动机制等，其中心目标是要落实美国的"再工业化"战略[①]。通过前文的分析可以发现，美国的制造业"回流"取得了一定成效，如增加了一定数量的就业岗位、推动了一些美国跨国企业回归本土制造业或将资金转移回美国。但是，美国制造业"回流"依然面对诸多障碍，更因其违背全球化背景下基于价值规律和产业分工规律而形成的制造业国际分工

---

　　① 王爽，李晓欢，邢国繁. 特朗普"制造业回流"政策对中国出口的影响及对策［J］. 价格月刊，2019（2）：80–83.

格局及各国基于自身要素优势而形成的成熟产业链而在未来发展中可能难以获得美国预期的效果。

美国制造业"回流"在当前面对的障碍主要体现在以下几个方面：

一是美国国内需求不振，其制造业振兴对国际市场依赖性较强。美国虽然为世界制造业强国，但是其制造业占产业结构比重当前仅为10%左右，而要实现制造业振兴数据指标，就需要不断提高制造业占GDP的比重和制造业产品的数量，决定了其必然依赖于庞大的和不断增长的消费市场。但是，经历2008年的国际金融危机以后，美国虽然相比于大部分发达经济体表现较好，较快走出了经济危机的阴霾，但是其国内经济疲弱的状态并未得到根本性改变。尤其是新冠肺炎疫情发生以后，美国国内经济长期停摆，导致大量人口失业，造成其国内民众消费能力不断降低。美国为推进制造业"回流"还不断在"美国优先"原则下与包括中国在内的许多国家和地区制造贸易摩擦，导致其国际出口市场进一步萎缩，也造成其制造业"回流"后在将制造业产品面向相关国家和地区出口时可能会面对更大的困难。

二是美国劳动力成本仍然相对高于大部分国家和地区。劳动力成本过高是美国此前制造业"外迁"的主要原因。当前，美国推进制造业"回流"面对的最大障碍之一实际上仍然是国内劳动力成本过高的问题。在美国政府推行的促进制造业"回流"的系列政策中，增加就业岗位和降低制造业成本虽然是主要的政策导向，但是在美国当前的就业情况和劳动保障机制下，要降低劳动力成本面对的难度依然很大。美国传统制造业领域都已经工会化，且最低工资标准往往有政府和工会明确规定，工人可以通过工会要求增加工资及其他福利待遇。同时，美国工会还对制造业企业延长劳动时间做出了较为明确的限制。因而,在工会化机制下,美国制造业企业很难依据制造业发展的实际需要来降低劳动力成本,而其为完成加工订单要求工人加班也往往面对较大的困难①。

美国的制造业人工成本往往高于世界大部分国家和地区,而相比于广大发展中国家而言,美国的制造业人工成本更是高出许多,这也是导致美国制造业企业宁愿"外迁"而不愿意在本土的重要原因。据统计,美国制造业工人平均年薪高达 7.7 万美元,接近 50 万元人民币。因而,美国制造业大多属于高技术、高附加值和高工资待遇产业,其国内蓝领和白领的工资收入相对较小,如其汽车行业工人的平均工资是 20~30 美元/小时,服装行业工人平均工资是 10美元/小时。如此高的制造业人工成本决定了绝大多数劳动密集型产业很难在美国生存和发展,而只有那些高附加值和劳动生产率较高的高新技术产业和先进制造业才能在美国本土生存和发展②。正因如此,美国制造业"回流"面对的劳动力成本过高的障碍造成其制造业振兴将面对较大的困难。

三是美国制造业缺乏相应的配套产业链。美国长期的"去工业化"及其制造业"外迁"导致其传统制造业在国内几乎消失,其国内制造业产业工人仅占其就业总人数的 10% 左右,而在美国制造业如日中天的 50 年前,其制造业就业人口则占到其国内总就业人数的30% 以上。目前,美国经济产业的重心早已从制造业转移到服务业,其国内不仅缺乏制造业所需的配套产业链,如原材料和能源的初步加工的上游供应企业,还严重缺乏充足的具有一定劳动技能的产业工人。2019 年上半年,美国重启 301 调查对中国出口美国商品

①　Hoekstra R,Jeroen C. J. M. Van Den Bergh. Structural Decomposition Analysis Of Physical Flows In The Economy [J]. Environmental Resource Economics,2002(3):357 - 378.
②　李玉梅. 美国制造业从中国回流的现状与对策 [J]. 学海,2017(6):135 - 139.

大范围加征关税的情况下，我国收窄对美国稀土出口数量，而稀土是美国高新技术产业发展必需的原材料。美国虽力图打破我国的稀土产业垄断优势，但即便在其国内稀土资源储量较为丰富的情况下，要想建立完整的稀土产业链也至少需要 15 年的时间①。因而，美国制造业"回流"在国内面对的产业链配套缺乏问题将严重制约其制造业的再培育。

四是美国的科技领先地位已经受到严重冲击。美国的制造业"回流"是其"再工业化"战略实施的重要内容之一，而其"再工业化"和制造业"回流"其实主要目的并非重新发展传统制造业，而是要将其高新技术优势应用到传统制造业的技术升级和新兴先进制造业培育中。因而，创新驱动发展应该是美国制造业"回流"的基本动力。美国的科技垄断优势在欧洲、日本、韩国、中国乃至印度等国家和地区科技创新机制不断健全和科技创新能力不断提高的背景下正受到前所未有的挑战。

---

① 王菲，魏清健，周佳婧. 中美贸易摩擦的应对与思考 [J]. 中国商论，2020 (14)：78 – 81.

6

美国制造业"外迁"
与"回流"的政策体系

制造业"外迁"和"回流"虽然是企业的市场化行为,但是制造业关乎国家政治、经济和社会发展,及其国家实力和国际地位,且市场在配置要素资源时也存在盲目性和滞后性等缺陷,因而政府在美国制造业"外迁"和"回流"中通过政策调节引导市场资源配置。美国不仅在"去工业化"时期的制造业"外迁"中构建了较为完善的政策体系,而且当前在其"再工业化"战略背景下为推进制造业"回流"也已形成较为完善的政策体系。梳理美国制造业"外迁"和"回流"的政策体系,对于更加深入地了解美国制造业"外迁"和"回流"的实质,以及美国制造业发展中政府与市场、企业之间的关系,并从中汲取有益的政策经验,都具有一定的积极意义。

6.1 美国推进制造业"外迁"的政策体系

"去工业化"在 20 世纪 60 ~ 70 年代后被包括美国在内的产业经济界乃至政界认为是一种正常的经济产业现象,其"外迁"既有助于缓解本土传统制造业产能过剩的问题，也有助于降低传统制造业生产成本而维持一定的利润空间，更重要的是有助于在将新科技革命的创新成果应用于制造业技术改造和培育新兴先进制造业过程中实现其国民经济的平稳发展。因而，在很长的一段时间内，美国政府对其制造业"外迁"保持一种引导甚至鼓励态度，并为此制定了一系列扶持政策。美国的制造业"外迁"是伴随着其国内先进制造业培育同时开展的，可以将其制造业"外迁"视为其以传统制造业技术改造和新兴先进制造业培育作为两种主要形式的先进制造业培育的一部分。因而，从某种角度来看，在制造业"外迁"的过程中，美国围绕先进制造业培育所构建的引导和扶持政策体系与其制造业"外迁"政策体系存在一致性，其主要涉及技术、财政、信息网络、教育、知识产权保护法律和对外贸易等方面的政策。

6.1.1　制定先进制造业发展规划，支持本土高新技术研发

美国制造业"外迁"从某个角度来看是一种制造业生产技术在创新驱动发展中出现的一种优胜劣汰的新陈代谢。美国制造业在"外迁"中所面对的劳动力价格上涨和利润空间被压缩等问题是客观事实，其生产技术相对于新科技革命的最新成果尤其是科技创新的客观发展趋势已经落后也是重要事实。当美国传统制造业相比于时代发展趋势已经出现落后时，美国政府对于其制造业的"外迁"保持一种鼓励态度，并为引导其制造业"外迁"制定了诸多引导政策。传统制造业多采取粗放经营，许多产业存在资源耗费大和环境污染严重等生态破坏和环境污染问题。20世纪60～70年代后，美国政府不断收紧其生态环境保护法律，对制造业企业生产中的各项生态环境指标作出了更加明确的要求，且其生态环境保护的国内要

求也随着后现代主义思潮影响越来越大而成为一种普遍的民众化诉求，导致美国政府对制造业生产中的环境污染指标越定越细，要求也越来越高，甚至对制造业产品的外包装及其生产工艺中对能源或某些原材料的应用都有严格规定。在这样的一种背景下，美国传统制作业中的一些能源耗费高和环境污染大的企业必然难以在本土生存，要么通过持续的技术改造达到要求，要么迁移到美国以外的他国生产①。实际上，生态环境保护法律的严格要求已经成为一种对制造业企业实现技术改造升级的明确要求。美国政府在其引导或倒逼其传统制造业"外迁"过程中制定了明确的先进制造业发展规划，推动其本土高新技术研发活动。

20 世纪 70 年代后，随着日本制造业及科技创新能力的恢复和崛起，美国制造业遭遇日本的激烈竞争。为了在制造业发展中应对来自日本等国家日益激烈的竞争，美国政府在 20 世纪 80 年代后制定了系列制造业科技发展计划。其中，由美国商务部国家标准技术研究院制定并管理的先进技术计划（ATP）影响最大。ATP 是美国政府制定的第一个全国性的技术发展计划，其核心目的是通过科技研发助推美国经济发展。1992 年年底，克林顿任职美国总统后延续了前期美国政府引导和鼓励制造业关键技术发展的计划，并制定了具体政策对其予以贯彻落实。1993 年，克林顿发出《推进美国经济增长的技术：增强经济实力的新方向》的号召，以几大战略性技术发展计划实施推进前期多项科技发展计划的实施，后来被推动实施的科技发展计划包括先进技术计划（ATP）、信息高速公路计划（NII）、生物技术计划、环境保护计划、先进制造技术（AMT）、面向制造应用系统集成计划和敏捷制造使能技术战略发展计划等。整

---

① Pierce J R, Schott P I. The Surprisinbly Swift Decline of US Manufacturinb Employment American [J]. Economic Review, 2016, 106 (7): 1632 – 1662.

体来看，美国自20世纪70年代后在"去工业化"中出现的制造业
"外迁"趋势此时接近于尾声，且美国高新技术的研发推进及其对
制造业产业的技术升级效应得以显现，使其不断在高新技术产业尤
其是先进制造业发展中取得优势，在某种程度上实现了美国制造业
"外迁"对经济发展带来的产业经济震荡，从而实现了美国产业结
构的整体升级和经济结构的优化。

6.1.2 充分发挥财政政策引导作用，以财政手段扶持先进制造业

20世纪90年代后，尤其是克林顿任职美国总统后，由联邦政
府及其下属各部门制定的制造业关键技术发展计划很多，甚至形成
了较为系统的制造业关键技术发展规划体系，故其在财政政策全面
扶持中也依据美国国家安全和经济长期发展的需要有所侧重。美国
政府对于那些其认为非常重要的制造业关键技术发展计划会配置更
多的财政扶持资金，而对于那些其认为重要性相对次要的制造业关
键技术发展技术则配置相对较少的财政扶持资金。克林顿政府提出
的先进制造技术发展计划因提出的时间相对较晚，且在提出前经历
了规划论证也更加充分，故其中提出的先进制造技术涉及的具体技
术领域更加契合美国制造业升级发展的现实需要及未来保持美国制
造业全球领先地位的战略需要，因而得到了美国政府大规模的财政
政策扶持。据统计，仅在1994年，美国联邦政府为推进先进制造技
术计划实施便提供了13.85亿美元的财政拨款[①]。

美国政府不仅在20世纪90年代以财政资金扶持政策支持其制

---

① 徐爽，张义忠. 加快我国制造业创新中心科技成果转化——以美国为鉴 [J]. 中
国经贸导刊，2018 (16)：58 – 60.

造业关键技术发展计划，还重点加强了对一些基础研发领域的技术研发计划。1995 年，美国能源部基础能源科学司发布了显微学技术发展规划（简称"TEAM 计划"），该计划主要是研发高分辨率的新型电子显微镜，以协助美国的纳米科技等微观领域的技术研发和科学研究。可以说，TEAM 计划是一项较为具体的基础科技发展计划。为推动该计划实施，美国政府每年为其制定了 3000 万美元的拨款预算。在该计划和联邦政府的财政扶持下，在美国电子显微学领域拥有较大影响力的 5 家重要实验室，包括阿贡国家实验室、布鲁克海文（Brookhaven）国家实验室、劳伦斯伯克力国家实验室、橡树岭国家实验室和弗雷德里克·塞茨（Frederick Seitz）材料研究室密切合作，同时协同 FEI 公司作为研发合作者，在原子尺度的有序度、电子结构和单体纳米结构动态等微观显微学研究领域不断取得新的技术突破，在各种新型电子显微镜研发成果的加持下不断推动美国纳米技术及其他各基础科研领域微观显微研究的持续发展。FEI 公司在对一款新型电子显微镜的初步测试中成功看到了 2 个金晶体接触时单原子及其搭建的"纳米桥"，其长度仅有几十个埃宽，研究人员利用该款显微镜甚至观察到了单个金原子不断变换位置的情景①。

积极的财政扶持政策体系是美国在制造业"外迁"背景下推进其关键技术研发和先进制造业培育取得的重要政策经验。在美国政府大规模财政扶持加持下，其各项先进制造技术研发计划得到较为顺利的贯彻落实，有力提高了其制造业发展的技术储备能力，助推了其先进制造业的培育发展，优化了美国的先进制造业创新驱动发展机制。美国制造业关键技术计划及其财政扶持政策体系都是美国政府在面临制造业"外迁"造成的产业空心化问题时采取的应对之

---

① 郑茜，王倩. 美国制造业创新中心的建设经验及启示 [J]. 科技创新发展战略研究，2018（1）：42 – 46.

策，而其核心内容依然是围绕先进制造业培育这一带有战略性的问题展开。从某种角度来看，美国的制造业"外迁"是其制造业创新驱动发展的结果，而其先进制造业培育与其制造业"外迁"并不能截然分开看待，而应将其视为美国制造业在 20 世纪末整体发展中带有一定倾向性的趋势，其实质则是存在密切关联的美国制造业发展的重要组成部分。传统制造业若不进行大规模"外迁"，美国政府及其产业界也没有足够的能力将要素资源聚焦于其先进制造业技术的研发和产业化。

6.1.3 适时调整对外贸易政策，顺应本土制造业发展需要

美国制造业"外迁"是其国内经济产业环境发生重大变化的结果，而在其对制造业"外迁"的引导和调整中，对外贸易政策也是重要内容。在制造业"外迁"期间，美国对外贸易政策的制定主要围绕保护国内制造业发展和加速先进制造业培育展开，同时努力扩大出口规模，但是并不禁止国内制造业"外迁"，并在长期的对外贸易政策施行中引导和鼓励其传统制造业"外迁"。第二次世界大战结束初期，美国极力推行自由贸易政策。战后前 10 年，美国经济处于鼎盛时期，在出口竞争力上处于绝对优势地位，正是这种绝对优势让美国成为国际自由贸易的代言人。20 世纪 60 年代后，随着西欧和日本等老牌工业化国家的复兴，美国制造业在汽车、家电和半导体等领域遭遇越来越激烈的竞争。在此背景下，美国制造业在国内消费市场饱和及生产要素价格上涨等压力下开始"外迁"，其传统制造业面对的发展危机也日益显现。美元直接与黄金挂钩的布雷顿森林体系最终在 20 世纪 70 年代宣告解体。此时，美国的对外贸易政策开始改变过去强调自由贸易主张，进入调整阶段，贸易保

护主义在一定程度上抬头。1974 年,美国通过的《贸易法》可谓第二次世界大战后美国贸易政策的转折点,其内容便涉及所谓的"301 条款"。20 世纪 70 年代既是美国制造业面对本土发展压力大规模"外迁"的时代,也是美国国内政治、经济和社会出现重大转变的时代,而其对外贸易政策开始走向贸易保护主义的调整阶段,也是其国内制造业"外迁"及由此造成的政治、经济和社会重大变化的反映[①]。20 世纪 80 年代后,美国国内对"去工业化"造成的产业空心化问题开始进行反思,学术界虽然对制造业"外迁"有所思考,但是这种思考首先是限于学术界,且制造业"外迁"本身是一种基于市场规则的无可规避的产业经济现象,因而这种思考并未对美国的制造业"外迁"产生多少抑制作用,其对外贸易政策中的贸易保护主义因素有所增加,并且在这种思路下对对外贸易政策进行了适度调整,如加大了对国外反倾销商品的执法查处力度,通过降低出口关税和对一些制造业产品实行出口退税政策以增加出口等,但是并未改变自由贸易的基本框架,也并未对世界贸易组织(WTO)的贸易规则造成严重挑战。

20 世纪 70 年代石油危机发生后,美国在对外贸易中大量使用管理贸易政策,通过制定对外贸易法规、条例和措施加强对对外贸易的管控。管理贸易实际是国际干预机制在对外贸易领域中的延伸,在内外协调的基础上,以政府干预为主导,通过磋商谈判等手段干预、协调和管理本国的对外贸易关系。1985 年,美国时任总统里根宣布"贸易政策行动计划",标志着美国的对外贸易政策从自由贸易向公平贸易转变。公平贸易由卡特提出,经里根酝酿,并在克林顿担任总统时得到完善,成为美国对外贸易中长期奉行的基本

---

① 李丹. 美国再工业化战略对我国制造业的多层级影响与对策 [J]. 国际经贸探索,2013 (6):96 – 98.

原则。1993 年 2 月，时任美国总统克林顿宣布公平贸易是美国扩大对外贸易国家战略的重要内容，意味着美国完成了从自由贸易政策机制向公平贸易政策机制的转变。另外，在自由贸易时代，美国反对区域经济组织对全球自由贸易造成的约束。20 世纪 70 年代后，随着美国对外贸易政策思路的转变，尤其是从自由贸易政策机制向公平贸易政策机制的转轨，美国转而开始推动区域贸易组织的建立，如 20 世纪 80 年代，美国积极支持成立北美自由贸易区，努力推进西半球的经济一体化进程①。

1993 年以后，在克林顿担任美国总统的任期内，美国对外贸易政策开始转向以新贸易主义为核心的新阶段，其对外贸易的两个主轴：一是扩大对外出口规模，二是打击他国的商品倾销等不公平贸易行为。美国积极利用其主导 WTO 贸易规则的地位推行其扩大出口贸易和打击不公平贸易的政策，如美国利用乌拉圭回合多边贸易谈判将 WTO 贸易规则与其国内对外贸易政策中关于反倾销和反政府补贴的规定对接，为其扩大出口并打击他国的所谓不公平贸易行为提供了条件。美国还积极推进美洲自由贸易区（FTAA）、亚洲太平洋自由贸易区（APFTA）和大西洋自由贸易区（TAFTA）等区域和跨区域经济贸易组织。在此过程中，美国依然是全球自由贸易的主要代言人，美国开始为这种全球自由贸易制定符合美国自身贸易利益的所谓"公平"规则。对于一些奉行贸易保护主义的国家和地区，美国则积极利用其在全球的经济贸易优势以所谓公平贸易规则对其进行打击，并通过双边贸易谈判使对方遵守符合自身利益的贸易规则，形成了一系列双边贸易协定。克林顿担任美国总统时期，美国对外贸易政策调整的根本目的在于扩大美国的对外出口市场，

---

① 张楠楠. 美国制造业回归对中国经济的影响研究［D］. 天津：天津财经大学，2013：55－58.

为美国商品走向世界创造一个所谓的公平贸易的国际贸易秩序，而在美国所谓公平贸易的背后，是其凭借强大的经济贸易实力在国际贸易中奉行贸易单边主义和贸易霸权主义。

6.1.4　健全知识产权保护法律体系，加大知识产权保护力度

20 世纪 70 年代后，美国制造业大规模的"外迁"，同时其本土制造业企业经历了长时期的兼并、改组和并购，在此过程中美国发达的资本市场全程参与，最终结果是美国制造业不仅实现了升级转型，同时实现了高度的社会化、规模化和专业化经营。美国制造业企业专注于制造、科研和销售，往往在某个领域中的几个产品的研制和生产中形成专业化优势，并掌握着核心自主知识产权，而将制造业中的物流、仓储乃至其他的管理环节进行外包。在此背景下，知识产权保护成为美国大多数企业尤其是科技型企业的生命线。实际上，保护知识产权正是保护美国大多数企业的核心利益。为此，美国建立了几乎是当今世界最为健全的知识产权保护法律体系，并不断加大知识产权保护力度。美国不仅在国内严格执行知识产权保护法律，甚至将其与国际贸易规则绑定，将知识产权保护作为衡量其他国家对外贸易政策是否公平的重要参考依据。如果一个国家在跟美国或他国的对外贸易中存在违背知识产权保护法律的情形，那么美国便相应启动其对外贸易法律中的相应条款对其进行制裁，而其中最常用的对外贸易法律便是其著名的"301 条款"①。20 世纪 80 年代以来，美国政府施行了一系列重大知识产权保护政策，在对

---

① 王爽，李晓欢，邢国繁. 特朗普"制造业回流"政策对中国出口的影响及对策 [J]. 价格月刊，2019（2）：83－86.

外贸易中其不断打着公平贸易战略幌子加重知识产权保护标准，将他国对美国的知识产权侵犯行为也视为不公平贸易行为，形成了一系列双边知识产权保护政策。

第二次世界大战后，美国在对外贸易中奉行的知识产权保护以普惠制和"特别301条款"为核心的政策，其基本思路在于通过贸易促进战略让其他国家遵守美国制定的知识产权保护标准，以维护美国的对外出口利益。普惠制是战后发达国家为对发展中国家进行对外贸易补偿而在国际贸易框架下制定的一种补偿政策，但是以美国为首的发达国家却将其与知识产权保护绑定，以此胁迫发展中国家不断提高自己的知识产权保护标准。1967年4月，时任美国总统约翰逊在拉美国家最高级别会议上宣布愿意在对外贸易中给予发展中国家普惠制待遇。1969年10月，时任美国总统尼克松宣布对拉美国家施行贸易普惠制。但是，美国行政当局实行贸易普惠制的呼声直到1974年才得到国会认可，并在当年通过的《贸易法》中将普惠制确定下来，普惠制施行确定法案中赋予了美国总统大量的自由裁量权，如意识形态、社会制度、人权保护和知识产权保护等，都成为美国是否对某一个发展中国家实行对外贸易普惠制的重要参考依据。其中，1974年的美国《贸易法》第2462节规定，"总统制定受益国时必须考虑以下因素"，即"该国是否提供有效的法律手段保护外国人包括专利、商标和版权在内的知识产权"[1]。另外，美国《贸易法》还针对知识产权保护问题做出了特别规定，若他国在跟美国开展国际贸易时存在侵犯美国公民或法人包括知识产权在内的财产权之行为，将无法享受美国给予的普惠制待遇，除非该国对上述侵害行为作出法定补偿后才能商定恢复其普惠制

---

[1] 潘辉，汤毅. 美国"制造业回归"战略最新进展及对华经济效应分析 [J]. 河北经贸大学学报，2018（4）：66–72.

待遇。

除了通过普惠制待遇绑定知识产权保护外，美国 1974 年《贸易法》还规定了"301 条款"。该条款是美国 1974 年《贸易法》中对他国开展贸易打击时最有效的条款，极具有贸易保护主义的进攻性和霸凌性。美国依据该条款凭借其在国际贸易体系中的霸权地位经常胁迫他国接受美国提出的关于加强知识产权保护等贸易要求。目前，美国的"301 条款"在 1974 年提出后经过几次完善已经成为其发起贸易争端的有力武器，其启动"301 条款"的条件已经覆盖到贸易逆差、劳动权益保护、政府采购及知识产权保护等范畴。其中，1988 年美国国会通过了《综合贸易与竞争法》，对"301 条款"做出了特别规定，确立起以保护美国的知识产权为主要目的的所谓"特别 301 条款"①。20 世纪 80～90 年代后，随着美国本土制造业产业升级的加速实现，其对外贸易中的知识产权政策开始出现新的调整。具体来说，美国开始积极利用双边和多边的区域性对外贸易合作机制将符合美国制造业发展利益的知识产权规则与这些区域合作机制进行对接，并利用自身的经济贸易优势不断扩大其知识产权保护规则的区域和国际影响力。美国为推动《关税及贸易协定》（General Agreement on Tariffs and Trade，GATT）框架下多边知识产权保护政策的实施，成立了知识产权委员会（IPC），并利用 IPC 的国内产业力量集聚和国外的协同联动推动参与 GATT 的各方达成了以 TRIPs 为核心的知识产权国际保护体制。

---

① 李波，刘昌林. 中美经贸摩擦的成因与对策：基于贸易预期理论的视角 [J]. 太平洋学报，2019（9）：71–81.

6.2 美国促进制造业"回流"的政策体系

20世纪80年代以后，美国国内对于其制造业"外迁"造成的产业空心化问题便予以了一定关注，其国内经济发展在20世纪80~90年代虽然未完全摆脱滞涨发展状态，但是相比于20世纪70年代拥有了较大好转，且新科技革命在诸多制造业领域的应用及其产生的技术溢出和产业助推效应开始显现，推动着其制造业向创新驱动发展的先进制造业加速转型。在此背景下，美国国内经济尤其是虚拟经济再度呈现出繁荣景象，其国内各界乃至普通民众对于美国高科技产业的盲目自信导致相关的股票和证券市场泡沫不断增大，造成实际繁荣和虚假繁荣的各种表象复杂地纠结到一起，而克林顿政府在高新技术研发、对外贸易和知识产权保护等方面较为理智的战略把握和相对合理的政治调整，也确实在20世纪90年代创造了美国在发达国家经济体乃至整个世界上较为闪亮的经济增长成绩。但是，制造业"外迁"造成的产业空心化与虚拟经济泡沫持续增大造成的矛盾依然持续存在，虚拟经济远远超越实体经济带来的泡沫若不加抑制早晚会达到破裂的临界点，而这一临界点何时出现则在必然中充满着偶然，当那些偶然引发的必要因素具备时，虚拟经济泡沫一旦破裂会造成剧烈的经济、社会乃至于政治震荡。

2007年下半年，美国次贷危机进而引发欧债危机，到2008年引发更加严重的国际性金融危机，并对美国经济造成不小冲击。尤其是本轮经济危机发生后所暴露出来的产业空心化问题及由此带来的就业率低下等问题引起了美国各界更为深刻的思考。为改变国内日益严重的产业空心化问题，美国提出了"再工业化"战略，而推进制造业"回流"则是其"再工业化"战略的重要内容①。为推进制造业"回流",美国从奥巴马任职总统时到前任总统特朗普任期内持续推出引导和扶持政策,形成了制造业"回流"的政策体系,现分别以奥巴马担任总统时和特朗普担任美国总统时两个阶段对这些政策进行梳理。

6.2.1　奥巴马担任美国总统时推行的制造业"回流"政策

2008 年金融危机发生后,美国更加深刻地认识到强大的制造业是美国维持长期经济繁荣和全球霸权的基础,为此相继出台了一系列旨在"重振美国制造业"的产业政策,而制造业"回流"也是其重新振兴美国制造业政策体系的一部分。因而,美国制造业"回流"的政策体系在较大程度上与其"再工业化"政策体系存在一致性。

奥巴马任职总统任期内美国制造业"回流"相关政策统计如表 6 - 1 所示。

表 6 - 1　奥巴马任职总统任内美国制造业"回流"相关政策统计

时间	政策	内容
2009 年 9 月	《美国创新战略:促进可持续增长和提供优良工作机会》(*A Strategy for American Innovation*)	在国家战略高度提出创新型经济体建设和新兴制造业发展的完整规划
2009 年 12 月	《重振美国制造业框架》(*A Framework for Revitalizing American Manufacturing*)	立足美国制造业发展挑战,提出以创新带动就业和重点培育新兴战略性产业的制造业振兴框架

---

① 李滨,张雨. 评估奥巴马的"再工业化"战略 [J]. 国际观察,2014 (6):79 - 91.

续表

时间	政策	内容
2010 年 8 月	《制造业促进法案》（Manufae-turing Promotion Act）	以系列政策降低制造业成本，提高制造业就业带动能力及其产业竞争力，以制造业振兴为美国经济复苏提供关键动力
2011 年 11 月	成立先进制造伙伴关系指导委员会（Advanced Manufacturing Partnership Steering Committee）	确保美国先进制造业未来国际领导地位，以先进制造业培育为核心推进美国制造业复苏
2013 年 9 月	发起第二届先进制造伙伴关系指导委员会（Advanced Manu-facturing Partnership Steering Committee 2.0）	强化美国在新兴技术领域的国际优势，确保美国制造业世界领先地位

资料来源：胡鞍钢，任皓，高宇宁. 国际金融危机以来美国制造业回流政策评述 [J]. 国际经济评论，2018（2）：7，112 - 130.

2008 年国际金融危机后，奥巴马的制造业政策核心内容有两个：一是实现美国制造业复兴；二是推进美国先进制造业培育。实际上，这正是美国"再工业化"战略的基本目标，而其实质则是要通过培育美国的先进制造业和构建创新性经济体实现美国制造业的振兴，其中制造业"回流"与其"再工业化"战略目标存在一致性。从表 6 - 1 所示的奥巴马推出的关于实现"再工业化"战略的系列政策可以看出，为实现美国制造业的振兴和"回流"，也即不断提高先进制造业在美国国民经济中的比重，不断提高美国的科技创新能力，并发挥其对美国产业经济发展的基础性和关键性的推动效能，进而带动美国就业率的不断上升和国民经济结构的持续优化，奥巴马在财政、税收、利率、对外贸易和知识产权保护等政策领域出台了一系列引导和扶持政策①。在财政上，美国延续其扶持

———————————

① 钱诚，马宁. 中国制造业的劳动报酬增长与劳动生产率提高：关系、趋势及实现路径 [J]. 中国人力资源开发，2014（15）：81 - 86.

制造业科研计划的做法，进一步加大了对制造业关键技术的研发支持和投入，尤其是重点加强了对与互联网相关的网络技术、人工智能和电子商务等领域科技研发的投入，以确保美国能够在未来网络信息和人工智能时代处于世界先进制造业发展的领导地位。

同时，美国还进一步加强了对科技型企业的税收优惠力度，在给予大型科技创新企业税收优惠的同时，还为扶持中小科技型企业加强科技研发活动提供了税收优惠政策，如规定中小科技型企业若筹建企业所属独立科技研发中心的可以适度免征企业经营税费，并可以享受政府提供的专项财政扶持。另外，为配合制造业"回流"发展，美联储也积极配合美国的"再工业化"战略，在奥巴马担任美国总统任期内持续加息，进一步通过塑造强势美元来维护其金融霸权，并为本土制造业发展提供有力的融资扶持。奥巴马还积极推动双边和多边贸易合作机制发展，如构建太平洋沿岸国家经贸合作机制，通过扩大美国对外贸易规模为其本土制造业培育创造有利条件，并进一步加大对所谓不公平贸易的打击力度，频发针对一些新兴经济体，如中国、印度等国家的纺织品、钢铁制品和铝制品等工业产品发起反倾销指控，其目的正是为维护美国本土相关制造业产业的培育发展。在奥巴马担任美国总统任期内，美国的贸易保护主义虽然未有特朗普任职期间凸显，但是其在对外贸易中不断加大非传统贸易壁垒的做法实际上已经潜藏着一股贸易保护主义的逆流。尤其是在国际金融危机结束后的后危机时代，世界经济产业结构正在经历艰难调整，国际出口市场遭遇更加激烈的竞争，美国对外贸易政策中非传统贸易壁垒不断加重，正是奥巴马通过对外贸易政策调整以助推其制造业"回流"的重要政策举措。

美国在制造业国际产业链上位居高端位置，其制造业占国民经济比重虽然低，但是其制造业产值却位居世界首位，这得益于其制造业产品的高附加值和高科技含量。美国制造业企业专业化、社会化和科技化程度非常高，大多数制造业企业往往专注于某种或几种产品的研发和制造，并将物流等管理环节以第三方形式外包，甚至美国很多企业专注于科技研发，而将产品的生产制造环节转移出去。因而，在美国制造业对外贸易中，知识产权交易占了相当大的比重，而维护制造业产品的知识产权在很大程度上就是维护美国制造业的核心利益①。正因如此，美国长期在对外贸易政策中将其知识产权保护规则与对外贸易政策绑定，通过其经济贸易国际优势胁迫其他国家在其主导的知识产权保护规则下开展国际贸易合作，在将这项规则尽量与 WTO 贸易规则绑定的同时，美国在 21 世纪以后还积极通过双边和多边的国际贸易合作机制构建推销其知识产权保护规则，并动辄利用知识产权保护的大棒去打击那些在知识产权保护中侵犯了美国制造业企业利益的国家和地区。奥巴马为进一步通过知识产权保护维护美国制造业企业的利益，调动本土制造业企业的科技研发积极性和先进制造业的加速培育，在不断健全优化其知识产权保护机制的同时，还加大了将其知识产权保护规则与国际贸易机制的对接力度，并通过各种多边和双边的对话磋商合作机制让更多的国家和地区接受美国的知识产权保护规则。

6.2.2　特朗普就任美国总统时推行的制造业"回流"政策

2017 年 1 月，特朗普就任美国总统，在"再工业化"战略实施和制造业"回流"推进上，全面继承了奥巴马政府的政策和思路，甚至在执行的力度上比奥巴马时期还要大得多。2017 年 1 月 27 日，

---

① 王福君. 后金融危机时代美国、日本、德国三国装备制造业回流及对中国的影响 [J]. 经济研究参考, 2012 (63)：7-13.

特朗普就任美国总统不久，便提出了其制造业就业主动性计划（manufacturing jobs initiative）。在这份计划中，特朗普通过与美国制造业工商界人士磋商达成了关于制造业不断增加就业人数的框架计划，主要目的是引导美国制造业海外企业"回流"在本土开办生产制造业企业并雇佣美国本土工人进行生产，以制造业"回流"和新兴制造业培育进一步释放制造业吸纳工人就业的活力，以缓解美国本土因产业空心化问题造成的就业率长期萎靡不振的局面①。在这份计划中，特朗普承诺将为"回流"本土的美国制造业企业在土地供应、税收优惠和财政补贴等方面提供政策性扶持。此后，特朗普相继较为密集地围绕制造业"回流"提出了 6 个重要议题。通过梳理这些议题可以发现，其核心内容主要体现在两个方面：

一是实现制造业的就业和增长回流（bringing back jobs and growth）议题。特朗普作为共和党推出的总统竞选人，在国内政治倾向上更多代表美国中下层民众的呼声，因而其推动制造业"回流"的一个重要的甚至是首要的目的是要带动美国中下层民众的就业。2008 年国际金融危机后，美国经济虽然相比于其他发达国家经济体较为快速地实现了复苏，但是产业空心化问题造成的就业率低下的问题长期难以得到充分解决。特朗普在任职美国总统期间提出，要实现创造 25 万个新增就业岗位和让美国经济增长率重新回到 4% 的目标，以扭转美国在 2008 年国际金融危机后长期存在的经济发展的滞涨状态，同时抵消危机期间美国因制造业企业倒闭造成的 30 万人失业的损失。为此，特朗普在制造业"回流"政策施行中，提高美国的就业率和经济增长速度便成为其最重要的政策目标。

---

① S Kota, TC Mahoney, Manufacturing Prosperity. A bold strategy for national wealth and security [R]. MForeight, 2018.

二是提出美国工人贸易协定（Trade Deals That Work For All Americans）议题。特朗普认为，美国政府在对外贸易中长期推行的贸易政策看似公平，但是其更多地体现出美国对其贸易伙伴的公平，而没有体现出充分保护美国制造业企业利益的公平。因而，这套贸易政策体系虽然由美国提出并主导，但是其并未让美国制造业企业从中享受到应有的公平贸易机会。特朗普认为，美国长期奉行的所谓公平贸易政策，对美国制造业造成的一个最为严重的后果便是导致其大量关闭，并造成就业岗位的大量流失①。因而，特朗普希望能够重新与各贸易伙伴达成新的贸易协定，以缩小美国的对外贸易逆差，实现制造业"回流"美国本土，并通过制造业回归创造更多的就业岗位。同时，特朗普还提出要增加美国制造业工人的工资水平和福利待遇，对美国制造业"回流"及其本土化发展提供更多的政策性支持。

同时，特朗普为推进制造业"回流"还以各种方式直接逼迫美国制造业跨国公司及与美国存在密切经济产业联系或对其存在严重技术和设备供应依赖的他国制造业企业"回流"或转移到美国生产，如苹果公司、通用公司和波音公司等国际知名大型制造业企业都曾遭遇特朗普的约谈或其他形式表态，要求其将制造环节转移到美国本土，并尽量雇用美国本土工人进行生产。另外，特朗普为推进制造业"回流"也在土地供应、税收优惠和财政补贴等方面给美国制造业跨国公司提供了更加具有吸引力的扶持政策，如美国制造业跨国公司将其海外制造业业务或资本转移到美国本土时可以享受减税甚是免税政策，在本土建立制造业企业时可以享受政府提供的土地购置或租用的财政补贴等。

---

① Reynolds E B. Innovation and Production：Advanced manufacturing technologies，trends and implications for US cities and regions［J］. Built Environment，2017（1）：25 – 43.

　　在特朗普为推进制造业"回流"施行的系列政策中,关税政策是其中最重要的政策。特朗普打着购买美国商品和雇佣美国工人的旗号频繁发起与主要贸易伙伴的贸易摩擦,在此过程中关税政策是其频繁采用的政策手段。2018 年 1 月,美国贸易代表办公室依据 201 条款的取证结果提出建议,特朗普批准针对主要进口在中国的太阳能电池板征收高达 30% 的关税,还对主要进口在韩国和墨西哥的大型家用洗衣机实行进口配额并征收 50% 的关税。同年 3 月,美国政府依据是否会威胁到国家安全的 232 条款对其进口的钢铁和铝产品分别征收 25% 和 10% 的关税,并于 5 月 31 日对其盟友澳大利亚、阿根廷、巴西和韩国等国家和地区实行了豁免。在关税政策中,美国为推进制造业"回流"采用最多的还是前文提到的"301 条款"。2018 年 3 月,特朗普签署文件,宣布向中国产品大规模提高关税。同年 6 月 15 日,美国分两批公布经过调整的关税加征产品清单,涉及 1102 个产品类目共计 500 亿美元的对华进口产品,税率提高到 25%[①]。2018 年 7 月 10 日,美国依据其"301 条款"再次扩大对华贸易摩擦范围,对进口自中国的 2000 亿美元产品征收 10% 的关税,其当年公布的关税清单显示,共涉及 5745 项产品。2019 年 5 月 10 日后,美国将该批次关税清单的产品关税提高到 25%。2019 年 5 月,美国继续加重关税政策升级对华贸易摩擦,并拟对进口自中国的 3000 亿美元商品征收 10% 的关税,并几乎涵盖到所有进口自中国的商品。2019 年 8 月 25 日,美国宣布对前两轮清单上的对华进口商品,共计 5500 亿美元,再加征 5% 的关税,即由 25% 提高到 30%,而第三轮清单显示的对华进口商品关税则由 10% 提升

---

　　① 王韵. 特朗普政府关税政策能否吸引制造业回归美国 [J]. 华北金融,2020 (4):29 – 37.

到 15%①。

美国为推进其制造业"回流"和"再工业化"战略，频繁采用提高关税的政策，尤其是其"201 条款""236 条款"和"301 条款"被频频启用，我国虽然在其挑起的多轮贸易摩擦中首当其冲，但是其贸易摩擦的范围却并不仅仅限于我国，日本、韩国乃至于与其传统经贸关系密切的欧盟，都在其关税政策打击中受到波及。2019 年 10 月，美国依据 WTO 对欧盟向空中客车公司提供补贴案的裁决结果和相关授权，宣布对进口自欧盟的 75 亿美元商品加征关税，大型民用飞机的税率定为 10%，农产品和其他商品的进口关税则为 25%②。在推动制造业"回流"的大背景下，关税政策成为美国抵挡其他国家制造业产品和削弱他国制造业企业国际竞争力的有力武器，同时也为其国内相关制造业企业的培育发展创造条件。但是，美国通过关税政策限制他国商品进入本国市场，或进入其本土市场后将丧失部分市场竞争力的做法，在国际制造业产业链密切且稳定的情形下，势必造成杀敌一千，自损八百的结果，同时其国内一些制造业行业的培育因并不具备产业链优势同样面对重重困难。

①②　王韵. 特朗普政府关税政策能否吸引制造业回归美国 [J]. 华北金融，2020 (4)：29－37.

7

美国制造业"外迁"与"回流"
对我国的影响

美国制造业的"外迁"和"回流"对我国的影响非常全面的，且某一领域的影响可能在我国经济社会发展中存在传导效应。因而，分析美国制造业"外迁"和"回流"对我国的影响本就是一个非常宏大而复杂的问题。加之，中美两国是当今世界上两个最大的经济体，相互之间的贸易规模和产业链协作等有关经济产业发展的各个方面不仅规模巨大，而且面对国际政治的角力及意识形态上的对抗，更增加了对这种影响分析的难度。因而，分析美国制造业"外迁"和"回流"对我国的影响，应当将其限定在一个在本书篇幅允许的范围内，而主要立足于制造业和产业经济视角进行探讨。美国制造业"外迁"和"回流"对我国既有积极影响，也有消极影响。

7.1 美国制造业"外迁"对我国的影响

美国制造业"外迁"持续的时间非常之长，甚至可以将其理解为 20 世纪全球规模最大的制造业产业转移活动。在前文分析中已经明确，美国制造业"外迁"可以分为几个阶段，且各个阶段有所侧重，而我国真正开始承接美国制造业的"外迁"应当是改革开放以后的事情。美国制造业"外迁"中面向我国的制造业产业转移和资本注入活动对我国改革开放后迅速推进工业化进程起到了一定作用。2018年美国《财富》杂志曾对全美500强排行榜中排名前100名的部分企业进行梳理，从其2017财年数据分析中发现，美国大部分企业，其中不少都是制造业企业，其中在华经营业务都占到了企业全年经营业务的较大比重，说明美国制造业企业实现了与我国制造业发展和中国市场成长的共赢①。回顾美国制造业"外迁"的历程，其对我国的影响可以分为以下几个阶段。

7.1.1 改革开放前美国制造业"外迁"对我国的影响

20世纪60~70年代，我国与西方国家关系并未完全实现正常化，让我国错过了二战结束后世界工业化发展速度最快的黄金阶段。亚洲的日本、韩国、新加坡及中国香港、中国台湾地区，当时都是承接美国制造业"外迁"的重要目的地，而其工业化进程的快速推进和制造业竞争力的不断提升，不仅在世界制造业消费市场中占据了一席之地，还形成了较为细致的制造业产业配套体系。在此背景下，我国因处在"文化大革命"的10年动荡之中，虽然与美国的政治和外交关系在20世纪70年代不断得到改善，但是却错失了二战后世界范围内以美国为主导的制造业"外迁"转移机遇，造成我国在改革开放之初出现了暂时落后于世界发展潮流，尤其是在

---

① 新浪财经. 2018年《财富》美国500强排行榜（完整榜单）[EB/OL].（2018 - 05 - 21）. http：//finance. sina. com. cn/stock/usstock/c/2018 - 05 - 21/doc - ihawmaua337 1039. shtml.

工业化领域面对可能错失第三次科技革命发展机遇的问题。

7.1.2 改革开放后美国制造业对华"外迁"及其影响

改革开放后,随着我国市场经济体制的日益完善和中美双边经贸合作关系的不断深化,美国制造业在"外迁"中也曾将我国作为优先迁出地。美国制造业"外迁"到我国在推动国内经济发展、创造就业岗位和形成技术外溢和示范效应中起到了一定推动作用①。改革开放后,美国对华制造业直接投资可以分为三个阶段,即 1988 ~ 2001 年中国入世为止是第一个阶段、2001 ~ 2008 年为止是第二个阶段、2009 年以后至今是第三个阶段。

在第一个阶段中,我国于 1978 年以后开启了改革开放的进程,加速与世界发展进程接轨。我国实行改革开放的重要目的便是要引进国外先进的资金、技术和管理经验,实质就是要积极承接世界范围内发达国家制造业转移的国际机遇,快速推进我国的工业化进程。为更好地吸引外资直接投资,我国制定了一系列优惠政策,如规范国内税收制度、对外资投资企业实行税收优惠政策和实行国民待遇等②。尤其是在 1992 年邓小平南方谈话以后,我国在中国共产党第十五次全国代表大会(简称"十五大")上明确了社会主义经济体制改革的目标就是要建立社会主义市场经济体制,并在此后逐步构建了全方位、多层次和立体化的对外开放格局。美国对华制造业投资也正是在这时期开启了大规模进入中国的步伐。据统计,1991 年时美国对华投资额为 0.4 亿美元,而到 1992 年时则迅速增

① 尔·齐缅科夫木子. 美国对发展中国家的资本输出——直接投资 [J]. 国际经济评论,1982(1):61–66.
② 柯居韩. 美国对华投资发展趋势及政策建议 [J]. 世界经济与政治,1988(3):28–32.

加到 0.74 亿美元，同比增幅达到了 85 个百分点，而制造业投资占到 1992 年美国对华投资的 83%。

此后，直到 2001 年，美国对华投资额除 1995 年出现暂时下降外，整体呈现逐年增加趋势，1993 年投资额超过 0.5 亿美元，1994 年对华投资额出现大幅增长，超过了 1.2 亿美元。1995 年，美国对华投资出现大幅降低，仅为 0.4 亿美元左右，而到 1996 年又恢复增长趋势，超过了 0.9 亿美元，到 1997 年时，美国对华投资额恢复到 1994 年的水平，略超 1.2 亿美元①，1998 年达到 1.5 亿美元，1999 年则超过 1.9 亿美元，2000 年时略微降低，但是也达到了 1.8 亿美元，直到我国入市前夕的 2001 年，美国当年对华投资额依然在 1.9 亿美元左右。在 1988～2001 年的美国对华投资中，制造业投资额所占比重最大，超过了美国对华投资总额的 80%。

这一时期，美国对华投资虽然在一些年份出现增幅下降，并且在 1999～2001 年的 3 年间，美国对华投资额并未出现明显增长，而是大体维持在年平均投资额 1.85 亿美元左右的水平，但是总体来看，美国在 1988～2001 年期间对华投资额的存量始终处在增加态势。同时，考虑到当时我国制造业企业尚普遍不具备"走出去"的能力，而到美国投资的企业更是凤毛麟角，所以美国事实上在改革开放初期成为我国重要的外资来源国之一。从美国对华投资的流向来看，制造业投资所占比重最大，说明美国对华投资对于加速推进我国的工业化进程起到了一定作用②。

第二个阶段为 2002～2008 年期间。2001 年年底，我国成功加入世界贸易组织。随着我国在入世过程中及在入世之初为兑现入世

① 黄桂林. 美国在华投资浅析 [J]. 珠江经济, 1997 (4)：30-31.
② 韩之怡, 李雁玲. 美国对华直接投资及我国的对策 [J]. 中南工业大学学报（社会科学版）, 2000 (2)：103-105.

承诺加速推进国内市场经济体制改革和不断在知识产权保护和关税等方面逐步实现与国际接轨,我国承接包括美国在内的发达国家产业转移和吸收其直接投资的国内外市场环境得到较大改善。我国外贸政策体系的健全尤其是透明度的加强、国内市场开放程度的提高及外商投资我国营商环境的大幅度改善等因素,都为吸引更多的美国企业来华投资提供了重要条件。因而,在这一时期,美国对华直接投资总额大幅度增加,其投资涉及的领域大范围扩大。2002 年,也即我国入世的第二年,美国对华直接投资总额便出现井喷之势,达到了 10 亿美元,相比于 2001 年增加了 4 倍之多,2003 年达到了 15 亿美元,2004 年则接近 45 亿美元。2005 年,美国对华直接投资出现下降,但是也接近 20 亿美元。2006 年恢复增长态势,美国对华直接投资额超过 40 亿美元,2007 年则超过了 50 美元[①]。尤其是 2008 年,美国对华投资额再次出现大幅度增长,当年美国对华投资额达到惊人的 160 亿美元。可见,2002～2008 年是美国在我国入世后迅猛加大对华投资力度的一个重要时期。这一时期,美国对华投资相比于 2001 年以前实现了数量级的突破,从以美元计的个位数值一举突破两位数,甚至在 2008 年还超过了三位数。2002～2008 年期间美国对华直接投资额的迅猛增长充分说明我国已经成为美国制造业"外迁"的主要目的地之一,甚至在一些年份我国成了美国制造业"外迁"投资的首选地。

在这一阶段,美国对华制造业投资还形成了中美制造业之间密不可分的制造业发展协同关系,中国和美国在制造业发展中的产业链关系更为紧密。我国制造业发展中的人口红利优势得到进一步释放,并在中低端制造业发展中逐步形成显著的国际竞争优势,成为

---

① 孔舰. 中美贸易与美国对华直接投资关系的实证研究 [J]. 福建论坛(人文社会科学版),2008(5):25 - 29.

名副其实的"世界工厂",而美国则在制造业国际分工之中主要占据产业链的高端位置,主要负责产品的设计和研发,尤其是在诸多高端制造业领域掌握核心自主知识产权,而将制造业生产的加工环节转移到我国,利用我国的廉价劳动力优势进一步降低其生产成本,既面向我国广阔的消费市场出售产品,也将我国的人口红利优势转化为其制造业产品的国际市场竞争优势。可以说,美国对华制造业投资实现了中美之间的优势互补,在助推美国本土制造业转型升级的同时,也对我国制造业加速发展和转型升级提供了一定的资金和技术带动①。尤其是在此过程中,我国在对美国开展以市场换技术的开放发展模式中,在一些行业领域中不断加强自身的技术积累和资金积累,并不断提高自主科技创新能力,在一些制造业行业领域中取得了跨越式发展。

2009 年至今可以看作是美国制造业对华"外迁"的第三个阶段。之所以将 2009 年视为美国制造业对华"外迁"的一个重要时间节点,是因为 2007 年美国发生的次贷危机及由此引发的欧债危机,造成以美国为首的西方国家不仅经历了较为剧烈的经济震荡,且其对世界宏观经济发展造成的不景气传导效应,也降低了美国制造业的对外投资能力。尤其是危机过后的很长一段时间内,美国等西方发达国家开始思考制造业长期"外迁"造成的严重后果,也即其造成的产业空心化问题可能是造成本轮经济危机及由此引发的一系列问题的重要原因②。美国政府和学术界都有大量人士认为,制造业长期"外迁"带来的一个非常严重的问题便是国内就业率低下。因而,奥巴马政府及特朗普政府都认为应当采取适当措施减缓美国制造

---

① 董青. 美国直接投资与对华贸易的关系检验 [J]. 顺德职业技术学院学报,2009 (2):32–34.
② 林海. 美国跨国公司对华投资新趋势及我国应对措施分析 [J]. 商场现代化,2009 (9):11.

业"外迁"的步伐,应当在"再工业化"中实现美国制造业的振兴。

在此背景下,美国制造业对华"外迁"在这一时期相比于前期出现了下降趋势,甚至经济危机刚刚过去的 2009 年出现了大幅度降低。2009 年,美国对华直接投资出现负增长,而当年美国对华制造业投资尚不足 5 亿美元。相比于 2008 年美国对华直接投资 160 亿美元的庞大数字而言可谓出现了断崖式下跌。当然,之所以出现这种情况,更多与美国在经济危机中遭受严重冲击有关。2010 年,美国对华直接投资额又恢复增长,但在 2011 年、2012 年又转为负增长。2013 年后,美国对华直接投资开始恢复增长,直到 2015 年基本维持在年均 60 亿~70 亿美元的水平,增幅变化不大①。

2016 年,美国对华投资额仅为 38.3 亿美元,同比出现大幅度降低,降幅超过 100%。2017 年以后,随着特朗普上任美国总统并加大"再工业化"推进力度,美国企业放缓了对外投资步伐,对华直接投资也出现持续降低态势,但是当年仍然超过了 50 亿美元的水平,与 2016 年相比仍然出现了较大增幅。2018 年,我国批准成立美资企业数量为 1750 家,同比增加 30%,而投资合同金额是 104.5 亿美元,同比增幅更是高达 100.3%,当年我国实际利用美资额是 26.9 亿美元,同比增加 1.5 个百分点。截至 2018 年年底,美国对华直接投资项目数量累计达到 70181 个,投资金额累计为 851.9 亿美元,占我国批准设立外资企业数量的 7.3% 和利用外资总额的 4.2%。2019 年,美国对华直接投资额进一步增加,达到了 140 亿美元。2020 年,受新冠肺炎疫情影响,世界宏观经济低迷,而美国在疫情中受到的冲击又相当严重,因而对华直接投资增幅有所降低。即便如此,2020 年上半年,美国对华直接投资仍维持了 6% 的

① 杜薇. 浅析美国对华直接投资对中美贸易不平衡的影响和我国的应对策略 [J]. 科技广场,2016 (3): 116 – 118.

增长率①。

从以上数据可以发现，即便美国在2008年金融危机中遭遇了重大冲击，且在经济危机过后的初期，对华直接投资出现了大幅度降低的情况，但自2013年以后，美国对华投资额又出现增长态势，且在2016~2019年上半年持续维持较大增幅的增长态势。在这一时期，美国加速推进"再工业化"进程，出台一系列政策措施推动美国企业"回流"，从美国对华直接投资持续大幅增长的态势来看，美国推进其制造业"回流"的政策措施并未明显奏效，充分说明中美经济和产业发展中具有很强的互补性，尤其是在此前相互投资不断增加的过程中形成了较为稳定的制造业产业链关系，本身是两国发挥各自优势进行市场竞争的结果，而凭借行政手段和强制做法意图斩断这种业已形成的尤其是基于各自优势产生的产业链关系将非常困难，必将面对美国企业符合市场竞争规则的理智抉择。

7.1.3 美国制造业对华"外迁"的结构性特点

从美国对华制造业投资结构的阶段性变化来看，美国制造业对华"外迁"具有显著的结构性特点。1994~2001年我国处在从计划经济向市场经济体制的快速转轨期，美国对华制造业投资虽然呈增长态势，但是总量并不大，且美国对华制造业投资受双边政治关系发展情况影响较大，因而每当中美双边关系受到一些政治因素影响较大而出现摩擦时，美国对华制造业投资额增幅也会出现相应降低。从投资的制造业领域来看，此时美国对华制造业投资主要集中在电力电气领域，主要与以下几个因素有关：一是从我国的角度来

① 司春晓，罗长远. 撤离中国？——基于美国对华投资的研究 [J]. 当代美国评论，2021（1）：64-85，125.

看，电力电气行业当时属于我国制造业发展水平相对滞后的领域，而改革开放全面开启并大力加速以后，国内经济社会发展对电力电气行业相关产品和服务的需求迅猛增长，因而决定了我国拥有广阔的消费市场。二是从美国的角度来看，美国国内电力电气行业从第二次科技革命以来便经过了100多年的发展，既拥有成熟和先进的技术，也形成了几家大型的甚至带有本土和全球垄断优势的大型电力电气企业。美国电力电气行业的本土市场消费能力有限，且在科技创新中随着一些高新技术的出现导致一些生产技术和工艺落后的产能迫切需要"外迁"，美国当时在电力电气行业中相比于我国尚具备较为明显的技术优势，故将电力电气行业"外迁"至我国符合双边经济社会发展的共同利益。三是从国际竞争的角度来看，20世纪90年代，美国制造业对华"外迁"还面对其他发达国家的激烈竞争，如日本、韩国、德国、法国和英国等国家和地区，在电力电气行业中同样拥有不少具备较强的技术和资本实力的企业，美国将电力电气行业对华"外迁"也有与其他发达国家争夺我国制造业投资市场的考量。

2002～2007年美国对华制造业投资主要集中在化学材料生产及相关设备制造、交通设备生产制造业和电力电气三个领域，而尤以化工生产领域投资额度最高，前期电力电气领域投资所占比重虽然不低，但是却出现了大幅降低趋势，交通设备生产制造业领域投资开始出现大幅增长。从制造业投资额度来看，这一时期，美国对华制造业投资虽然在一些年份投资总额会有起落，但是相比于1994～2001年的投资额度可谓出现了爆发式增长。该时期，美国对华制造业投资之所以呈现出如此结构性特点，主要与以下几个因素有关：一是我国在2001年年底入世为美国加速推进制造业对华"外迁"提供了机遇。2001年年底经历10多年漫长的艰难谈判，我国成功加入世界贸易组织，极大地提高了中国市场对美国资本的开放度，也为美国制造业加速对华"外迁"提供了一些规模庞大且充满机遇的新兴市场。在入世前后，为达成入世的战略目标，我国针对世界贸易组织的行为规则在税收、贸易和法律等领域加速推进改革进程，大大提高了我国市场与国际市场之间的对接能力，有效地改善了国内的营商环境。因而，在入世之初的几年中，美国制造业对华"外迁"出现井喷式发展，且世界上几乎所有的发达国家都将我国视为制造业投资的热土。二是美国本土新兴制造业培育加速制造业产业升级，其传统制造业本土发展越发艰难，迫切需要将传统制造业加速"外迁"，如化学工业、汽车制造和电力电气行业都属于传统制造业，这些行业早在20世纪60年代便在美国本土出现了衰退之势。21世纪初，随着大量新科技成果的产生，尤其是网络信息技术和智能化技术的发展，美国本土制造业转型升级趋势更为显著，使其传统制造业出现加速"外迁"态势。三是美国本土生态环境保护意识增强，法律规定更为严格，对化工及其他传统制造业提出了更为明确的"外迁"导向，而我国处在改革开放以后加速推进工业化进程的关键阶段，生态环境保护意识虽然不断增强，但是生态环境保护的法律机制尚不健全，为美国等发达国家将一些资源和能源消耗较大的传统制造业转移到我国提供了条件。

2008年以来，美国制造业对华"外迁"既经历了金融危机的冲击，更在2017年以后开始面对美国本土制造业"回流"的政策约束，同时还在2018年以来开始遭遇中美贸易摩擦影响，尤其是在2020年年初暴发的全球性新冠肺炎疫情也对美国制造业对华"外迁"产生了一定影响。这一时期，美国制造业对华"外迁"面对的限制性因素显著增加，这些限制性因素如美国推进制造业"回流"和制造中美贸易摩擦背后还带有中美之间进行战略博弈的考量，而美国对华制造业投资并未出现因限制性因素增多而大幅减少的态势，甚至在 2016 年以后的数年间，美国对华制造业投资还出现大幅增加的高位维持态势。美国制造业对华"外迁"和投资结构出现这样的阶段性特征，主要与以下几个因素有关：一是 2008 年金融危机对美国制造业"外迁"造成阶段性冲击，其制造业对华"外迁"虽然在危机过后国内经济复苏的 2013 年恢复增长，但是在危机过后的初期，美国本土经济受到金融危机冲击而陷入低迷，且美国政界、学术界和产业界对金融危机也进行了深入思考，认为美国制造业"外迁"造成本土传统制造业萎缩和产业空心化，是造成本轮金融危机给美国带来严重局面的重要原因。在反思中，美国各界还认识到，产业空心化既不利于美国制造业优势地位的保持，也对美国未来国际地位造成影响，从现实角度来看，产业空心化造成美国就业率不高，已经成为影响国内民生的重大课题。因而，为提振国内就业和保持美国制造业的国际优势地位，美国提出"再工业化"战略，并在金融危机结束的初期对美国制造业对华"外迁"产生一定影响。二是中美之间在此前的双边贸易和美国制造业对华"外迁"中已经形成了互补性很强的制造业产业链，且这种产业链因中美在制造业国际分工体系中的地位和各自的优势因素而变得较为稳固。美国国内传统制造业生存和发展的环境因劳动成本过高、生态环境保护约束性较强等因素而不具备"回流"后的生存和发展条件，我国劳动力成本虽然出现大幅增长，国内产业升级步伐也在加速，且对生态环境保护的重视也在加强，但是相比美国本土及世界上很多新兴发展中国家来说，吸引美国制造业"外迁"的优势依然存在，因而这个时期美国制造业对华"外迁"虽然面对多重约束因素，但是投资额在 2013 年恢复增长后并未出现大幅降低态势，反而呈现出大幅增长后的高位维持态势。三是中美贸易摩擦在特朗普担任总统期间不断加剧，其影响主要在中美贸易领域，只要中美两国本土对于制造业发展的投资环境不出现重大变化，美国制造业企业为降低成本和充分利用中国消费市场扩大受益的市场行为便在经济全球化的今天很难通过政策性约束被强行制止。新冠肺炎疫情的全球暴发，尤其是对美国造成的严重影响，只是影响美国制造业对华"外迁"的偶发性因素，且美国本土制造业企业在国内疫情暴发中并未停摆，因而其对美国制造业对华"外迁"的影响并没有预想中那么大。

21世纪以来，美国制造业对华"外迁"也呈现出产业升级态势，除传统制造业外，新兴制造业行业，尤其是与网络信息技术和智能化技术等密切相关的电子产品制造业，在对华"外迁"中开始异军突起，并对我国消费市场形成了较强的依赖性。作为美国最大同时也是世界上营业收入金额最大的企业之一的苹果公司，2017年以2292亿美元年度营业收入位居美国《财富》500强排行榜第4位，同时其盈利总额达到了483.51亿美元，净利润率高达20%，也是美国当年盈利总额最大的制造业企业。当年，苹果公司全球营业收入中占比超过10%的单一国家市场仅有两个，一个是美国本土，营业收入金额为966亿美元，另一个便是包括中国在内的"大中华区"，营业收入金额为447亿美元，其占苹果公司年度营业收入金额的19.5%[①]。除苹果公司外，其他美国知名制造业企业也在我国投资设厂，并与我国制造业企业形成了非常密切的产业链合作关系，如美国的通用、福特和波音等。美国制造业"外迁"不仅有力助推了我国相关领域的制造业行业发展，而且在我国"以市场换技术"的思路下对推动我国制造业的技术进步起到了一定作用，至少为我国不少制造业领域起到了技术示范作用。

---

① 贾涛. 从苹果手机产业链看制造业回流美国的现实性［J］. 经济导刊，2017(7)：80－87.

7.2　美国制造业"回流"对我国的影响

目前，我国学术界在分析美国制造业时对其"外迁"问题的关注并不多，而对其制造业"回流"问题的关注较多，且在分析美国制造业"回流"问题时关注最多的话题便是其对我国制造业及国际贸易带来的消极影响。之所以出现此种情形，主要原因在于美国的制造业"外迁"历时时间较长，而当我国打开国门实行改革开放之时，美国制造业的大规模"外迁"实际上已经接近尾声，而在我国改革开放过程中，美国资金、技术和直接推动的制造业转移虽然发挥了客观作用，但是其并非对面向我国进行制造业"外迁"规模最大的国家。我国在改革开放后，制造业在发展中也客观上承接了发达国家的一些制造业转移，尤其以日本和韩国等国家为主。因而，国内学术界对美国制造业"外迁"对我国影响的关注较少，而对其"回流"问题关注更多。美国制造业"回流"对我国的影响应当辨证看待，其在对我国制造业和产业经济发展带来一定积极影响的同时，也必然存在一定的消极影响。美国制造业"回流"对我国的影响可以从对我国出口贸易、制造业发展和产业升级等几个角度进行分析。

7.2.1　美国制造业"回流"对我国出口贸易的影响

美国制造业"回流"对我国出口贸易的影响主要集中在对加工贸易领域。美国对华投资主要集中在加工制造业领域，诸如美国一些大型企业为降低劳动成本，而将其产品的加工制造环节转移到中国。因而，从对我国的影响来看，美国政府推动制造业"回流"，将一些美国制造业企业在华投资设立的加工环节转移到美国本土是对我国影响最大的方面。另外，美国一些制造业企业还将生产加工环节以第三方形式委托给在我国经营和发展的企业完成，这些加工制造业业务也应是其希望"回流"美国本土的制造业内容。显然，美国制造业"回流"及为推进制造业"回流"采取的一些举措势必会加剧中美贸易摩擦，也会在短期内造成我国一些加工贸易企业减少订单和雇佣工人数量，并对我国加工贸易的升级造成一定影响。实际上，美国一些制造业从我国"回流"或转移到世界上其他国家和地区的现象在近年来已经出现，只是因为美国推出制造业"回流"举措在执行中并未收到预期效果，将美国制造业在此前就已经出现的"回流"或转移的现象掩盖了。当然，我国既要正视造成美国制造业"回流"或转移的现象，同时也不能过度夸大其规模，毕竟美国本土劳动力等生产要素远远高于我国的事实并未改变，我国不仅相比于美国，相比于世界上绝大多数国家和地区所具有的营商环境优势及劳动力等生产要素价格优势虽然比此前有所减弱，但是并未完全消失。综合来看，美国制造业从我国"回流"现象的出现即便没有美国的制造业"回流"举措，也会因我国国内产业经济形势的发展变化在一定条件下悄然发生。事实上，造成美国制造业"回流"或转移到其他国家和地区的一些因素在近年来已经出现。

目前，我国加工出口贸易仍然处在传统发展阶段，即我国东南沿海地区尚有大量企业并未掌握核心自主知识产权，不具备独立的研发能力，而主要承接来自包括美国制造业企业在内的加工生产订单维持生存，也有一些美国制造业企业将生产环节转移到我国。我国制造业加工出口贸易发展水平整体不高，技术含量偏低，在美国提出"再工业化"战略和推进制造业"回流"的背景下，面对来自发达国家尤其是美国的技术和市场封锁，以及来自新兴发展中国家和地区竞争的双重压力。美国制造业"回流"势必会对我国加工出口贸易造成一定冲击，这种冲击影响主要体现在以下几个方面：

一是对我国加工制造产品出口形成一定抑制。为提振本土制造业，美国政府不仅制定了出口倍增计划，造成国际制造业产品出口市场竞争加剧，还不断加剧中美贸易摩擦，通过设置出口贸易壁垒限制中国制造业产品出口到美国市场。2001年，我国加入世界贸易组织后，传统关税贸易壁垒在一定时期内确实大幅度降低，但是以美国为首的发达国家为打压中国制造快速占领国际市场，还纷纷通过设置非传统贸易壁垒的方式抑制中国制造进入本国市场。在中美尚未爆发本轮贸易摩擦前，美国便曾陆续对产自中国的钢铁、轮胎、纺织品、光伏产品、风电设备和汽车零部件等制造业产品发起过反倾销或反补贴调查，而在这些制造业产品领域中，我国产品相比于美国或其他国家产品的出口竞争优势都非常明显。2008年金融危机刚刚结束，美国便联合欧盟和日本等发达国家就人民币汇率、知识产权保护、新能源政策及营商投资环境等问题对我国发难，鼓动欧盟和日本等国家和地区协同美国对我国实行贸易保护政策。美国针对我国发起的贸易保护主义政策虽然不一定能够收到预期效果，但是这些政策的实施都是其制造业"回流"政策的相关举措，并对我国制造业产品的加工出口贸易造成一定冲击影响。美国制造业"回流"要想落地，既需要美国国内通过采取一定的政策措施降低生产成本，也需要美国政府通过自身在国际贸易体系中的优势地位不断打压中国制造业的出口市场来为美国制造业企业赢得生存和发展空间，这也是美国不断在对华贸易中采取贸易保护主义政策的重要原因之一。

二是美国制造业"回流"会造成我国一些就业岗位的流失。美国制造业对华"外迁"不仅为我国提供了就业岗位，而且增加了我国工人的工资收入。美国制造业企业一般拥有规范的管理模式，且具有全球化的产品销售渠道，其一般能够为我国工人提供较高的工资水平。我国不仅拥有数量庞大的剩余劳动力，而且每年仅在外企就业的产业工人就多达五六千万之多。因而，美国制造业"回流"本土势必减少我国制造业岗位就业数量，东南沿海一些地区的工人将面临失业。另外，美国制造业企业一般能够为员工提供较为专业的培训，其在华经营也有利于提高我国的产业工人素质，不断提高其劳动技能，若美国制造业"回流"本土将使一些产业工人失去就业岗位和接受更高培训的机会。就业是民生的首要保障，美国制造业企业在华经营虽然集中于劳动密集型产业，而不愿意将研发环节放在我国，但是却能够为我国提供大量就业岗位。美国制造业"回流"本土的重要目的之一也是要为其本国提供更多的就业岗位。美国制造业"回流"造成我国一些就业岗位的流失，势必也会相应缩小我国制造业产品的出口规模，对中国制造出口贸易造成一定的下行压力①。

三是美国制造业"回流"也影响到我国加工贸易产业的升级发展。美国制造业"回流"中既有大量劳动密集型产业，也有不少属于装备制造业。美国制造业"回流"的实质并非仅将原来在包括我国在内的一些制造业行业的生产加工环节"回流"本土而已，而是在转移本土生产的同时，将制造业与人工智能等新兴网络信息技术进行更加深入的融合，以推进传统制造业的升级和战略性新兴制造业的培育。早于奥巴马时期，美国便明确提出要通过促进工业机器人发展重振美国制造业的规划，力图通过大量应用工业机器人，提

---

① 蒋卓晔. 制造业回流美国背景下我国产业面临的压力及其应对 [J]. 社会科学家，2018（9）：41－48.

高美国制造业生产的智能化水平，以化解美国本土劳动力成本过高的问题。在制造业"回流"的政策框架下，美国旨在发展智能机器人和3D打印技术等新一代智能化制造业的一系列新兴科技发展计划将同时得到实施。同时，美国还会在制造业"回流"的科技发展中不断加强与制造业相关的核心技术的保护，并在技术、市场和品牌等方面加强对我国制造业的抑制力度，进而对我国加工制造业的转型升级造成影响，延缓我国加工制造业的升级发展速度。

四是美国制造业"回流"对我国制造业的出口贸易环境造成冲击。美国为推进制造业"回流"就需要在贸易政策上进行配合性调整，尤其是需要推行一些贸易保护主义政策，保护其本土制造业的国内市场，并提高其出口商品的国际竞争力。美国制造业"回流"在美国本土不具备制造业生存和发展条件的情形下，实际上是一种不符合市场规律的行为。美国要推动制造业"回流"单纯依靠国内市场和全球市场机制的价值规律引导很难达成愿望。因而，美国制造业"回流"从目前推进情况来看主要是一种国家或政府层面的行为，作为企业而言，其或许出于遵守本国法律或爱国情结"回流"本土，但是回归本土后在美国国内劳动力和其他要素成本较高的情况下要想立足发展就不得不依赖于美国政府出台的扶持政策，其中通过贸易保护主义政策保护国内市场和限制其他国家制造业产品更多进入美国本土市场便成为重要选择①。另外，美国制造业"回流"的重要目的之一是要提振就业，其在"回流"中意图通过开发和运用智能化技术提高其制造业智能化水平和劳动生产率的做法与该目的之间也存在矛盾。因而，通过贸易保护主义政策打击世界上主要工业产品制造业国家在国际贸易中尤其是在对美贸易中的传统优势

① 张大龙. 美国制造业回流政策对中国出口的影响及应对策略 [J]. 对外经贸实务，2020（6）：17-20.

地位，便成为美国推进制造业"回流"并实现其提振就业重要目的的必然选择。

现阶段，我国是世界上制造业产品出口规模最大的国家，中国制造的质量、档次和品牌影响力都在快速提高，过去那种质量低劣的面貌正在得到迅速改善，中国制造在国内制造业快速升级和科技含量不断提高的背景下正在完美诠释"物美价廉"的真正内涵。我国劳动力成本及其他生产要素价格快速上涨是不争的事实，但是我国人口红利时代并未完全过去，相比于美国等发达国家而言，中国制造依然拥有廉价优势，而相比于广大发展中国家而言，中国制造不仅价格合理，还在科技含量上拥有相对优势。因而，中国制造依然在世界市场上具有较强的竞争优势。正因如此，美国长期成为中国制造重要的出口贸易目标国，对美出口在中国制造业产品中占有较大比重，经常位居第一位。美国为推进制造业"回流"采取的贸易保护主义政策，也让我国成为其政策打击的重要目标国家，并使中国对美出口贸易受到较大冲击[①]。我国对美制造业产品受到冲击不可避免，在我国采取合理有度反制措施和拥有庞大经济体量，以及较为合理的对外贸易格局与出口产品结构的前提下，这种冲击依然在我国能够承受的范围内，由此造成的对既有成熟的国际贸易规则的破坏及其引发的恶性示范效应，则对中国制造的出口贸易环境造成了不良影响。美国在推行贸易保护主义政策的同时，还加大对WTO等国际贸易规则的破坏力度，意图打破既有的由美国牵头建立让我国受益较大的国际贸易规则体系，而重新基于有利于美国制造业"回流"的美国现实利益重新制定新的国际贸易规则和重塑国际贸易体系，造成中国制造面对新的国际贸易规则和国际贸易体系出

---

① 王昌林，盛朝迅，苑生龙. 特朗普"制造业回流"政策对我国产业的影响及应对 [J]. 全球化，2017（8）：62－68，134.

现了一些变动性因素。

7.2.2 美国制造业"回流"对中国制造业升级的影响

推进制造业"回流",扭转美国经济产业空心化的问题,成为自奥巴马时期便确立的美国的重要基本国策,而其"再工业化"战略实施、制造业"回流"及贸易保护主义政策的施行等,都是这种思路在实践层面的体现。美国制造业"回流"除影响我国制造业出口贸易外,还在以下几个方面造成了冲击性影响。

一是美国制造业"回流"将在国际市场上加剧中美制造业之间的竞争。虽然自20世纪80年代后,美国本土制造业尤其是传统制造业因国内人力资源成本和生态环境保护的政府与法律约束增强等因素而大量"外迁",并大量转移到我国进行生产,但是美国本土制造业依然维持着庞大的体量。美国制造业占GDP比重虽然相对不高,最低时仅仅略超过10%,但是因美国的GDP体量非常庞大,因而美国制造业依然是当今世界上体量最大的国家制造业之一,其在国际制造业出口市场上所占据的比重长期位居世界首位,只是在2015年以后才逐渐被我国取代。美国在此前"外迁"我国的制造业行业多数为传统制造业及先进制造业产品的低端加工制造环节。美国若将制造业"回流"本土生产,那么势必会对我国制造业相关行业领域中的产品形成一定程度的同质化竞争。美国制造业"回流"旨在通过大规模采用智能化生产以降低产品生产成本,同时在此过程中还要不断提高产品的科技含量。如果美国制造业"回流"设想达成所愿,那么其制造业产品不仅科技含量较高,还会因大量采用智能化装备进行生产而拥有价格竞争优势,因而会对我国制造业产品构成竞争威胁。尤其是美国制造业"回流"企业一般掌握所在行业领域的核心自主知识产权，并具备持续的科技研发和产品升级能力，最终带来的可能是制造业行业领域的持续升级发展及产品的快速升级换代，并可能对我国的一些制造业产品形成代际竞争优势。如果我国制造业科技研发和产品升级无法跟上甚至超过美国制造业企业，我国制造业产品在国际市场上的竞争力将进一步降低，且我国制造业在国际制造业产业链条上的位置也会进一步向下游沉降①。因而，美国制造业"回流"对我国制造业升级发展的影响不容小觑，而其对我国制造业升级发展造成的竞争也会相应加剧。

制造业"回流"是美国"再工业化"战略举措的重要内容。为推进制造业"回流"，美国配合实施了一系列以体制和技术变革引导制造业实现产业变革的举措，聚焦推动计算机、车辆运输设备、重型装备、大规模集成电路等先进重要制造业行业领域实现变革式发展，还将绿色能源、生命工程、太空探索、医疗器械、纳米科技、电动汽车及环保产业等制造业领域的新兴业态纳入其制造业"回流"和"再工业化"战略实施的发展进程之中。美国制造业"回流"就是要通过重新振兴美国制造业的国内和国际地位以实现其在新一轮产业革命中确保领先优势地位的战略目标。目前，实现制造业升级发展同样是我国产业升级的核心内容。近年来，我国为推动制造业升级发展，既制定了"十大产业振兴计划"，也推出了"骐达战略性新型产业培养计划"，还出台实施了"中国智造2025"战略规划，立足这一系列中远期的科技创新发展规划，我国重点推进计算机网络、生物科技、新型能源、电动汽车、纳米和石墨烯等新材料，以及高新技术装备制造等带有战略重要性的新兴制造业领域的快速发展，将其作为未来我国的战略性新兴产业进行优先培

---

① 宋清辉. 美国制造业回流是中国制造的历史机遇 [J]. 现代商业银行，2017 (4)：33 – 34.

育,力争让我国未来在制造业国际竞争中占据优势地位,甚至实现对发达国家的"弯道超车"。从美国"再工业化"战略实施和制造业"回流"聚焦的制造业领域看,美国与我国制造业升级发展的重点行业存在高度的契合,说明美国制造业"回流"必然会在诸多制造业新兴领域中与我国形成激烈竞争。

二是美国制造业"回流"会降低外资流入对我国制造业升级的要素支持。目前,我国制造业正处于升级发展的关键时期,经过改革开放 40 多年的快速工业化进程,我国制造业建立起庞大的生产规模,也培育出一批资本实力雄厚和掌握一定自主核心知识产权的大型企业,从整体来看,大而不强的发展状态并未根本改变。因而,以科技创新为主要抓手,加速实施创新驱动发展战略,推进我国制造业升级发展,依然是当下及未来一段时期内面对的主要发展任务。我国制造业升级发展要不断优化国内创新驱动发展机制,而全生产率市场流通机制则是创新驱动发展机制建设的主要内容。全生产率市场流通机制要求市场在制造业升级中发挥主导作用,可以为制造业科技创新及其产业化提供高效且充足的要素配置①。在市场经济条件下,市场对要素配置发挥主导作用,而在所有生产要素中,资本要素发挥着基础性的纽带作用。市场机制越健全,开放性越强,资本要素便能够充分发挥货币的一般等价物作用,并对技术、人才、土地和管理等生产要素起到配置和流通的推动作用。"十二五"(2011~2015 年)时期以来,我国出现产能过剩,并在供给侧结构性改革中放缓了国内投资扩大的步伐,虽然一些制造业行业领域内的一些大型企业资本实力雄厚,但是制造业升级发展中资本的结构性矛盾依然存在,尤其是对于一些新兴高科技制造业而

① 孙婧,薛建芳. 美国制造业回流对青岛制造业竞争力影响探析 [J]. 中共青岛市委党校,青岛行政学院学报,2019 (2): 10–15.

言，其科技创新和产业化面对的资金约束依然非常紧张。因而，坚定不移地持续扩大开放，积极吸引高质量的外资，并引导其进入我国制造业升级发展的实体经济领域，也是助推我国制造业更好创新驱动发展的必然需要。我国吸引外资不仅有助于增加制造业升级的资本要素，还有助于通过引进外资引入外国先进的生产工艺和管理经验，为我国制造业发展注入动力。

美国对华投资及其承载的制造业产业虽然主要集中在生产加工环节，但是相比于我国同类制造业企业，美资企业在科技含量、管理经验及生产工艺上都往往具有相对优势和值得借鉴的地方。因而，美国对华制造业投资在我国很多制造业领域内仍然属于高质量投资，其在一些制造业行业中，尤其是新兴高科技制造业行业中，虽然不会将研发环节和核心自主知识产权转移到我国，但是其产生的科技示范、管理示范和工艺示范尤其是对我国高素质劳动力的培育，对于提高我国的人力资源开发质量，都起到了积极的推动作用①。美国推进制造业"回流"会造成美国部分在华投资撤回本土，同时还会对美国本土企业将来对华投资出台一系列政策性约束，造成美国对华制造业投资受到冲击。美国制造业"回流"对我国造成的资本外流，不仅仅是资本要素投入的减少，更重要的在于此举会对我国积极学习美国先进的生产技术、生产工艺和管理经验等造成严重冲击，造成中美之间正常的科技交流受到影响。

另外，美国制造业"回流"不仅会吸引美国在华企业"回流"本土，还会对其他国家和地区的在华制造业投资形成竞争。美国制造业"回流"不仅针对美国企业，而是美国扩大吸引外资的系列政策。美国在制造业"回流"框架下制定的一系列旨在吸引制造业

---

① 沈建光. 高端制造回流能挽救美国制造业吗 [J]. 商业观察，2020（2）：12－16.

"回流"本土的扶持政策并非仅仅是针对美国企业，对于外国企业进入美国本土开展制造业投资同样有效①。在美国制造业"回流"政策推动下，为美国计算机网络行业长期担任代工角色的富士康便决定扩大在美国本土投资，直接修建加工制造工厂。因而，美国制造业"回流"对我国制造业资本要素造成的竞争将是全方位的，不仅是美国制造业企业，其他国家和地区的在华制造业企业也可能受到美国制造业"回流"政策的影响而减少对华制造业投资，尤其是那些在生产技术和工艺设备上对美国存在较强依赖的行业领域，美国完全可以凭借其对行业领域的强大影响力和控制力通过对一些外国企业施加压力达成其扩大在美国制造业投资的目的，富士康便因在生产技术和装备上对美国存在较强依赖而在美国政府的胁迫下决定在美国本土设厂扩大生产。

三是美国制造业"回流"对我国先进制造业培育和发展造成抑制性竞争。我国制造业依然处在大而不强的状态，虽然在一些制造业行业领域内取得了较快发展，甚至随着一些企业掌握核心自主知识产权而取得世界领先地位，如华为5G技术、高铁设计与制造、盾构机设计与制造及特高压输电设备设计与制造等，但是就制造业发展的整体水平来看，科技含量不高和生产工艺落后的局面并未得到根本性改变。因而，不断推进制造业的升级发展，通过科技创新培育更多的先进制造业新业态，推进传统制造业技术升级，实现制造业创新驱动发展，依然是我国制造业在当前和今后一段时间内面对的迫切发展任务。尤其是随着计算机网络技术的发展及其在制造业领域中的加速普及应用，制造业与信息技术和智能化技术的融合，已经成为制造业在新一轮科技革命中变革和发展的方向。哪个

---

① 李玉梅. 美国制造业从中国回流的现状与对策 ［J］. 学海，2017（6）：135 – 139.

国家的制造业能够在信息化和智能化发展中占得先机，便很可能在未来的世界制造业竞争中处于世界领先地位[①]。为此，包括我国在内的世界各国都高度重视制造业与信息化和智能化的融合发展，将信息化、智能化及其与制造业的融合发展作为创新驱动发展战略的重要内容。对于我国来说，推动制造业的信息化和智能化发展是一次宝贵的重大机遇。因为，相比于前几轮科技革命而言，以信息化和智能化为主要内容的新一轮科技革命，是唯一一次我国与发达国家一样，站在同等竞争起点上的科技革命。因而，推动我国制造业的信息化和智能化发展关系到我国制造业的升级发展，甚至是对发达国家领先我国几百年的制造业发展领先地位的"弯道超车"。

为推进制造业升级发展，我国制定了一系列推动制造业创新发展的政策，从顶层设计方面的创新驱动发展战略和"中国制造2025"战略等，再到推动信息技术和智能技术及要素市场完善的具体政策，基本建立起助推先进制造业培育和发展的创新驱动发展机制。在此背景下，我国先进制造业近年来呈现出高速发展态势，并在诸多领域实现突破，对发达国家的科技垄断地位和先进制造业优势形成挑战。可以说，自第一次工业革命以来，由发达国家引领世界制造业尤其是新兴先进制造业变革发展的局面正在随着中国制造的升级发展被逐渐打破，虽然这仅仅是一个开始，但是未来中国制造的升级发展对美国制造的世界领先优势将会形成更加全面的竞争，甚至出现超越发展态势。为确保在新一轮科技革命及其引导的制造业升级变革中保持领先地位，并在可以预见的未来在与中国发生的不可避免的制造业竞争中取得先机，美国吸取2008年金融危机的沉痛教训，力图改变其国内产业空心化的问题，致力于实现本土

---

① 李富永. 美国"制造业回流"背后的逻辑 [N]. 中华工商时报，2019 - 07 - 05：3.

制造业的振兴和以制造业"回流"提振国内就业。美国制造业"回流"会减少在我国的劳动密集型产业投资，美国本土劳动力成本过高及生态环境保护的严苛规定，决定了美国在将制造业生产环节转移回国内时必须赋予其更高的科技含量和更加高效的劳动生产率。为此，美国的制造业"回流"政策实际上也是一场致力于实现其制造业升级发展的政策，美国从开始提出制造业"回流"时便明确要在这一过程中不断推进制造业的信息化和智能化发展，且将其融入美国未来战略性新兴产业的发展规划之中。

美国的制造业"回流"无论从对我国国内制造业升级发展的要素环境影响来看，还是从经济全球化背景下中美先进制造业的竞争角度来看，都会对我国先进制造业培育和发展构成严重挑战。同时，美国为推进制造业"回流"还进一步加强了对我国的技术、资本和贸易封锁，这一切同样是对我国先进制造业培育的抑制性影响[1]。因而，美国制造业"回流"对我国先进制造业培育和发展的抑制性影响是系统性的、长期的，也将是全面性的，随着我国加速实施创新驱动发展战略和在先进制造业培育中取得更多突破性成就，中美在先进制造业发展中的竞争也将更加激烈。美国企图通过推进制造业"回流"将我国制造业升级发展遏制在起步阶段和将我国制造业在全球产业链条中的位置锁定在中低端环节的设想应当在我国先进制造业培育中得到警惕。

此外，美国制造业"回流"会对我国一些地区制造业产业格局造成一定冲击。目前，美国制造业"外迁"我国的主要是一些劳动密集型和资源密集型产业，其主要集中于我国沿海地区，尤其是珠三角和长三角的外向型加工企业。比如，美国的电子产品像手机和

---

① 张谦. 美国"制造业回流"对青海省的启示［J］. 青海金融，2018（3）：24 - 28.

平板电脑的一些零部件的加工制造及产品的组装很多选择在我国进行，其他诸如美国的一些服装品牌也多选择在我国进行贴牌生产。在经济全球化背景下，中美之间的经济贸易规模非常庞大，且中美制造业之间存在较为显著的发展梯度，产业协同性较强，美国"外迁"中国的制造业种类众多，几乎涉及美国制造业的所有领域，甚至作为高新技术产业的民航飞机制造业，如美国波音飞机的很多零部件也由我国企业生产供应。在此背景下，美国制造业"回流"必然会对其"外迁"我国的相关区域和相关行业领域造成冲击，造成制造业提供的就业岗位和创造的经济产值规模出现相应地降低①。当然，此种影响更多是就理论层面进行分析的，其造成的实际影响因受到更多因素的影响，因此影响实际上并不大。因为，美国制造业"外迁"我国的主要是一些科技含量不高和低附加值的劳动密集型生产环节，而我国制造业经历多年的创新驱动发展已经具备了较为雄厚的资本和技术实力，完全有能力对美国制造业"回流"造成的产业和市场空白进行填补。

综上所述，美国制造业"回流"对我国也造成了一定的消极影响。美国制造业"回流"的提出既充分考虑了其国内因素，也是其对国际形势进行综合分析判断做出的战略决策。美国提出"再工业化"和推进制造业"回流"所考虑的国际因素中，中国因素可能占有较大的比重。目前，美国 GDP 位居世界首位，而其制造业比重仅占 GDP 总额的 10% 左右，我国 GDP 位居世界第二位，而我国制造业占 GDP 比重则在 30% 左右。虽然美国制造业产值仍是世界首位，但是我国制造业不仅规模第一，且门类齐全。制造业是国家综合国力的重要支撑。为此，美国提出其"再工业化"战略并推进制造业

① 刘冰洋，赵钰琳，任新平. 美国制造业回流战略对中国经济的影响［J］. 今日财富，2017（10）：11－12.

"回流"所考虑的国际因素中,保持其制造业相比于我国制造业的相对优势是重要考量。因而,美国推进其制造业"回流"中采取的诸多措施和采取的很多政策都带有针对中国的用意①。正因如此,美国制造业"回流"必然会对我国造成一定的消极影响。

另外,美国制造业"回流"也对我国拥有一些积极影响。目前,我国已是制造业大国,名副其实的"世界工厂",且形成了几乎是世界上最为齐全的工业体系。我国制造业不仅种类齐全,且科技含量不断提高,在世界制造业产业链上的位置也正在经历从以中低端环节为主向中高端环节为主的转变。同时,随着我国科技创新能力的不断提高,我国制造业尤其是高端装备制造业正在掌握着更多的核心知识产权。尤其是经历改革开放40多年的发展,我国形成了一批规模庞大、资本实力雄厚且掌握了行业领域内核心自主知识产权的大型甚至是超大型的制造业企业。目前来看,我国制造业虽然与发达国家存在一定差距,尤其是科技创新能力要想赶上以美国为首的发达国家尚有较长的路要走,但是我国制造业也已经告别了改革开放初期资金和技术匮乏的情形,工业化进程也正在加速向后工业化阶段迈进。在此背景下,我国制造业国内市场不仅出现了"产能过剩"的问题,且中国制造业企业也出现了美国在50年前所面对的"外迁"需要。正因如此,我国制造业企业在21世纪以来加速实施"走出去"战略,将一些劳动密集型制造业行业加速转移到东南亚、印度和非洲等劳动力成本较低的国家和地区。因而,美国制造业"回流"从这样一个角度看,可以为我国制造业企业空出更大的国内消费市场。美国制造业"外迁"我国的行业多为劳动力密集型行业,或者属于与美国本土的制造业企业形成配套的"外

---

① 方兴起. 基于马克思产业资本理论解析美国去工业化与再工业化——观察当前中美贸易摩擦的新视角 [J]. 学术研究, 2019 (9): 75 – 82.

包"制造业环节，而真正具有较高科技含量的制造业行业，美国一般不会选择转移到我国。因而，我国制造业企业完全有能力填补美国制造业"回流"造成的市场空白，如苹果公司将生产环节转移到美国本土生产必然抬高其生产成本，而此举可能为我国国产手机品牌如华为等提供了更加充分地占据国内消费市场的机会。

8

美国和其他发达国家制造业"外迁"与"回流"对我国的启示

目前，我国依然是世界上最大的发展中国家，正处于向工业化后期加速发展的关键阶段。我国制造业规模和产量虽然居世界首位，且经历40多年的改革开放，尤其是自党的十八大以来，我国制造业创新能力不断增强，产品科技含量和附加值也在不断提高，并在国家大力培育和优化创新驱动发展机制的推动下制造业领域出现了一批拥有核心自主知识产权、规模庞大、资金实力雄厚甚至拥有一定国际影响力和品牌声誉的大型先进制造业企业，如华为、中兴、海尔和三一重工等制造业企业，但是我国制造业与美国等发达国家相比在诸多方面仍然存在客观的发展差距①。美国作为世界上唯一的超级大国和当之无愧的制造业强国，其制造业"外迁"和"回流"在经济全球化推动发展中及在我国不断深刻融入全球化进程的今天必然对我国制造业发展形成影响，且其在此过程中取得的一些经验也能给予正在加速奔向工业化后期的我国诸多借鉴。目前，面对美国大力推进制造业"回流"，过去中美制造业互补并在

① 穆朗峰. 从中国先进制造业发展现状看进入壁垒及其突破［J］. 金融经济，2019（8）：27-30.

双边对外贸易合作不断增强中培育起来的中美制造业的价值链、资金链、产业链和供应链必然受到冲击。对此，我国应当在科学且理智分析美国制造业"回流"对我国及世界宏观经济和产业格局影响的前提下思考中国制造业发展的应对之策。

8.1 美国制造业"外迁"与"回流"对我国的启示

美国作为当今世界上最大的发达国家，其同时也是近代以来工业化开启较早和当今世界上工业化发育最为成熟的制造业强国。美国制造业的"外迁"和"回流"都是其在工业化推进中出现的正常现象，其中内含着世界各国推进其工业化和制造业发展需要遵循的一些带有普遍性的规则甚至规律性。即便美国在制造业"外迁"和"回流"的过程中也可能存在一些具体策略或政策的失误，但整体来看，无论是那些可以被上升到工业化进程中的规律还是那些带有具体操作性的也许是失误的政策或策略，都对我国当今推进制造业的创新驱动升级发展及其"走出去"拥有诸多启示。

8.1.1 美国制造业"外迁"对我国的启示

美国既是制造业强国，拥有工业门类齐全、科技含量较高和科技创新能力很强的制造业体系，同时也是当今世界上最大的资本主义国家。美国制造业在培育发展中始终以资本运动为核心，资本运动的目的在于实现剩余价值或者创造更多的剩余价值。因而，从资本主义的实质也即资本运动的角度来看，美国的制造业无论是"外迁"还是"回流"从资本主义的经济学理论来说是以更好地创造剩余价值为目的的,而其制造业"外迁"或者"回流"不过是资本在创造剩余价值时进行运动的一种形式或需要。马克思认为,资本在运动中会不断进行着剩余价值的资本化,其会带来资本有机构成的优化并推动科技进步和产业升级。20世纪60~70年代美国开启的制造业"外迁"多被学术界解读为"去工业化"。实际上,美国制造业"外迁"并非要真正地"去"工业化,而是其整个资本主义经济体系进行资本优化和产业升级的一种外在表现。当然,在此过程中,美国制造业"外迁"确实带来了国内就业率下降、本土制造业比重降低以及所谓的产业空心化等问题。但是从美国制造业"外迁"带来的科技创新能力不断加强及其科技创新驱动发展机制的不断优化,以及其产业结构的全面升级和制造业服务体系的升级发展来看,美国制造业"外迁"对其造成的影响整体来看是利远远大于弊的[①]。目前,我国已是制造业大国,经历40多年的改革开放甚至已经获得"世界工厂"的美誉,从制造业发展发育的程度来看,国内也出现了制造业"外迁"的客观需要。因而,美国在制造业发展中曾经走过的"外迁"历程可以给我国制造业发展如何更好地处理好内与外的关系及国民经济中制造业与农业和服务业之间的比例关系等问题提供借鉴。美国制造业"外迁"给我国制造业在新时代发展提供的启示主要体现在以下两个方面。

一方面,"外迁"是制造业发展达到一定阶段后出现的正常现象。如前文所述,马克思在其政治经济学研究中已经明确指出,资本的生命在于运动,其只有在运动中才能实现其目的,也即不断创造剩余价值甚至是创造更多的剩余价值和提高剩余价值创造的效

---

① 景维民,裴伟东.发达国家"去工业化"的政治经济学分析及中国的选择 [J]. 天津商业大学学报,2020 (1):3-9,18.

率。一个国家在其现代化进程中，最核心的内容便是要实现工业化，而工业化的主要问题便是要实现其自身从农业国家向工业国家的转变。回顾发达国家也即已经实现工业化和现代化国家的发展历程可以发现，制造业的培育发展在这一过程中有其自身的规律需要遵循。当其处于工业化的起步阶段时，国内消费市场基本处于空白状态，而其国内的制造业培育也处在初级阶段，无论从供给还是需求的角度看，其制造业基本以本土发展为主，基本不存在"外迁"的需要，实际上也多不具备"外迁"的实力。在此阶段，一个国家更多要考虑的是如何通过关税等贸易壁垒的手段来保护本土制造业培育发展，因而其制造业企业较少参与国际竞争，而更多选择以满足国内消费市场需求为主。当然，从产业链的角度看，此时一个国家的制造业多以中低端环节的制造业为主，而其凭借国内廉价的劳动力等要素优势，也会在对外贸易中形成中低端环节制造业产品的比较竞争优势，从而在中低端环节的产业链上形成较为稳定的存在状态。第一次世界大战之前，当美国尚未超越英国而成为"世界工厂"时，美国制造业发展基本呈现出这种状态。

但是，当一个国家的工业化进程达到工业化中期后，其国内制造业发展和国内消费市场已然发生深刻变化。此时，从供给的角度来看，其制造业企业数量不断增多，规模相应扩大，甚至在行业领域内经历长期的国际国内竞争，并开始出现具有市场垄断优势的大型企业，其生产能力非常强大，可以为社会提供更多的甚至是超越市场需求的制造业产品。从需求的角度来看，当一个国家的工业化发展达到工业化中期阶段时，其国内消费市场基本处于饱和状态，或者其制造业提供的产品已经基本可以满足其国内消费需求。此时，制造业企业面对的生产要素环境也将出现重大变化，主要是劳动力价格出现大幅上涨，造成其制造业产品价格的上涨和相应产品利润空间的压缩。那么，制造业企业要想继续在资本运动中创造更多的剩余价值，就需要将资本或生产环节转移到劳动力价格更低的具有生产要素优势的地区，或者通过科技创新继续提高产品科技含量和劳动生产效率①。显然，20 世纪 60~70 年代，美国制造业出现的大规模"外迁"现象，正是一个国家制造业在发展到工业化中期时的规律性体现。

当前，我国正处于从工业化中期向工业化后期加速转变的关键阶段，实际上与美国在 20 世纪 60~70 年代时所面对的制造业发展情形非常相似。目前，我国制造业发展面对的国内要素价格上涨压力同样加大，且制造业面对的国内消费市场已经进入到买方市场阶段。同时，我国制造业经历 40 多年的成长，已经具备了"走出去"的实力，国内不仅拥有一批资本实力雄厚的大型制造业企业，且其科技创新能力也在不断增强，甚至一些制造业企业已经掌握了行业内的核心自主知识产权，具备了与发达国家制造业企业开展国际竞争的能力。在此背景下，我国应当积极借鉴美国制造业"外迁"的经验，鼓励有实力、有能力和有需要的制造业企业"走出去"，更加充分地利用国际生产要素优化企业的资本结构，在不断提高自身经营收益和国际竞争力的同时，配合国内制造业的技术改造、先进制造业培育和产业升级。② 为鼓励中国制造业企业"走出去"，近年来我国也采取了一系列鼓励措施，出台了不少引导和鼓励政策，且相关的管理机制和配套法律体系也在不断健全。目前我国制造业企业"走出去"仍处于初级阶段，其经营形式、本土适应性及科技创新能力等仍然有待加强。在我国不断优化制造业企业"走出去"的

---

① 罗丹，王守义．美国"去工业化悖论"的政治经济学研究 [J]．中华外国经济学说研究会专题资料汇编，2018 – 10：345 – 352.

② 罗利勇．中国企业"走出去"后面临的产权保护问题及应对之策 [J]．云南社会科学，2020（1）：71 – 75.

经营战略和发展机制的过程中，中国企业应当积极借鉴美国大型企业尤其是其大型跨国公司的有利经验。

另一方面，在积极推进国内制造业"走出去"的同时，还要积极避免出现产业空心化。制造业是国民经济的主导产业，其在一个国家的产业结构中发挥着非常重要的承载作用①。从农业和制造业之间的关系来看，现代农业与制造业之间存在着非常密切的协同发展关系，现代农业的市场化特征非常明显，其不仅为国民经济发展提供粮食和其他农副产品，而且大量的农产品本身也是重要的制造业原材料。同时，农业现代化离不开先进制造业的支撑，现代农业设备、化肥、农药、种子及其他农资的供给都离不开制造业的支持。因而，没有制造业尤其是先进制造业的支持，农业现代化几乎无从谈起。从农业与制造业之间的关系来看，制造业在产业结构或国民经济中的主导性非常突出。另外，从制造业与服务业之间的关系来看，两者之间同样存在密切的协同发展关系，现代服务业作为服务业升级发展的重要趋势，其本身便是一个国家产业结构不断升级发展的产物，而国家产业结构在升级发展中不断孕育现代服务业的重要动力便是来源于制造业的培育发展，且现代制造业与现代服务业之间的融合发展趋势已经非常显著。生产性服务业是现代服务业的重要领域，其本身便承担着为制造业发展提供科技、物流和金融等关键支撑性服务职能。同时，现代制造业发展又可以不断为现代服务业发展提供不断升级的、优化的装备设备及发展需求。从制造业与服务业之间的关系来看，其作为国民经济的主导地位也非常显著。我国是世界上人口数量最多的国家，我国的国民经济发展不仅要考虑不断为人民群众实现美好生活提供更多更好的制造业产品的问题，还要考虑为广大

---

① 崔光灿，刘羽晞. 土地财政、房地产投资与"产业空心化"［J］. 金融与经济，2019（10）：52－58.

民众提供大量就业岗位的问题。因而，在我国的特殊国情下，制造业首先应当是民生产业。制造业相比于农业和服务业来说具有提供大量就业岗位的特点，因而其对于民生保障能够起到巨大的承载作用。

美国制造业"外迁"造成其国内出现了较为严重的产业空心化问题，具体表现为制造业占 GDP 的比重大幅降低，仅在 10% 左右。严重的产业空心化也带来一系列其他经济产业和民生问题。具体来说，产业空心化造成美国制造业对农业和服务业的承载能力下降，导致其农业和服务业的制造业产品需求过多依赖于国际市场供给，降低了其产业链的自我配套能力。同时，产业空心化还造成美国经济产业的就业承载能力降低，农业和服务业虽然能够创造 GDP，但是其能够提供的就业岗位数量却难与制造业相比。产业空心化问题突出，还造成美国资金大量流向股市和证券市场等虚拟经济领域，造成其国内经济产业结构出现畸形发展，并造成其产业结构抵御经济风险的能力降低。2008 年发生的美国次贷危机和欧债危机在某种程度来看，正是美国和西欧国家制造业比重降低和虚拟经济过度膨胀造成的产业化空心化问题。对于美国来说，产业空心化还严重影响到其世界版图，制造业对于美国维持其世界霸权起到了重要的物质支撑作用。美国的产业空心化也在一定程度上影响到其科技创新能力的提升和全球科技霸权地位[①]。目前，我国也正处于从工业化中期向中后期加速转变的时期，国内制造业发展面对的要素环境也出现了价格不断上涨的压力，尤其是劳动力价格的大幅上涨导致我国制造业产品的利润空间受到一定压缩，出口竞争力也受到一定削弱。实体产业利润率的降低使国内资金出现了过度流入股市、证券和房地产市场的虚拟化风险。因而，我国应当深刻吸取美国制造业

①　任净，周帅. 美国产业空心化问题研究 [J]. 大连海事大学学报（社会科学版），2015（5）：6-13.

"外迁"造成的产业空心化问题的经验教训，在积极推进制造业创新驱动发展的同时，还要注意防范产业空心化问题。

8.1.2 美国制造业"回流"对我国的启示

制造业"回流"是美国为改变其产业空心化问题并深刻总结国际金融危机经验教训而采取的应对之策，其属于美国"再工业化"战略的重要内容。为推进制造业"回流"，美国自奥巴马任总统时便制定了系列规划，不仅将其上升到国家战略高度，并相继出台了一系列政策。特朗普任美国总统时期虽然在诸多施政方向上与奥巴马背道而驰，甚至对奥巴马施行的不少政策进行否定，但其却坚定地延续了奥巴马的"再工业化"战略和制造业"回流"政策。甚至，为推进制造业"回流"，特朗普采取的诸多政策措施要比奥巴马激进得多。美国作为世界上最大的发达国家和当今世界唯一的超级大国，其本身也是制造业强国。制造业占美国 GDP 比重虽然有所降低，但是美国制造业产品依然是世界第一位，且其制造业发展中的诸多核心指标仍然能够充分说明，美国的制造业并未衰落。恰恰相反，美国在前期的制造业"外迁"中不仅没有造成其制造业衰落，反而通过充分利用全球化背景下的国际市场机制进行全球范围内的要素优化和产业布局，进而为其国内推进传统制造业的技术改造和新兴先进制造业的培育发展创造了条件。正因如此，美国制造业依然维持着非常强大的科技创新能力，掌握着诸多制造业行业领域中最先进的核心知识产权，并在世界制造业产业链上占据非常多领域的高端位置[①]。因而，美国所谓制造业"回流"依据的是产业

---

① 张佳睿，朱颖. 美国制造业实力地位的观察视角 [J]. 理论经纬，2016（1）：62 – 63.

空心化问题及其制造业衰落论调，从某种程度上来讲未免有夸大之嫌。即便如此，制造业"回流"在当今的美国已然在政策导向和产业实践中成为一个客观的现象，并因美国在国际经济产业体系中所具有的庞大体量和重要影响力而必然在经济全球化深入发展的今天，对包括我国在内的世界经济产业格局产生深刻影响。从美国推进制造业"回流"的动因、过程、采取的政策措施及其发展现状来看，其能够为我国制造业发展提供的启示主要体现在以下几个方面。

一是美国的制造业"回流"并不符合制造业培育发展的基本规律，并可能因违背制造业产业市场机制运作的基本规律而难以达到预期效果。美国提出的制造业"回流"策略虽然在政策层面产生了较为系统的引导和鼓励政策体系，如其在财政、税收和法律等方面为美国制造业"回流"提供了诸多优惠政策，也为吸引其他国家和地区的制造业企业投资美国提供了更多的优惠举措。但是，制造业"回流"美国本土后所面对的生存和发展环境并不会因这些优惠政策及其带来的产业市场效应而发生根本性改变。美国之所以出现制造业"外迁"趋势，主要是因为其国内制造业消费市场趋于饱和，传统制造业产能严重过剩，且本土要素价格尤其是劳动力价格过高所致。正因如此，美国制造业企业为降低生产成本，拓宽利润空间，并为遵守美国本土严苛的生态环境保护要求，而选择迁移到劳动力价格较低或消费市场较为广阔的国家和地区[1]。可以说，美国本土并不具备某些制造业行业发展的客观市场环境，才出现了其制造业"外迁"的趋势。

目前，美国以政策性举措引导其制造业"回流"，并不符合制

---

① 刘承元. 从曹德旺事件看美国制造业回流 [J]. 企业管理，2017 (2)：28–29.

造业培育发展的基本规律，也因违背制造业市场机制的运行规律，而可能遭遇更多的困难。正因如此，自美国提出制造业"回流"策略以来，包括我国在内的世界范围内的诸多经济界和产业界人士都对其抱有迟疑态度，其中甚至不乏认为美国制造业"回流"不会成功的声音。当然，就现实情况来看，美国的制造业"回流"到目前为止也仅是雷声大、雨点小的效果。因为，制造业企业经营的目的是盈利，美国的国内市场环境下制造业企业"回流"后因其生产成本过高很难盈利，甚至可能出现亏损情况。所以，没有任何一家制造业企业愿意在利润被压缩甚至亏损的状态下在美国本土维持生产。对此，我国应在制造业发展中，尤其是在我国达到美国制造业发展的阶段性水平后，在制造业发展的海外布局中应充分遵循制造业培育发展规律及相应的市场机制运行规律。

二是美国的制造业"回流"实际是其"再工业化"战略的一部分，其本质在于推进传统制造业技术改造和新兴先进制造业培育。美国推进制造业"回流"并非单纯重新培育其传统制造业，而是要在不断优化其制造业创新驱动发展机制的同时维持其制造业本身的科技创新能力及其对美国创新发展活力和能力的带动效应，以维持美国在全球科技创新领域的垄断优势。美国制造业"回流"政策实施的另外一个重要目标在于通过推进最新科技成果的研发及其与传统制造业的融合，实现美国传统制造业的技术改造和产业升级，并在此过程中不断通过科技创新成果的运用培育新兴的先进制造业，以保持美国在世界制造业领域长期占据产业链的高端位置，进而实现美国制造业的"复兴"[①]。当我国国内一些学者在审视美国制造业"回流"政策时，认为美国推进制造业"回流"是要单纯扩大制造

---

① 贾根良，楚珊珊. 制造业对创新的重要性：美国再工业化的新解读［J］. 江西社会科学，2019（6）：41－50，254－255.

业在其国民经济中的比重，这未免有理解偏颇之嫌，更是低估了美国制造业"回流"政策实施的战略目标。美国的制造业"回流"是其"再工业化"战略的一部分，而美国"再工业化"战略实施的核心目标正是在于加速培育新兴先进制造业，以保证美国制造业及其他各个领域的全球领先地位。

当前，我国 GDP 规模已牢固维持在世界第二位，且制造业体量庞大，并成为"世界工厂"，但是我国制造业的科技创新能力和产业链位置及产品附加值等核心指标与美国相比尚存在不小差距。如果从制造业创新驱动发展的角度来看，我国应当对美国的制造业"回流"予以高度重视，并积极吸取其优化制造业创新驱动发展机制和加速培育新兴先进制造业培育的经验，不断健全和优化我国的制造业创新驱动发展机制，将先进制造业培育上升到国家战略高度。我国的制造业企业应当积极借鉴美国制造业升级发展的基本经验，既要努力提高科技研发能力并掌握更多的行业领域内的核心知识产权，也要积极推进科技创新成果在传统制造业领域的普及应用，并不断在科技创新中孕育新兴的先进制造业新业态[1]。我国在先进制造业培育中，要密切追踪美国制造业"回流"和"再工业化"战略实施的科技创新和产业培育动向，尤其要在制造业信息化、智能化和数字化领域加速发展，通过制造业与信息化、智能化和数字化的融合发展实现对美国及发达国家制造业发展的"弯道超车"，避免在美国的"再工业化"战略和制造业"回流"政策实施中再次落伍于制造业发展的世界潮流。

三是美国为配合制造业"回流"采取贸易保护主义措施，其逆全球化举措并不值得我国借鉴。在国际贸易中对关税政策进行调

---

① 潘云鹤. 以创新引领制造业高质量发展［J］. 智慧中国，2019（8）：43–45.

整，或采取自由贸易政策，或采取贸易保护主义政策，是美国在其制造业培育和发展中经常采用的做法。在美国工业化起步时期，其为保护本国的工业品销售市场，并为其国内制造业培育提供良好的发展环境，美国在未超越英国而成为"世界工厂"前就曾经长期奉行贸易保护主义政策。尤其是美国北方工业较为发达的各州，为保护其本土制造业产品销售市场而要求联邦政府提高关税，并与美国南方以种植园经济为主要经营形式的各州发生矛盾，甚至由此而爆发了内战。内战的结果是，北方工业发达的各州取得了胜利，此后直到美国在 19 世纪末超越英国而成为世界制造业第一大国前，其长期奉行贸易保护主义政策。当美国取代英国制造业的世界地位后，其转而迅速成为贸易自由主义政策的积极奉行者，并在美国制造业长期高居世界首位的数十年间，美国不仅主动降低自己的关税，还要求世界各国为推进自由贸易而消除传统的关税贸易壁垒，并在其主导下不断发展起了世界贸易组织。可以说，美国是当今世界贸易自由主义下世界贸易组织及其游戏规则的制定者，也是曾经贸易自由主义的代言人，还是当今世界经济贸易格局的重要塑造者和诸多自由贸易规则的引导制定者。但是，当国际金融危机发生后，为推进"再工业化"战略和制造业"回流"，美国开始否定主要由其自己制定的国际自由贸易规则，甚至通过实施诸多贸易保护主义政策来打破由其缔造并曾长期受益的国际贸易体系[1]。

美国本轮贸易保护主义抬头的主要目的仍然是要配合其国内的制造业"回流"，而其针对的主要是制造业较为发达的其他发达国家和地区，以及制造业发展较为迅猛的新兴工业化国家。我国作为当今的"世界工厂"，更是成为美国贸易保护主义打击的重要对象。

---

① 李春顶，林欣. 美国贸易政策的制定与决策机制及其影响 [J]. 当代美国评论，2020（1）：88 – 104，125 – 126.

自 2019 年上半年开始的中美贸易摩擦，正是在这样一种背景下发生的。美国为助推其制造业"回流"而在经济全球化深入发展的今天采取贸易保护主义政策，实际上已经严重不合时宜。因为，当今世界经济全球化的发育程度已经远远超过 19 世纪下半叶，世界各国制造业产业链高度融合，制造业发展依赖的各种生产要素也呈现出国际市场机制协同共享态势①。因而，我国无论在已成为"世界工厂"的今天，还是在未来制造业发展赶上甚至超越美国制造业之时，都要尽量避免在对外贸易政策选择上走向贸易保护主义，而要引导和鼓励中国制造业企业"走出去"，积极利用世界市场和国际要素资源，充分发挥我国制造业国际比较优势，在不断提升我国制造业全球产业链和价值链位次的同时，以中国智慧和中国方案服务于人类命运共同体建设。

8.2 英国、法国、德国、日本等发达国家制造业"外迁"与"回流"对我国的启示

制造业是现代社会的三大产业形式之一，在产业结构中发挥着主导性的重大作用。农业和服务业的升级发展既对制造业存在支持作用，也在较大程度上依赖于制造业的发展。制造业是世界各国普遍重视的重要产业形态，且从人类社会进入工业时代的经济社会发展主导趋向来看，工业化是现代化发展的核心内容，也是推动人类社会不断突破传统而走入现代的主导动力。工业化的核心内容就是要不断推动制造业的培育和升级。制造业的培育、发展和升级有诸

---

① 马弘，秦若冰. 美国经济的开放结构：兼论后危机时代美国贸易政策转向 [J]. 当代美国评论，2020（1）：56 – 71，124.

多特定的规律可循。首先，制造业培育和升级的动力在于科技创新，科技创新在制造业产生和发展中发挥着重大作用，且在现代制造业升级中日益发挥着主导性的重大作用。同时，科技创新体系日益复杂，与制度创新、管理创新等创新环节的协同配合性也越来越强。因而，现代制造业升级需要不断健全以科技创新为主要内容的创新驱动发展机制。其次，随着工业化进程的推进，一个国家的产业结构在不同的工业化阶段会呈现出不同的规律性变化。工业化初期，制造业占 GDP 比重迅速增加，并逐步超越农业而占据主要地位。工业化中期，制造业占 GDP 比重开始下降，服务业比重开始上升。工业化后期，服务业占 GDP 比重最大，制造业所占比重降低，但生产性服务业越来越重要，所占比重相应增加。再次，制造业在升级发展中会造成劳动力等生产要素价格的变化。在工业化初期，一个国家的劳动力价格较低，其制造业培育可以充分利用这种廉价劳动力优势。工业化中期以后，一个国家的劳动力价格会大幅上涨，造成其劳动力价格优势减弱直到消失。最后，在制造业培育和发展的不同阶段，一个国家的对外贸易政策也会呈现出阶段性的规律变化。在工业化初期，国家的制造业缺乏国家竞争力，因而在对外贸易政策上希望能够充分利用关税壁垒保护本国制造业市场。工业化中期，随着制造业的发展壮大，国家会希望世界各国降低关税进行自由贸易。工业化后期，因国家的制造业占 GDP 比重降低，因而国家一般希望执行贸易保护主义政策。

以上这些规律性的经验，是美国在其工业化进程中制造业的培育、发展和升级实践经验的总结，同时也是世界上绝大多数正处在工业化进程中的国家，在自身制造业发展中正在经历的现实。美国制造业之所以在二战以来出现"外迁"与"回流"的现象，与制造业在培育、发展和升级的不同阶段呈现出的以上规律性密切相关。

美国制造业在发展中出现"外迁"和"回流"态势的原因是其所具有的工业化进程的规律性体现，也成为其他发达国家在工业化进程中制造业培育、发展和升级不可规避的重大问题。在美国制造业自20世纪60～70年代后出现"外迁"趋势，并于20世纪初出现"回流"趋势后，英国、法国、德国和日本等发达国家也在其制造业发展的相应阶段遇到过相似问题，但是在制造业"外迁"和"回流"的具体举措上，各国采用的具体策略和措施与美国又不完全相同，因而形成了不同的制造业"外迁"和"回流"态势。英国、法国、德国、日本等发达国家制造业"外迁"与"回流"的经验与教训也同样重要，也对我国推进制造业升级具有重大的借鉴价值。

8.2.1　英国制造业"外迁"与"回流"的态势与启示

二战结束后，英国制造业发展历程大致与美国一样。20世纪50年代后，随着英国制造业在二战初期在美国"马歇尔计划"支持下经历十几年的恢复和发展，英国也出现了国内劳动力价格上涨和消费市场竞争日益激烈的问题。同时，第三次科技革命的迅猛发展及新技术在制造业领域的运用催生出诸多新兴制造业形态，并与纺织、钢铁、汽车制造等传统制造业在生产要素上形成日趋激烈的国内竞争。在此背景下，英国也逐步开启了"去工业化"进程。20世纪50～60年代，是战后英国制造业发展的黄金时代。20世纪50年代初，英国凭借其强大的工业基础，在制造业发展中领先除美国以外的欧美传统工业强国。当时，英国国内人口为5000万人，但是制造业工人便有900万人，还有90多万煤矿工人。英国制造业繁荣发展的一个重要体现便是国内涌现出一批享誉世界的工业重镇，如伯明翰、曼彻斯特、格拉斯哥、南威尔士和苏格兰之间形成了连绵的工业带, 东米德兰和伦敦也是英国当时著名的制造业工业基地。20
世纪 50 年代, 制造业占英国 GDP 的比重超过 30%, 且赋予了英国
制造业强大的世界竞争力。英国制造占到当时国际出口贸易的
25%, 比战后初期的德国、法国和意大利的总和还多①。

　　20 世纪 60 年代, 英国制造业依然维持强劲稳定发展势头, 年
增长率达到了 2.5%。英国虽然因为戴高乐将军的反对而未能在 20
世纪 60 年代加入欧洲共同体, 但是英国却拥有英联邦成员国的庞大
消费市场, 且其制造业产品中的四成商品都出口到了英联邦成员
国。但是, 在这一时期, 英国制造业相对于德国和日本等老牌工业
化强国的比较优势正在消失。随着德国和日本在战后逐步恢复并建
立起较为完善的工业体系, 英国制造遭遇的德国和日本制造业的竞
争也日益激烈。20 世纪 70 年代后, 英国国内很多政治家虽然坚信
强大的制造业才能造就强大的国家, 但是英国在这时期却逐渐丧失
了制造业优势地位。尤其是在 20 世纪 70 年代末以后, 随着撒切尔
夫人上台担任首相并推动财政经济政策转型, 英国经济产业发展的
重心开始出现明显的"去工业化"特征, 转而以银行和金融业的爆
炸式发展推动服务业出口贸易。在此期间, 英国制造业发展的国内
环境逐步恶化, 过高的通货膨胀、两次严重的经济衰退, 以及能源
和原材料价格的上涨, 都造成了英国制造业发展国内环境的逐渐恶
化。在此期间, 英国制造业占 GDP 比重开始出现下降, 一度降至
20% 以下②。但是, 此时新兴发展中国家的制造业尚未强势崛起,
因而国际工业品市场依然存在较大的消费需求, 且这种消费需求还
处在不断上涨之中。同时, 作为英国制造业重要出口市场的英联邦

---

① 陈少君. 英国制造业又陷入衰退期 [N]. 国际商报, 2001 - 06 - 06: 3.
② 加文·卡梅伦, 詹姆斯. 英国制造业 1970 ~ 1992 年间的增长 [J]. 经济资料译
丛, 1999 (2): 56 - 67.

成员国依然对英国制造业产品存在较强的消费需求，英国制造业虽然出现衰落之势，但是制造业占 GDP 比重依然维持在 20% 以上。此时期，英国制造业还遭到来自日本和德国制造业产品的强势竞争。

可以说，国际价值链转移尤其是战后欧洲各国制造业的恢复和发展，尤其是德国和日本制造的崛起及其造成的冲击，是英国制造业在 20 世纪 70 年代后迅速衰落的外部因素。在外部因素冲击竞争的同时，英国自身开启的经济转型则是造成英国制造业走向衰落的内部因素。英国是在工业革命中走向世界霸权巅峰的，也因制造业世界霸主地位的丧失而在国际地位上被美国取代。虽然英国的政治家们深知制造业对国家实力的重大影响，但是在内外各种因素的影响下，20 世纪 70 年代后英国制造业最终还是出现了不可避免的衰落势头。英国不仅在科技和规模上失去了制造业的国际竞争优势，而且在国际制造业产品出口贸易的竞争中也败下阵来，难以与德国和日本的商品展开有效竞争。英国制造业遭遇的转型阵痛出现在 20 世纪 80 年代初，尤其是撒切尔夫人的经济改革是造成英国制造业衰落的重要原因。1979 年，撒切尔夫人上台以后，开始推行基于其信仰的货币理论的新型经济政策，以银行和金融业取代制造业在英国的地位，控制英国国内的通货膨胀，大力推动服务业的出口贸易，造成英国的金融业呈现出爆发式增长，并成为全球最重要的金融行业中心之一①。

撒切尔夫人在上台之初推行的改革，既是基于英国制造业发展的现实情势做出的合理反应，也是当时包括英国在内的一些传统发达国家在遭遇制造业发展瓶颈时经常采用的对策。这种改革造成的

---

① 陈曦. 英国到了挽救制造业的时刻 [J]. 装备制造，2010（4）：52 – 53.

结果便是"去工业化",制造业因通货膨胀受到遏制而丧失良好的发展环境,更加难以在国际竞争中与日本、德国乃至后来的新兴工业化国家抗衡①。日本和德国制造业产品凭借其高科技优势即便在通货膨胀受到抑制的情况下依然可以凭借技术和质量优势而获得竞争优势,而新兴工业化国家,如中国和印度等,则可以在工业化开展初期凭借廉价劳动力和国内实行积极的财政政策赋予制造业较强的国际竞争优势。这些优势,英国都不完全具备,因而只能选择"去工业化"的道路,并通过抑制通货膨胀来发挥其金融业发展的传统历史优势及其在金融业发展中具有的丰富管理经验将金融服务业出口作为其新兴产业进行培育和发展。

英国制造业虽然经历了"去工业化"进程,且制造业在 GDP 中比重大幅降低,但是其制造业比重降低的过程,实际上也是一个制造业在摒弃传统制造业而向先进制造业转型升级的过程。20 世纪 80 年代,为适应转型的需要,英国政府采取了有利于实现更加高效的市场化的供给侧政策。尤其是在劳动力市场建设中,鉴于此前传统工会强大的职权对制造业企业发展造成的约束,英国政府开始对工会进行改革,将其日益脱离于对企业独立经营和发展的影响,而将对工人权益的保障交由市场去解决。为充分保障劳动力市场条件下工人的权益得到切实保障,英国着力加强了与劳动者权益保护相关的法制建设。如此一来,英国制造业企业逐步摆脱传统工会的强力约束,开始按照更加自由和高效的市场规则配置劳动力要素,也为其中的很多企业,尤其是高新技术企业集中更加优质的科技研发和高级管理人才推动科技创新和产业升级提供了更多可能②。在此背

---

① 毛锐,张晓青.英国学术界对非工业化问题的研究 [J].历史教学 (下半月刊),2013 (1):59-65,58.

② 王喜文.英国制造业能否重现工业革命时代辉煌 [N].中国电子报,2014-12-23:4.

景下，许多外国公司重新将英国视为投资的重点地区，纷纷在英国开设分公司，而英国在撒切尔夫人主政时期建立的高效自由的资本流动机制和发达的金融服务业，以及更加自由的劳动力市场机制则为这些制造业企业在英国从事更为尖端的科技研发活动并将其快速产业化提供了良好的市场环境，形成了吸收更多海外投资和推动制造业升级的协同互动格局。

英国在"去工业化"的同时虽然也相应通过推行市场化的改革和增加供给侧的政策推进制造业升级，但是从整体来看，其制造业的衰落，尤其是英国作为曾经世界制造业霸主的地位不仅在 19 世纪末便被美国所取代，而且英国在当今各国制造业中的地位也不断在下降，早已不复昔日制造业强国的风光。截至 2010 年，英国制造业占 GDP 的比重不足 10%。从 20 世纪 70 年代，英国制造业面对德国和日本制造业强势崛起而开始出现衰落，在 40 多年的时间内，英国从事制造业的人口锐减了 70%。据统计，英国目前全国从事制造业工作的人口数量仅为 700 万人，而全国范围内从事私营和公立服务业的人口数量却高达 2700 万人①。可以说，在"去工业化"的过程中，英国在经济和产业转型中已经形成了典型的"后工业化经济体"。2008 年发生的美国次贷危机和欧债危机也让英国在反思中再次知晓制造业复兴的重要性，因而在中国、美国和德国等工业化大国和强国纷纷提出自己的"工业 4.0"发展战略之际，英国也提出了《工业 2050 战略》，旨在通过推进制造业价值链的数字化发展，基于现代网络信息和智能技术实现生产链的重新分配，为市场提供更多的个性化低成本产品，以满足消费者多样化的个性化消费需求。

---

① 吴丛司. 英国制造业转型之鉴［J］. 质量探索, 2014（10）: 60.

8.2.2 法国制造业"外迁"与"回流"的态势与启示

法国既是老牌工业化强国，也是世界主要的发达经济体之一。尤其是在欧盟内部，法国无论是制造业实力还是国家综合实力，都处在领导性位置。目前，法国是欧洲各国中为数不多的工业体系较为健全的国家之一。法国在航空航天、民用核能、高速铁路、高端制造业、汽车制造业、医药产业和环保产业等制造业领域拥有较强的实力。

以航空工业为例，法国的航空工业在世界上非常著名，其航空工业技术不仅系统而且全面，可以生产大型民用客机、运输机、军用战机和军用直升机的整机、飞机发动机以及相关的零部件。其中，在民用航空飞机领域，欧洲的空中客车公司虽然由法国、德国、英国和西班牙四国共同筹建，但是其基础却是法国原有的飞机公司，且其整机生产是在法国完成，在空客飞机的关键技术研发和核心部件生产中，法国都占据了主导地位。除整机的设计、制造和组装之外，空客飞机的航电系统、发动机设计和制造也主要由法国公司来完成。1992 年欧洲直升机公司成立后，在法国的主导下，也迅速发展成为世界上知名的较重负载直升机制造商，并占据了目前世界较重负载直升机世界市场份额的半壁江山。法国达索飞机制造公司曾经是享誉全球的幻影系列战斗机的生产企业，现今依然是欧洲唯一的一家以生产小型喷气式商务客机为主要业务的制造企业，在行业领域中同样占据世界销售市场的半壁江山。航空工业的核心技术和关键部件便是航空发动机，法国航空工业的强大与其先进的航空发动机研发、设计和制造能力直接相关。法国拥有世界领先水平的航空发动机制造企业，斯奈克玛公司便是法国最重要的发动机制造企业，其产品涵盖民用飞机发动机、军用飞机发动机和航天发动机等，其民用飞机发动机系列中 CFM56 型发动机不仅供给空客 A320 和 A340 使用，还供给波音 737 等波音机型使用，甚至该公司还专门为波音 777 飞机设计了 GE90 型发动机。可见，法国的斯奈克玛公司在民用飞机发动机设计和制造领域处在世界领先地位，是全球最主要的两大民用飞机制造企业波音和空客的发动机主要供应商，基本垄断了两大民用航空巨头企业发动机供货量的 70% 和 50%①。

发达的航空制造业只是当今法国制造业的一个缩影，其在航天、核能、医药、高端装备及汽车制造等领域，同样拥有大量的核心自主科技和世界知名企业。法国制造业的一个重要特点便是体系健全，自我配套能力很强，对世界其他国家的依赖性在当今世界主要发达经济体中处在较低位置。可见，法国制造业与英国不同，虽然 GDP 世界排名不相上下，但是法国制造业实体经济在国内产业结构所占比重更高，且法国的制造业对于支撑和维持其世界大国地位起到了重大作用。无论在欧盟还是在世界范围内，法国依然凭借其自身强大的制造业实力维持着大国地位，不仅是联合国五个常任理事国之一，还在欧盟内部与德国一道成为主要领导者，而法国在欧洲影响力则远在英国之上。这一切，都与法国拥有健全、强大和先进的制造业不无关系。

实际上，法国制造业虽然比英国强，但自 20 世纪 80 年代开始，也经历了"去工业化"的阵痛转型。从制造业全国就业岗位数量变化来看，1980 年法国全国从事制造业的就业岗位数量尚有 510 万个，自 2013 年以后这一数据已经降至 300 万个以下。制造业占法国

---

① 曾涤，王廉. 制造业是国家经济竞争力的核心——西方七个经济大国工业制造业发展规律及其影响点评 [J]. 广东行政学院学报，2000（2）：57–66.

GDP 的比重也从 1980 年的 20.6% 下降至 2013 年以后的 10%。可见，法国制造业与英国一样，已经在新一轮的产业结构转型中出现了产业空心化的问题。尤其是 2008 年的国际金融危机，对法国制造业发展造成了重大冲击。此轮金融危机发生后，法国制造业持续出现下滑趋势，2008~2012 年法国制造业的就业率降低了 1.3 个百分点，制造业增加值占比则降低了 1.8 个百分点，法国国内制造业的劳动生产率增速也出现持续地减缓趋势，自金融危机爆发前的 3.1% 降低至 0.9%，说明法国不仅出现了制造业规模和就业数量降低趋势，而且其科技创新和技术变革速度也出现了减速趋势[①]。

截至 2010 年，法国制造业行业主要涉及表 8-1 所示的行业领域，2008 年国际金融危机后，法国制造业各行业领域增加值和就业率所占比重同样在表 8-1 的统计中。从该表数据可知，法国制造业涉及的工业门类较为广泛，但是食品加工业所占比重最大，说明法国制造业的整体质量处在下降之中。尤其是 2007~2008 年爆发的金融危机，既是法国制造业发展的试金石，也是其制造业转型分化的分水岭。在这场金融危机中，法国一些制造业持续此前的萎缩态势并在金融危机冲击下加速衰落，也有一些制造业行业增速并未受到较大影响而维持增长势头，还有一些制造业领域在危机爆发前表现尚可，但在金融危机爆发后出现了下降趋势[②]。

---

① 刘昶，赵红云. 法国制造业国际竞争力分析 [J]. 中国中小企业，2015 (10)：74-75.

② 赵彦云，侯晓霞. 法国产业结构高端化作用及影响研究 [J]. 现代产业经济，2013 (1)：65-72.

表8-1　　　　　　　法国制造业产业分类情况　　　　　单位：%

产业	代表产品	2010年增加值占比	2010年就业率占比
食品加工	所有食品、酒、香烟	16.8	20.8
纺织	衣物、鞋、织物、皮革	3.0	4.3
木材加工、造纸	木制品、纸张、报刊印刷	6.5	7.7
焦炭及精炼石油	成品油、焦油	1.4	0.3
化学	工业气体、肥料	7.2	4.2
医药制造	医药原料及制剂	4.1	2.6
橡胶和塑料制品	玻璃制品、陶瓷制品、水泥、混凝土、石膏	9.5	9.8
冶金	建筑金属零配件、机械加工件、模具、硬件、武器	14.8	15.2
信息、电子和光学设备	计算机、照相机、钟表、电子医疗产品	3.3	4.1
电气设备	电动机、光纤、家电	3.6	3.1
其他机械及设备	发电机组、机床、电梯	6.4	6.1
汽车	汽车整车及零配件（包括发动机）	5.1	5.5
其他交通设备	飞机、轮船、火车、摩托车、战车	4.6	3.5
其他制造产品	家居、机器维修和安装服务、饰品、玩具、游戏	13.8	13.0

　　自20世纪80年代，法国制造业出现"去工业化"以来，制造业"外迁"便成为法国制造业"去工业化"的重要选择。法国制造业"外迁"的历史非常悠久，但在20世纪80年代后，其制造业"外迁"开始出现高潮。法国制造业"外迁"的目的地较为广泛，

欧洲劳动力成本较低的国家和地区、非洲原属法国的殖民地国家、东亚地区的中国和印度等新兴经济体都是法国制造业"外迁"的重要目的地。同时,法国一些制造业企业还在美国设立研发中心,甚至直接投资设厂。法国制造业在"外迁"中既涉及大量的发展中国家,也涉及一些发达国家。在制造业"外迁"的形式上,法国企业既大量采用转让知识产权和提供生产装备的方式,也采用直接投资设厂的方式①。在法国制造业"外迁"的目的地中,中国是重要的目的地国家。法国制造业之所以对我国青睐有加,是因为法国制造业"外迁"的主要动力跟美国和英国一样,即在其国内面临日益高昂的劳动力成本及日益严苛的生态环境保护约束,而我国在改革开放初期,不仅制定了开放性的制造业发展政策体系,且劳动力成本较低,并拥有广阔的消费市场。在法国制造业"外迁"我国的过程中,中国、法国之间也曾出现几次影响较大的合作案例,如21世纪之初法国沃尔沃与中国重汽的合作,对于处在转型困境中的法国而言,中国重汽推动技术转型和管理升级都起到了重要作用,而在民用直升机及其他重要装备领域,中国、法国之间也有着较为密切的合作关系。法国制造业的"外迁"虽然对于迁入地国家地区的工业化进程起到了助推作用,但是却造成其本土实体产业空心化的问题愈发严重。

21世纪以来,在制造业"外迁"的过程中,尤其是2008年国际金融危机爆发后,面对世界范围内新一轮科技和产业革命的最新发展趋势,以及着眼于未来国际竞争的需要,法国日益感受到实体产业空心化造成的危害,因此进一步加强了对"工业强则国家强"的发展认同,并着手制定符合法国制造业转型升级发展实际的新工

---

① 宾建成,李德祥.法国"再工业化"战略及对我国外经贸的影响分析 [J].湖湘论坛,2014(2):52–56.

业发展战略。2013 年，法国政府颁布了《新工业法国战略》，确立了通过重塑法国工业实力让法国处在世界工业第一梯队的战略目标。《新工业法国战略》的战略着眼期为 10 年，致力于解决能源、数字革命和经济生活三个领域的重大经济产业问题，涉及 34 项具体实施计划，充分展示出作为老牌工业化强国的法国面对世纪之交的新科技变革和产业革命法国在新一轮制造业转型升级中确保自身领先优势的决心和努力。该战略涉及的 34 项具体实施计划涉及的领域相当广泛，具体包括超级计算机、机器人、网络安全、全电推进卫星、未来高速铁路、绿色船舶、未来工厂、智能创新纺织技术、回收和绿色材料、建筑物节能改造、智能电网、智能水管理、大数据、云计算、可再生能源、电化教育、电信主权、纳米电子学、物联网、安全健康和可持续的创新食品、非接触式服务、现代创新的木材工业、生物燃料和绿色化学、医学生物技术、数字化医院、新型医疗卫生设备、公里油耗 2 升以内的汽车、充电桩、电池自主自强、无人驾驶汽车、电动飞机和新一代飞行器、重载飞艇、软件和嵌入式系统、增强现实技术①。

从《新工业法国战略》设定的战略目标和具体内容来看，其实质与美国的"再工业化"战略基本相同，且其涉及的具体产业同样体现了物理系统与信息系统的结合，这一未来以信息化、数字化尤其是智能化为核心的产业变革和升级趋势。在《新工业法国战略》的推动下，法国也相应采取了一定措施，促成制造业"回流"法国，通过推动制造业"回流"在一定程度上改善法国实体产业空心化的问题，《新工业化法国战略》的核心内容依然在于通过科技创新推动法国制造业的智能化转型。

---

① 陈宝明，李东红 . 法国先进制造业发展经验与启示［J］. 科技情报开发与经济，2006（16）：124 - 125.

8.2.3 德国制造业"外迁"与"回流"的态势与启示

二战结束后，两德处于长期分裂状态，而联邦德国工业化发展水平相比民主德国要高。联邦德国不同制造业领域之间发展并不均衡。尤其是20世纪70年代末至80年代初以后，联邦德国一些传统工业如钢铁、造船、采煤和纺织业开始衰落。此时德国制造业并未像美国、英国和法国那样出现大规模"外迁"趋势，而更多通过采用内部转型的方式实现产业升级，尤其是将更多的生产要素向高新技术产业集中，同时坚持对传统制造业进行技术改造和转型升级①。在此过程中，德国一些传统制造业如钢铁和冶金等行业在技术改造中向着高精尖方向发展，而一些传统制造业如造船、采煤和纺织等行业则逐渐成为夕阳产业，在产量和产值不断萎缩的过程中逐渐没落。即便德国政府对一些夕阳产业，如造船和采煤等行业进行财政补贴，但是也很难挽回其发展的颓势。

德国在战后的制造业发展中，同样在产业升级中曾因劳动力等生产要素价格上涨而出现在本土生产难以为继的局面。德国采取的方式与美国等其他发达国家不同，并非放任让市场机制充分发挥作用并利用全球化趋势开启大规模"外迁"模式，而是尽量通过国家干预，如加大财政补贴和降低税收尤其是通过推进科技创新提高劳动生产率等方式，推动传统制造业的升级发展。同时，在此过程中，德国还积极推动高新技术的研发和产业化，积极培育战略性新兴产业。因而，德国并未像美国、英国和法国那般出现严重的产业空心化问题，其制造业占GDP的比重始终在30%以上。同时，德

---

① 闻一言."德国制造"长盛不衰的启示[N].中国审计报，2012-07-02：6.

国在传统制造业技术改造和高新技术产业培育中，逐步形成了汽车制造、机械制造、化工工业、电子电气业和食品工业五大制造业支柱产业。五大制造业支柱产业的销售额约占德国制造业总产值近60%，就业人数占到德国制造业总就业人数的40%左右。

德国作为西方的传统工业强国，其在制造业升级转型中虽然与美国等其他发达国家相比并未出现严重的产业空心化问题，但是其制造业结构依然存在需要调整的问题。汽车制造、机械制造、电子电气、化工工业和食品工业是德国传统的五大制造业支柱产业，其销售额占德国国内生产总值的比重超过25%，且相关产品因合计含量较高而在国际市场上具有较强的竞争力。虽然德国制造业中传统制造业所占比重较大，尤其是汽车和机械设备出口依然在德国制造业对外出口中占据主导地位，如汽车出口占德国制造业对外出口总额的27.4%，机械设备出口则占到了16.6%，但是其与信息技术相关的制造业产品出口额尚不足5%，而以汽车制造和机械制造为主的传统制造业的投资回报率和单位产出率都远远低于信息技术行业。德国以传统制造业为主的制造业结构造成其制造业的后发优势并不明显，也造成其在20世纪90年代以后尤其是21世纪以来出现了制造业国际竞争力有所下降的趋势，并日益引发德国内部关于推动传统制造业转型升级的思考①。2008年国际金融危机后，德国政府提出了《工业4.0战略》。

德国的工业4.0战略旨在利用信息和物理系统融合的技术手段，以智能化制造实现制造业生产方式的变革，推动传统制造业向先进制造业转型升级。从整体来看，虽然德国制造业技术先进，但是信息技术相对较弱，通过工业4.0战略的实施可以确保其制造业处于

---

① 王岳平．德国提升制造业产品质量的做法及对我国的启示与借鉴［J］．经济研究参考，2012（51）：33－37.

全球高端位置，这正是德国实施工业 4.0 战略的基本目的。德国的工业 4.0 战略的核心是实现信息系统与物理系统的融合及其在制造业中的普及运用，借以实现其传统制造业向高新技术产业的升级发展，以适应第三次科技革命的发展趋势，并确保德国在未来世界制造业竞争中处在优势地位，乃至站在全球制造业的制高点①。为此，德国工业 4.0 战略的实施主要围绕智能工厂和智能生产两个主题展开，并相应确定了标准化与参考架构、复杂系统管理、安全保障、工作组织与设计等 8 大关键领域的发展方向，以及自动机器人、工业物联网、模拟技术、水平垂直整合和增材制造等 9 项需要重点突破的关键技术。

德国与美国等大多数发达国家不同，其长期秉持制造业立国的工业发展思路，在德国制造业发展的历程中，制造业"外迁"趋势并不明显，且因不存在制造业大规模"外迁"的现象，因而其也并未出台明确的制造业"回流"政策。德国制造业面对传统制造业比重大而以信息技术为核心的新兴制造业占比较低的结构性矛盾，其针对自身制造业存在的突出问题，推出了旨在推进其制造业实现信息化和智能化发展的工业 4.0 战略。可以说，德国推出工业 4.0 战略有着深刻的国内和国际背景。从国内来看，制造业占德国 GDP 的比重大约为 30%，并占到其出口贸易总额的 60%。制造业在德国经济发展中占据着主导地位，因资源匮乏和人口老龄化问题严重，也导致其劳动力资源出现匮乏局面，造成其以传统制造业为主的制造业结构面对的可持续发展问题日益凸显②。从国际背景来看，德国制造业虽然先进高端，但是信息化和智能化融入不足，在全球信息

① 张秋旸，孟峻宇. 德国工业 4.0 战略及其对我国金融发展的启示 [J]. 华北金融，2021（4）：83 - 87，94.
② 王厚双，盛新宇. 德国制造业参与全球价值链分工特征及对中国的启示 [J]. 经济体制改革，2020（3）：160 - 166.

技术产业快速发展的背景下，德国制造若要继续维持高端位置，就必须顺应这种趋势，加速推进其工业4.0战略的实施。

德国的工业4.0战略在其长期重视制造业包括传统制造业的背景下更主要体现为一种推进传统制造业充分利用信息系统实现智能化生产的技术改造与升级，而非像美国和英国等大多数发达国家一样，在前期出现大规模制造业"外迁"现象且国内传统制造业已经衰落后，将最新的制造业发展战略更多定位在通过智能化技术开发和运用培育更多的具有新的业态特征的高新技术产业。因而，德国的工业4.0战略实际主要是实现传统制造业在机械化时代形成的自动化优势与现代信息技术和创新软件技术的融合，以实现其传统制造业在智能化发展中的再升级[①]。

德国制造业发展的历程拥有诸多宝贵的经验值得借鉴，其中避免实体产业空心化是其制造业长期发展并在技术和工艺上得以长期处在世界领先地位的最核心的经验。在制造业升级发展的过程中，面对劳动力等生产要素的上涨和国内消费市场的饱和竞争，德国选择了一条与美国、英国和法国等大多数发达国家不同的工业化道路，不放弃传统制造业，而是通过持续的科技创新和工艺改进，尤其是对于自动化技术的充分利用实现劳动生产率的提高，通过自动化技术和装备的大量使用，优化制造业产品的生产流程，极大地降低制造业对劳动力数量的依赖，并降低制造业产品的单位能耗，最终在传统制造业的长期发展中将机械化生产发挥到极致，既创造了"德国制造"的工业化神话，也在这一过程中培育了令人折服的"工匠精神"。正因如此，德国制造业并未在发展中出现显著的"外迁"现象，在美国、英国和法国等国家推出制造业"回流"措施的

---

① 沈立. 德国国家工业战略2030及其对中国的启示 [J]. 中国经贸导刊（中），2021（3）：51-53.

当下，德国并未出现当然实际也并不需要推出类似举措，而是通过实施工业4.0战略力图实现其传统制造业的智能化升级与转型。

8.2.4 日本制造业"外迁"与"回流"的态势与启示

目前，日本是世界上制造业高度发达的国家之一。日本在制造业发展历程中，既经历过承接以美国为主的制造业"外迁"阶段，也在本国制造业进入到以自主科技创新为主的时期后开启了大规模"外迁"趋势。日本制造业自20世纪70~80年代开始大规模"外迁"后，其制造业海外资产总额已经位居世界首位。日本制造业在"外迁"的同时，高度重视避免本国出现实体产业的空心化，故其制造业占GDP的总额维持在30%左右，只比德国略低，但是远远高于美国、英国和法国等大多数发达国家。21世纪以来，日本虽未像美国那般明确提出制造业"回流"政策，但日本一直重视在推动制造业"外迁"的同时，将高端制造业尤其是制造业的研发中心设置在本土[①]。日本制造业"外迁"主要是以大型制造业集团为主，其"外迁"的目的主要是为了利用海外的廉价劳动力和丰富的资源，在日本国内，大量中小制造业企业依然坚持在日本国内生产，并保持着执着的研发精神和精益求精的升级意识[②]。因而，日本制造业"外迁"与"回流"的态势和经验具有自身独特的特色，日本制造业持续的创新活力及其在世界高端制造业发展中的优势地位，充分说明其制造业"外迁"与"回流"的经验颇为值得借鉴。回顾日本的工业化历程，其制造业发展呈现出以下几个特点：

---

① 徐梅. 日本制造业强大的原因及镜鉴 [J]. 人民论坛, 2021 (Z1)：116-121.
② 周毅，许召元，李燕. 日本制造业发展的主要经验及其启示 [J]. 中国中小企业, 2020 (9)：79-80.

第一，日本制造业是在政府推进和对外侵略扩张的过程中发展起来的。欧美国家的工业化主要以市场的自发调节为主，尤其是在自由资本主义阶段，欧美制造业在第一和第二次工业革命中的兴起和发展主要以市场自发调节为主。当然，欧美国家的政府在其早期工业化进程中对于制造业发展同样起到了重要作用，但是相比于日本来说，欧美国家的政府在其工业化起步阶段并未将工业化上升到政府主导的程度。日本制造业是在明治维新发生后逐步开启的，在其制造业早期发展中，明治政府起到了主导作用。日本工业化早期，其制造业发展的基础可谓一穷二白，尤其是在国穷民贫的情况下缺乏丰富的资本。为解决日本制造业发展的资金问题，明治政府面向全国发行"金禄公债"，还设立"创业基金"和"劝业基金"帮助日本制造业企业解决迫切的资本匮乏问题。明治政府还通过增加发行财政信贷和经营管理国有企业等系列化措施，引导、保护和鼓励私人资本积极参与到制造业投资和发展中。在此过程中，日本国内一批财力雄厚又与政府关系密切的商人逐步成为明治时期投资制造业发展的重要力量，形成了日本早期工业化进程中特有的官商协作模式，并在日本政府支持下成为主导日本工业化发展的财阀势力。另外，为推动工业化快速发展，明治政府还推出了大量公共产品项目，比如大规模兴建有利于军事和工业发展的基础设施。在公共产品的供给中，明治政府进一步确立起其在日本早期制造业发展中的主导地位。

第二，日本的工业化历程与欧美国家面对的历史背景不同，其制造业发展历程也具有独特特点。英国和法国制造业发展，一般是从纺织业等消费资料的生产开始，随着劳动力成本的增加尤其是消费市场的扩大，为提高生产效率而开始推进消费资料生产的机械化程度，尤其是纺织机械的研发和使用及制造业能源和动力的创新，成为助推英国、法国早期制造业发展的重要动力。随着消费资料生产的机械化水平达到一定水平，其制造业培育才逐步拓展到生产资料领域。美国的制造业发展历程虽然与英国、法国不完全相同，但是也基本遵循这样的发展历程，美国相比于英国、法国拥有更为优越的制造业发展环境，因此其制造业在早期发展中更容易实现规模化生产。日本的工业化进程相比于英国、法国、美国来说则要更加复杂，在日本的工业化进程中，制造业在消费资料生产和生产资料生产中的推进是交叉同时进行的。对于日本的民间私人资本而言，其资本实力较小，驾驭市场风险的能力也更低，因此其制造业投资在早期主要集中在消费资料生产领域，然后逐步拓展到造船和机械及机器生产领域，呈现出从轻工业到重工业升级的特点，这一特点与英国、法国、美国等发达国家基本相同①。对于日本的官商资本而言，在日本制造业起步伊始便将资本更多投入到钢铁和机械等重工业尤其是军工领域，使日本的工业化历程呈现出与美国、英国和法国等老牌工业化国家不同的特点。

　　第三，日本制造业崛起过程中曾经大规模承接西方传统制造业的对外转移，尤其是在二战后，美国制造业"外迁"的重要目的地便是日本。与欧美主要工业化强国相比，日本的制造业起步相对较晚，因此在较长的时间内，日本制造业相对欧美主要工业化国家的制造业长期处于追赶状态。在此背景下，日本得以引进欧美的先进技术装备和制造业企业经营管理理念②。同时，日本在引进西方国家先进制造业体系的过程中，还重视仿照西方先进的制造业组织形式推动本国制造业企业组织方式的变革与管理制度的革新。日本在向欧美等国家积极学习的过程中逐步建立起较为完善的制造业体

---

① 包歌. 日本产业转移镜鉴 [J]. 中国外汇，2019 (22)：41-43.
② 朱帅. 日本制造业转型之路 [J]. 中国工业和信息化，2019 (9)：42-45.

系，但是因本国工业化基础较为薄弱，故直到二战以前，日本的制造业相对欧美等老牌工业化国家来说都相对落后，尤其是日本的机械机器制造业因对国外技术存在较强的依赖性，因此在很长一个时期内无法形成系统的核心自主创新能力。此种情况也让日本制造业在后来的发展中更加重视重工业发展，将重工业作为日本制造业升级发展的重要目标。

二战结束以后，20 世纪 50～60 年代，美国为将日本打造为兖州对抗社会主义阵营尤其是苏联和中国的桥头堡，在麦克阿瑟的主导下对日本进行了所谓的民主化改革，同时为日本卸下了军国主义的包袱，为日本在战后集中更多的资源修复在战争期间遭遇严重破坏的经济，恢复制造业发展，提供了重要条件。同时，朝鲜战争期间，美国对日本的军事订货为日本制造业企业带来了大量的制造业订单，也为日本充分利用美国的军事订单恢复制造业发展提供了重要助力。20 世纪 60 年代末至 70 年代中期以后，美国国内传统制造业因劳动力成本上涨和市场饱和而出现发展困境后，美国传统制造业中的很多企业开始大规模"外迁"，或直接到海外投资设厂，或加快转让制造业的知识产权，日本在此期间紧紧抓住美国制造业"外迁"的宝贵机遇，在承接大量美国制造业转移成果的同时，还高度重视对美国制造业知识产权的引进，通过引进、消化和吸收美国的制造业先进技术推动制造业的快速发展①。尤其是美国传统制造业的衰落还为日本等新兴工业化国家空出了广阔的国际市场，而此时中国和印度等后起的新兴工业化国家的制造业尚未得到充分发展，这也为日本制造业在 20 世纪 60～70 年代的勃兴发展提供了良好的国际市场环境。

---

① 林丽敏. 日本制造业："回归"抑或"从未失去" [J]. 现代日本经济，2019 (5)：70－82.

　　第四，日本重视科技创新，在逐步培育制造业核心自主创新能力的同时，开始制造业"外迁"历程。20 世纪 80 年代后，日本在二战后长期的制造业恢复和发展中，尤其是在 20 世纪 70 年代大量承接美国制造业"外迁"成果的过程中，其制造业自身的自主创新能力不断增强，加之日本高度重视教育和科技创新机制建设，故在 20 世纪 80 年代时，日本制造业出现了蓬勃发展并后来居上的局面，且随着日本在半导体、汽车制造、钢铁、机械和造船等制造业领域的快速崛起，甚至一度对美国制造业发展形成严重挑战①。与此同时，日本狭小的国内市场、匮乏的资源和逐渐增高的劳动力成本，让日本制造业开始选择"外迁"。日本制造业企业凭借其先进的生产技术、精益求精的产品品质和充满活力的科技创新能力，以及现代化的管理模式，在全世界范围内积极投资，将生产环节转移到市场广阔、资源丰富和劳动力成本较低的发展中国家和地区。此时，刚刚开始改革开放和逐步打开国门的中国成为日本制造业"外迁"的重要目的地。在日本制造业"外迁"的过程中，我国曾在相当长的一段时间成为承接日本制造业转移的重要目的地，并对我国制造业的发展起到了一定助推作用。日本作为一个外向型的经济体，其制造业"外迁"虽然以中国为重要目的地，但是并不仅仅局限于我国，印度、东南亚等新兴工业化国家和地区也是日本制造业"外迁"的重要目的地。尤其是 21 世纪以来，随着我国劳动力成本的上涨，日本制造业企业也出现了刻意向印度和东南亚国家和地区比如越南转移的新趋势。回顾日本制造业发展的历程可以发现，二战以后，在 20 世纪 80 年代以前，日本制造业主要以承接美国等西方国家制造业转移为主，同时在此过程中注意完善自身的制造业体

① 满颖. 日本高端装备创新发展的经验与启示 [J]. 中国经贸导刊（中），2019（8）：68 – 70.

系，在科技创新中不断补足短板，并培养了自身的科技创新能力①。
20 世纪 80 年代以后，日本制造业开始大规模踏出国门，走向世界，
成为国际制造业"外迁"的主力。目前，日本制造业"外迁"的历
程依然没有结束，成为发达的工业化国家中为数不多的长期推进制
造业"外迁"的国家。

日本制造业"外迁"与"回流"的态势和特点中蕴含着可以直
接借鉴的宝贵工业化经验。日本在 20 世纪 80 年代后推进制造业
"外迁"的同时并未造成国内出现产业空心化的问题，其制造业占
GDP 的比重远远高于美国、英国和法国，长期维持在 30% 左右，仅
仅略低于德国。同时，日本在制造业"外迁"的过程中，政府高度
重视国内中小制造业企业的作用，建立了以扶持和发展中小制造业
企业为主的政府财政和税收扶持机制，并通过诸多系列措施优化中
小企业从事科技创新的生态环境，形成了以中小制造业企业推动科
技创新的发展模式②。此外，在制造业"外迁"中，日本制造业企
业坚持将研发中心设置在国内，仅仅将一些劳动密集型的生产环节
转移到国外，而对于一些高精尖的加工制造环节，日本依然坚持在
本土生产。

① 王育琨. 日本制造业的转型秘钥 [J]. 商讯，2018（4）：118 - 119.
② 凡夫俗子. 日本制造业兴衰启示录 [J]. 商业观察，2018（6）：56 - 61.

9

美国制造业"回流"背景下
中国制造业的发展对策

目前，我国制造业发展中面对的最为紧迫的问题是要不断推进制造业的升级发展，尤其是需要在持续推进制造业淘汰落后和过剩产能的同时，着力健全制造业创新驱动发展机制，加速培育以人工智能等为主要产业形式的先进制造业培育，坚定实现"中国制造 2025"战略和国家创新驱动发展战略。在美国推进制造业"回流"的背景下，我国制造业发展所面对的全球化平台和国际市场机制已经达到了前所未有的高度，中美此前在制造业产业链和国际贸易中业已形成的密切联系可能会受到影响。我国应当在科学评估美国制造业"回流"的现状及其实践效应的基础上，采取切实的应对措施，在尽量减少美国制造业"回流"冲击和负面效应的同时，将其转化为我国制造业创新驱动升级发展的良好契机。结合前文对美国制造业"回流"对我国制造业影响的分析，我国应在应对美国制造业"回流"冲击中采取以下应对措施。

9.1 推进制造业动力机制转换，构建制造业创新驱动发展机制

创新是一个复杂的过程，而在制造业所涉及的产业经济视角下，创新从根本上来说是一个市场化的行为。按照熊彼特的创新学说来说，市场需求是创新的起点，在市场需求的基础上创新主体能够创造出新的产品、新的工艺、新的市场销售渠道、新的生产装备并取得良好的市场效果，这便是创新。因而，创新在主要内容上虽然表现为科技进步，但是能否称得上是科技创新，其最终的检验标准要以消费市场是否认可作为终极标准①。一种产品或工艺，即便再新颖，如果其无法得到消费市场的认可，那么其在产业经济范畴中便不能被称为创新，而只能是一种科技研发实践。在第三次科技革命迅猛发展并引起全球范围内产业结构及其与市场联系形式与程度发生深刻变化的今天，创新的内涵与形式也在发生着与时俱进的变化。一般认为，现代制造业发展中的创新驱动发展机制是一个涉及诸多复杂环节的系统工程，除科技创新作为其主要内容和环节外，科技创新所属的整个创新驱动发展机制的完善还依赖于思想或理论创新和管理创新等创新环节才能实现。思想或理论创新是科技创新的前提，而管理创新在此过程中起到对整个创新系统进行优化整合的作用，如果没有思想或理论创新及管理创新的辅助，科技创新也将无从实现，而制造业的创新驱动发展机制也将无从建立。

目前，我国制造业发展面对的最为迫切的问题便是要实现从要

---

① 程风雨. 产业集聚、空间溢出与区域创新效率 [J]. 产业创新研究，2020（12）：1－4.

素驱动向创新驱动的转型升级。自"十二五"（2011~2015 年）时期开局伊始，我国制造业发展面对的"新常态"特征便开始凸显：一方面，经历 40 多年的改革开放，在以市场换技术和要素驱动下，我国制造业发展取得了巨大成就，已经成长为"世界工厂"，制造业工业门类齐全，体系完善，且长期拥有廉价劳动力赋予的国际市场竞争比较优势。同时，我国制造业整体科技含量也稳步提升，出现了一批大型装备制造企业，以及一批掌握核心自主知识产权并拥有世界竞争力和国际品牌声誉的大型企业。另一方面，我国制造业面对的产能过剩问题也已经日益显现，尤其是传统制造业，如钢铁、纺织、电解铝乃至一些新兴制造业行业如太阳能、风能等，都出现了严重的产能过剩问题。因而，我国制造业自"十二五"（2011~2015 年）时期便出现了需要通过去产能和创新驱动发展以实现转型升级的迫切需要。正因如此，我国提出了供给侧结构性改革，其虽然以国民经济和产业结构的整体转型升级为目标，但是实现制造业从要素驱动向创新驱动的转型升级则是核心内容①。为此，国家还将制造业创新驱动发展上升到国家战略高度，提出并实施了"中国制造 2025"和创新驱动发展战略等国家战略，并将创新融入制造业升级发展及国家经济产业生活的各个方面。

近年来，我国制造业创新驱动发展机制逐步健全完善，但是距离制造业创新驱动发展的战略目标指向和中华民族伟大复兴对制造业发展的定位需要，以及发达国家的制造业及其创新驱动发展机制，仍有不小的距离。美国提出制造业"回流"既是基于其国内经济社会发展和维持其各方面的世界霸权和传统优势的需要，其实在外向的竞争对手指向上，更多的是出于防范甚至遏制我国的发展，

---

① 刘昕. 技术创新路径对制造业产业升级的影响研究 [J]. 科技和产业，2020 (6)：107–111.

尤其是为防范我国通过"中国制造2025"战略的实施在一些战略性新兴产业发展中取代美国的传统优势地位,进而在制造业及与制造业紧密相关的科技创新领域对美国形成挑战。美国的制造业"回流"虽然在实践中雷声大,雨点小,但是未来随着其推进力度的不断加大和引导优惠政策的不断积累,也必然会对我国制造业的创新驱动发展升级构成一定冲击性影响。为此,我国应当加速推进制造业发展动力机制从要素驱动向创新驱动的转换。

构建完善的创新驱动发展机制,推动制造业的转型升级,我国应当做好以下几项工作:一是明确制造业创新驱动发展机制的构成要素,加强创新驱动生态的系统整合。制造业创新驱动发展机制建设是一项复杂的系统工程,企业、政府、教科研机构和科技中介都是制造业创新驱动发展机制建设中不可或缺的因素。我国应进一步理顺其相互之间的关系,将其系统整合到兼容、协同、共享的制造业创新驱动发展机制之中①。二是着力理顺政府和市场之间的关系,充分发挥政府和市场对制造业创新驱动发展的引导和调节作用。政府在制造业创新驱动发展中发挥着重要作用,但是其效用发挥要以市场发挥主导作用为前提。在政府明确服务职能的前提下,要为制造业创新驱动发展提供政策性扶持,在财政、税收和法律等公共产品供给中为制造业创新驱动发展提供大力支持和明确引导。同时,市场是制造业创新驱动发展的出发点和落脚点,制造业创新的起点在于市场需求,同时其创新结果也要以市场检验作为终极标准。我国应加速推进全要素市场机制建设,为制造业创新驱动发展机制建设提供高效的要素配置环境。三是积极吸收发达国家和其他新兴工业化国家的发展经验,制定并完善制造业创新驱动发展战略。制造

---

① 马中东,宁朝山.数字经济、要素配置与制造业质量升级 [J].经济体制改革,2020 (3):24–30.

业创新驱动发展关乎未来,是决定我国在 21 世纪经济社会发展和国际地位的国家大计,我国制造业能否在创新驱动发展中走在世界前列乃至处在引领地位,不仅关乎中华民族伟大复兴事业的实现,更关乎我国能否在人类命运共同体建设中发挥一个历史悠久的和负责任的世界大国应有的作用。目前,我国虽然在制造业创新驱动发展中形成了几个关系较为紧密的国家战略,但是仍然需要继续完善战略实施的具体细节,并为战略实施做好从顶层设计到具体落实的配套政策和环境优化工作,同时还要注意做到战略实施的联系性,并依据形势的变化及时对战略内容进行与时俱进的调整。四是我国要健全知识产权法律保护体系,为制造业创新驱动发展提供优质的法律保障环境。制造业创新驱动发展机制建设需要健全完善法律保护机制,尤其是知识产权法律保护机制。目前,我国高度重视知识产权法律保护体系建设,并在近年来取得了不小的成就。尤其是《民法典》的出台为我国制造业创新驱动发展在企业产权归属、营商环境优化及知识产权保护等诸多方面提供了更加优质的法律环境。但是,我国知识产权保护立法和司法实践经验,与发达国家相比仍然不足。我国应进一步立足制造业创新驱动发展的实际需要,不断健全知识产权法律保护机制,为制造业的创新驱动发展尤其是科技研发活动提供有力的工业产权法律保护。

9.2 合理控制制造业产业占比,避免出现严重产业空心化问题

美国制造业"回流"虽然在当前的实际发展中尚未表现出对我国制造业发展造成严重冲击的迹象,但是从长远来看,对其可能对

我国制造业造成的潜在影响，我国亦应当高度警惕，其中避免因美国制造业"回流"而加重我国的产业空心化问题，也是一个重要的思考命题。对于美国的产业空心化问题，在前文论述中实际上已经做过一定探讨。目前，学术界也有一些声音认为，美国所谓的产业空心化问题并不存在。因为，美国制造业占国民经济比重虽然下降，但是其制造业产值仍高居世界首位，且其制造业因掌握诸多行业领域的核心自主知识产权和占据所属行业的产业链高端位置而充满创新活力。同时，美国服务业占 GDP 比重虽然较高，但是其服务业中的现代高端服务业，尤其是与制造业关系密切且存在高度的协同发展推进关系的生产性服务业高度发达，并占有服务业乃至整个 GDP 规模的相当比重。比如，现代制造业尤其是先进制造业培育离不开科技创新，而科技创新在现代社会是一个复杂的系统工程。科技创新的实现需要企业、政府、教科研机构和科技中介等创新主体要素的系统整合和协同运作，而教科研机构和科技中介都属于与制造业发展关系紧密的生产性服务业。因此，美国是否存在产业空心化或者说存在严重的产业空心化问题，依然是一个需要做科学分析和严密思考的命题。为避免出现严重的产业空心化问题，我国可以采取以下措施：

第一，引导证券金融和房地产市场合理发展，避免过度投资造成非实体经济泡沫化膨胀。在讨论产业空心化问题时，实际上学术界更多是指国内资金和其他要素资源过度流入非实体经济领域，尤其是股票、证券和房地产市场等虚拟经济领域，造成国民经济出现泡沫。目前，我国实际已经出现一定的产业空心化问题，国内资金以及国际热钱进入我国后过度流入房地产市场及股市和证券市场已经在某种程度上制约了我国以制造业为主的实体经济发展。之所以出现此种原因，既与国内生产要素价格上涨尤其是劳动力价格上涨造成制造业利润空间被压缩而导致资本利润率远远低于非实体经济有关，也与我国制造业发展面对的宏观市场环境等其他因素有关。在产能过剩的背景下，我国制造业产品早已告别卖方市场时代，进入到制造业企业激烈竞争和拼命厮杀的买方市场时代，且我国生态环境保护法规和产业工人劳动权益保护法规等与制造业发展密切相关的法律法规体系不断健全，也成为大量国内外热钱逃离实体经济的重要因素。针对国内非实体经济利润率高于以制造业为主的实体经济领域的现象，我国应当引导证券金融和房地产市场合理发展，加强国家对股市、证券尤其是房地产市场的引导调控力度，收窄房地产市场的转入门槛，建立基于市场并有政府合理调控的房地产市场价格引导机制，避免房地产市场过度膨胀而造成国内外资金过度流入，进而加剧我国的产业空心化态势。同时，我国还要针对外资流入进行流向性引导限制，在积极吸引外资的同时要对其入境后的产业流向进行限制，如禁止外资以独资、合资或其他形式进入我国非实体经济领域。

第二，动态评估美国制造业"回流"对我国造成的影响，坚定推进先进制造业培育及其创新驱动发展机制建设。美国制造业"回流"虽然在短期内难以取得预期效果并对我国制造业造成严重冲击，但是考虑到美国经济的庞大体量及其在国际经济和贸易体系中所具有的独一无二的巨大影响力，随着后续其制造业"回流"力度的加大和相关政策的不断完善和落地，其对我国制造业造成的冲击及可能给我国带来的产业空心化效应，我国不得不提高警惕。我国应坚定推进制造业的产业升级，尤其是要集中精力加速培育先进制造业，同时健全我国的制造业创新驱动发展机制①。目前，全球范

---

① 吴画斌，许庆瑞，陈政融. 创新驱动下企业创新能力提升路径及机制——基于单案例的探索性研究 [J]. 科技管理研究，2020 (10)：1-9.

围内制造业发展在后危机时代出现了显著的升级趋势，而其升级的趋势指向则集中在先进制造业领域。实际上，所谓先进制造业应当是一个相对概念，在任何时代中，先进制造业都存在，但在不同的时代，先进制造业又会指向不同的行业领域。当前，在制造业的升级发展中，传统制造业与信息技术的融合已经成为先进制造业培育的主要领域，实现制造业的信息化、数字化和智能化发展，已经成为世界各国制造业升级发展和先进制造业培育的主导趋向。我国于"十二五"（2011～2015 年）时期便将工业化和信息化的融合确立为我国制造业升级发展的重要方向，并将其作为国务院于 2013 年时公布的要在今后予以优先培育的七大战略性新兴产业之一。随后，我国为进一步明确先进制造业的培育方向，又颁布和实施了"中国制造 2025"国家战略和创新驱动发展战略等与先进制造业培育密切相关的国家级战略，足以显现党和国家对先进制造业培育的重视程度，而先进制造业培育的关键在于不断完善其创新驱动发展机制。

第三，合理控制制造业国民经济占比，重视引导和培育生产性服务业等高质量服务业发展。要避免出现产业空心化，关键在于维持制造业在国民经济中占有合适的比例。当一个国家进入到工业化中期后，因国内制造业市场和面对的要素环境发生了深刻变化，其制造业因利润率降低而出现资金和要素逃离的趋势难以避免。当然，从某个角度来看，当一个国家的制造业处在工业化中期时，其资金和要素逃离实体经济领域本身是一种正常的产业经济现象，且这种逃离对于国家产业结构的升级以至于制造业本身的升级发展，又是一种必需[1]。从发达国家制造业发展的经验来看，在 2008 年国际金融危机的冲击下，美国及西欧的希腊、西班牙和冰岛等国家因

---

① 俞新观. 如何应对"产业空心化"的趋势 [J]. 浙江经济，2019 (12)：52 – 53.

制造业占国民经济比重过低，在10%左右，而遭受了较为严重的冲击。发达国家中如德国和日本等则因其制造业占国民经济比重高于20%而显示出较强的危机抵御能力。因而，我国制造业占国民经济比重目前虽然仍接近于30%，但是我国应当在今后的制造业创新驱动升级发展中将其控制在国民经济的合适比例，且从发达国家的经验来看，最好要保持在20%以上。当然，若要考虑到我国庞大的人口体量及我国要实现中华民族伟大复兴中制造业发展的重要性，制造业占我国 GDP 的比重还可适度提高，但20%的占比应当是一条具有一定科学性和合理性的红线。在合理控制制造业国民经济占比的同时，我国还要积极引导生产性服务业发展。生产性服务业是现代制造业尤其是先进制造业培育发展之必需，如教科研机构、科技中介和金融行业等都是与先进制造业培育密切相关的生产性服务业。我国应当采取切实措施推进生产性服务业发展，并将其作为制造业创新驱动发展机制建设的重要内容。

9.3 淘汰制造业过剩落后产能，积极推进传统制造业技术升级

我国制造业的"产能过剩"问题是自"十二五"（2011～2015年）时期以来国民经济发展和产业结构调整优化面对的重大课题。因我国人口众多，制造业在国民经济和民生保障中发挥着特殊的重要作用，在对其过剩和落后产能的处理中，我国采取的是供给侧结构性改革的处置思路，既要逐步"去产能"，也要坚持"稳增长"的前提，同时还要坚守"惠民生"的原则。这就决定了我国制造业在升级发展中淘汰过剩和落后产能将是一个逐步推进的渐进过程。

在此过程中，我国应将过剩和落后产能淘汰与先进制造业培育相结合，积极推进传统制造业的技术改造，在通过多种渠道合理化解过剩产能的同时，以技术改造实现对落后产能的升级改造。为此，我国可以围绕过剩和落后产能的处理及传统制造业的技术改造，做好以下几个方面的工作：

一是加强对过剩产能制造业领域的政府引导，加强行业市场信息平台建设，引导企业合理控制自身产能。我国传统制造业行业中过剩产能现象的出现，与国内资金对行业领域的过度投资有关，比如钢铁、纺织等过剩产能行业中大量资金前期的无序投资建设是造成其产能远远超越市场需求的重要动因。对此，我国要加强政府对相关制造业行业领域的投资引导，在政府加强对传统制造业产品消费市场规模合理评估的基础上，对于国内外资金进入过剩产能制造业行业领域提供合理的引导建议，并对已出现产能过剩的制造业行业领域投资进行限制，但是对与过剩产能行业领域的技术改造有关的国内外投资允许进入①。另外，针对传统制造业企业在投资扩张中对市场环境把握能力不强尤其是缺乏有效的行业市场信息来源的问题，我国应针对出现过剩产能的行业市场建立行业市场信息平台，将出现产能过剩的行业企业的生产经营现状、投资规模和产能情况信息进行共享，以帮助传统制造业企业合理调整其投资规划，进而避免因过度投资而造成一些传统制造业行业出现产能过剩或造成其产能过剩的问题进一步加剧。

二是引导传统制造业企业走向世界，配合国内制造业转型升级。目前，我国传统制造业行业中出现了诸多产能过剩的现象，而相比于我国快速升级的制造业发展态势，我国传统制造业发展

---

① 张为付，薛平平．多元化经营、政府支持与产能过剩治理——基于中国粮油加工业的研究［J］．山东社会科学，2020（6）：136－142．

中的落后产能现象也非常突出。在此背景下，我国应积极借鉴美国在 20 世纪 60～70 年代后积极引导国内制造业"外迁"的基本经验，鼓励中国传统制造业企业走向世界，尤其是"一带一路"沿线国家和地区。"一带一路"沿线国家和地区以发展中国家和地区为主，其当前正在面对工业化推进和基础设施建设的迫切需要，与我国制造业存在较为紧密的产业链协同关系。我国制造业相比于"一带一路"沿线的广大国家和地区，尤其是发展中国家，具有一定的比较技术优势。我国制造业产品的科技含量和质量层次虽然与发达国家存在一定差距，但是相比于"一带一路"沿线的广大发展中国家而言，又具有显著的比较优势。对于我国而言，一些传统制造业产品属于过剩甚至落后产能，而对于"一带一路"沿线的广大发展中国家和地区而言，其则并非过剩和落后产能，或许恰恰是其经济社会发展尤其是制造业升级发展所必需的重要工业产品，且相比于发达国家的同类产品具有物美价廉的竞争优势①。为此，我国应当在过剩产能的处理中，积极借鉴美国曾经推进制造业"外迁"的做法，引导中国传统制造业企业走向世界，以配合国内制造业的转型升级。

三是提高传统制造业科技研发能力，推进传统制造业技术改造升级。所谓"去产能"并非仅仅指要关停一些出现过剩或落后产能的传统制造业企业，还指要通过推进传统制造业的技术改造和转型升级，以解决传统制造业中存在的过剩和落后产能问题。传统制造业要逐步化解自身的过剩尤其是落后产能，关键在于实现其自身的升级转型，不断提高自身的科技研发能力，并积极推进最新科技成果在传统制造业领域的推广应用。对于传统制造业企业而言，其要

---

① 王雪. 多中企借助"一带一路""走出去"的对策 [J]. 经贸实践，2018 (12)：5 - 7.

实现技术改造,既可以通过自主研发途径,也可以利用科技成果市场走引进吸收的道路,并建立起符合其自身发展需要的创新驱动发展机制。传统制造业企业的技术改造升级要与其创新驱动发展机制建设协同推进,并着力解决好以下几个方面的问题,如要建立产权明晰和权责明确的现代企业制度、合理分配企业利润并不断增加研发投入、建立科技研发中心和积极推进研发成果产业化等。对于传统制造业企业来说,其技术改造的关键在于建立创新驱动发展机制,需要在企业层面形成制度创新、管理创新和科技创新协同运作的良性互动机制①。传统制造业技术改造也会遭遇一些瓶颈,其中融资是大多数传统制造业企业面对的主要难题。对此,传统制造业企业既要积极盘活自身资金资源,通过建立现代企业制度优化企业资本产权结构,也要积极利用政府针对传统制造业企业技术改造提供的各类财政扶持和创新性融资扶持政策。政府和金融机构也要在传统制造业企业技术改造中积极探索财政和金融扶持的创新方式,以破解融资难题助推传统制造业企业的技术改造和产业升级。

9.4 合理推进制造业"走出去",积极 参与制造业国际化分工

目前,我国制造业发展既处在工业化中期,出现了产能过剩等经济"新常态"特点,同时也处在经济全球化深入发展的时代,也许未来随着我国制造业的转型升级和持续发展,尤其是当我国步入

① 张连起. 全面提升我国制造业应对经济波动的能力 [J]. 北京观察,2020
(6):40.

工业化后期时，美国制造业发展当前面对的国民经济占比下降和就业率支撑乏力的问题也会出现在我国的制造业业态之中。当下，引导和鼓励制造业"走出去"，是我国面对经济全球化并积极融入全球化时的必然需要和必然选择①。美国制造业"回流"在逆全球化中遭遇的重重阻力及其很可能出现的黯然前景，也告诉我们，即便美国制造业今天面对的诸多问题随着我国加速迈向后工业化阶段不断显现，我国也不能如美国那般采取贸易保护主义的措施，通过加重传统贸易壁垒的方式去实现所谓的"再工业化"，依然应当在坚持自由贸易和国际贸易规则的前提下，顺应经济全球化的时代趋势主要依靠科技创新实现制造业的持续升级②。

目前来说，面对美国大力推进制造业"回流"，我国制造业"走出去"应当做好以下几个方面的工作：一是将中国企业走向世界上升为国家战略，从国家战略高度形成引导企业走向世界的各方共识。同时，在国家战略指导下，政府要为中国企业走向世界构建健全的引导扶持政策体系，从法律、税收乃至财政政策等方面给予中国企业走向世界提供有力支持。二是提高中国企业"走出去"的风险评估能力，并建立完善的风险抵御和化解机制。中国企业大规模走向世界是最近十几年的事情。此前，中国企业"走出去"既没有形成普遍性的迫切需要，实际上也大多不具备走向世界的意识和能力。随着国内经济"新常态"的出现，以及中国制造业企业资金和技术实力的提高和国际视野的开阔，中国制造作为"世界工厂"的主要角色，不仅产生了"走出去"的迫切需要，也具备了走向世界的资金和技术实力。与发达国家的制造业企业相比，中国制造业企业走向世界仍处于起步阶

---

① 郑玉. 中国产业国际分工地位演化及国际比较 [J]. 数量经济技术经济研究，2020（3）：67−85.
② 李华. 中国制造业参与国际分工的生态效率测度——基于我国 25 个行业的出口数据 [J]. 当代经济，2019（12）：22−27.

段,对国际经营风险的评估和化解能力依然有限,需要我国协同政府、企业以及海外的多方力量建立完善的风险评估机制,并形成健全的海外经营风险防御和化解机制,如为中国企业"走出去"提供必要的经营保险业务等。三是利用"一带一路"倡议推进机遇,优化中国制造业企业海外经营布局。中国制造业企业虽然具备了一定的资金和技术实力,也拥有"走出去"的意识和需要,但是走向世界的实力并不能立即转化为海外经营发展的能力。况且,中国制造业企业与发达国家那些动辄经营数百年的大型跨国公司相比,尚在资本运营尤其是技术实力上存在一定差距。因而,在中国制造业企业走向世界时,应充分利用"一带一路"倡议推进的历史机遇,主要面向沿线国家拓展海外经营业务,因为中国制造业企业相比于沿线广大发展中国家而言,在资金和技术实力上尚存在一定的比较优势。

9.5 积极发展生产性服务行业,努力掌握核心自主知识产权

美国制造业"回流"是其"再工业化"战略实施的重要内容之一,因而在事实上也已经被美国上升到国家战略高度。在前文的分析中已经明确了这样一个问题,即美国制造业"回流"和"再工业化"战略实施不仅仅是基于其国内各界对全球经济危机中所暴露出来的美国制造业及其产业经济中存在的各种问题,还在于将我国设定为美国未来的战略竞争对手。21世纪是中国的世纪,是中华民族实现伟大复兴的世纪。中华民族实现伟大复兴也许存在多方面的发展要求,但是归根结底在于我国的国家实力要不断增强,而制造业尤其是先进制造业发展水平在很大程度上决定了我国未来的国家实

力和国际地位。因而,推进制造业的创新驱动发展升级,实现传统制造业的技术改造和先进制造业加速培育,关乎中华民族伟大复兴的实现和社会主义现代化强国建设目标的实现。先进制造业培育和传统制造业技术改造关键在于创新,尤其是科技创新,而制造业企业能够集中要素资源推进科技创新既要遵循科技创新与制造业产业互动发展规律,也要努力掌握行业领域内的核心自主知识产权。

科技创新与制造业发展的产业互动规律在某种程度上已经被包括美国在内的发达国家证实,其中当一个国家的工业化水平达到中等工业化阶段时,其制造业所占比重会降低,并呈现出显著的升级发展需要。当然,此时制造业升级发展的需要能否转化为产业升级的现实,关键在于其科技创新能力尤其是制造业创新驱动发展的机制能否形成,而当今世界上的发达国家,之所以能够实现从中等工业化阶段向后工业化阶段的转变,成为以先进制造业作为其制造业主体的工业化强国,最核心的原因在于其科技创新能力的及时跟进,而那些科技创新能力未能及时跟进的中等工业化国家,则基本维持在中等收入的发展中国家水平。在当今的发达国家以创新驱动发展实现自身从工业化中期向中后期的转变中,生产性服务业发挥着重要作用,这也是科技创新与制造业发展的产业互动规律的重要表现之一。实际上,在前文对美国制造业"外迁"和"回流"问题进行探讨时已经明确,美国制造业占 GDP 比重虽然降低,但是其生产性服务业等现代服务业却得到加速发展,并优化提升了其产业结构质量。生产性服务业与一般服务业不同,其属于服务业的产业形态,却与制造业发展存在密切的协同推进关系①。生产性服务业主

---

① 王娟,张鹏. 我国制造业与现代生产性服务业融合发展研究——基于产品内国际分工的视角 [J]. 科技管理研究, 2020 (4): 154 – 163.

要是指那些从过去的制造业领域中逐步分离出来及在制造业升级中不断出现的能够对制造业发展起到有效辅助支持作用的服务业形式，如科技研发、科技中介、科技成果推广机构以至于金融、物流、保险、信息咨询与服务等服务业形态都在严格意义上可以被归属到生产性服务业的范畴之中。

显然，制造业要实现创新驱动发展并不断升级，要实现从传统制造业向现代制造业的转变和不断培育出先进制造业行业来，生产性服务业的辅助支持作用不容小觑①。制造业企业的创新行为，尤其是科技研发及其产业化往往离不开现代金融服务业的支持，无论是传统金融机构还是线上融资抑或是股票、证券和风投等融资方式，都是制造业企业在科技创新破解融资难题中不可或缺的融资形式。制造业企业的科技创新行为在第三次科技革命深入发展的今天虽然对于企业的生存和发展越来越起到关键作用，但是因产业经济形态在经济全球化背景下也呈现出越发复杂多变的局面，故而其投资规模和相应的经营管理风险也大幅增加。为此，科技创新活动或因投资数量增加而成为单个企业无力承担的有风险的行为，或因创新成本的高昂而让一些制造业企业可能放弃科技研发活动，同时因科技创新在国内外市场机制日益健全的当下还存在市场对科技创新的锁定效应，一些制造业企业为维持在传统科技生产模式下的盈利状态而不愿意甚至抵制科技创新。因而，通过一定的融资创新解决制造业企业的创新融资难题，并通过其他一些生产性服务业的参与，如科技中介、信息咨询机构和保险机构等，来提高制造业企业科技创新的成功率和有效降低其创新失败风险，就成为制造业创新驱动发展之必需。

---

① 郁万荣. 生产性服务业促进经济发展研究 [J]. 现代商业，2020（18）：30-31.

目前，我国制造业正在经历从要素驱动向创新驱动的转型，制造业占国民经济比例降低的趋势实际上已经出现。近年来，我国制造业占 GDP 比重实际上整体处于下降之势，而服务业所占比重却呈现出上升趋势。对此，我国应当理性面对，因为这是发达国家在其工业化进程中展现出来的制造业升级和创新驱动互动规律的重要体现。当然，我国也要基于国情合理把控产业空心化问题。但是，生产性服务业不发达却成为我国制造业创新驱动升级发展的重要瓶颈，诸如股票、证券及风险投资等融资服务业、提供信息咨询和为科研机构与市场和企业提供对接服务的科技中介及其他的生产性服务业不发达，已经对我国制造业的创新驱动升级发展造成制约。因而，我国应当积极推进生产性服务业发展，将生产性服务业发展融入制造业创新驱动发展机制建设之中，自觉遵循制造业创新驱动升级与生产性服务业协同发展的客观规律①。同时，我国还要在制造业创新驱动升级发展中理性看待制造业占 GDP 比重降低的现象，理解制造业占比下降并不意味着其发展水平的降低，而恰恰是其升级发展的重要体现和必然需要。

9.6 顺应经济全球化发展趋势，引导全球要素市场机制优化

经济全球化既是美国制造业"回流"面对的客观形势，也是我国制造业升级发展需要依托的客观条件，同时也是不可规避的时代趋势。经济全球化从其字面内涵来看，应当是一个过程，即世界各

---

① 杨一帆. 提升现代服务业高质量发展的质量治理水平［J］. 质量与认证, 2020
(7): 33-34.

个国家和地区不断打破彼此隔绝的状态，在经济活动中不断发生日益紧密联系的过程。经济全球化中世界各个国家和地区的经济活动几乎涉及经济产业活动的各个方面，从经济活动的基本过程来看，生产、销售、流通和消费的全球化特征在当前日益显著，呈现出你中有我、我中有你、不可分割的深入发展状态，而将世界各个国家和地区经济活动的一切过程进行系统整合的平台则是高度发达的国际市场，各个国家和地区在生产、销售、流通和消费中展示出来的超越国界并发生广泛联系的一般形式则是国际贸易，其交易流动的具体内容则是以商品形式体现的各类生产要素①。从动力机制来看，日益紧密的经济贸易联系是打破世界各个国家和地区彼此间传统的地理或地缘格局状态的一般动力，而能够提供这种一般动力的根源在于科学技术的进步及其在经济产业活动中尤其是制造业发展中的普及运用。科技成果应用到制造业中不仅会提升制造业的劳动生产率及其生产过程的复杂性，还会因劳动生产率提高带来的产能膨胀及其不断突破国内消费市场规模使得某一国家或地区的制造业在创新驱动发展升级中与国际市场发生交易联系的需求不断增加。

同时，现代科技条件下制造业经济产业过程的复杂性也决定了基于国际市场的跨境要素流动和国际分工变得越发必要。比如，在中美贸易摩擦中，我国开始加强对国内稀土资源的出口管控，使得美国不得不开始重新定位与我国进行贸易摩擦的规模和力度。因为稀土资源随着第三次科技革命的深入发展已经成为诸多现代制造业发展不可或缺的重要原材料，尤其是其在半导体产业中在实现某些特定的电磁或材料功能时具有无可替代的重要作用。但是，世界范围内稀土储量本就有限，且在资源分布上主要集中在包括我国在内

---

① 陈伟光，刘彬．理性认知经济全球化与全球经济治理——基于人类命运共同体理念的分析框架 [J]．社会科学，2020（7）：24-34．

的少数国家，尤其是我国稀土储量曾经占到世界稀土资源总储量的80％。虽然美国也拥有较为丰富的稀土资源，也可能会通过其具备的国际地位及其相应的国家影响力从除我国以外的国家或地区获得稀土矿藏资源，但是因我国在前期的稀土资源开发中已经形成了完整的稀土冶炼工业链，并掌握着行业领域内的诸多核心自主知识产权，因而美国依然难以摆脱对我国稀土资源或稀土加工制造业产业的依赖。稀土资源作为一种现代制造业发展所需要的重要原材料，其之所以能够在中美之间的跨境要素流动中成为交易对象，正是因为现代科技条件下经济产业过程本身的复杂性所致。

从前文的分析可以发现，在现代制造业发展中，经济全球化是一个不可规避的时代趋势，同时现代制造业发展也是推动经济全球化进程不断走向深入的重要动力。美国推进制造业"回流"抑或此前大力提倡"去工业化"的"外迁"，其依据的宏观经济产业背景也是经济全球化。美国的制造业"回流"之所以到目前为止遭遇重重阻力，主要原因也正是在于其违背了经济全球化的历史潮流。经济全球化的主要形式就是国际贸易，而国际贸易实现的是生产要素的跨境流动，这是由国际市场机制中的价值规律所决定的客观经济现象。美国的制造业"回流"显然违背了国际市场的价值规律，所以推进中必然面对重重阻力。面对经济全球化的客观趋势，我国则应当在制造业升级发展中顺应经济全球化的时代趋势，并积极利用经济全球化提供的国际市场和国际要素，服务于我国制造业的创新驱动升级发展。当前的国际市场虽然高度发达，但是其却依然存在诸多不公平和不公正的国际贸易规则，造成全球要素市场机制建设实际上在诸多方面依然存在问题，如能源和原材料的定价权往往掌握在拥有国际贸易规则制定话语权的西方国家手中，有的制造业国际分工体系存在发达国家和发展中国家之间的剪刀差等问题，都严重影响着全球要素市场机制的健全。

目前，我国正处在工业化进程的中期阶段，制造业发展取得了巨大成就，已经成为"世界工厂"。在工业化中期向中后期迅速转变阶段，作为世界工厂，决定了我国制造业对国际市场的依赖非常强，甚至大于当今的美国。尤其是在我国制造业出现产能过剩的当下，世界市场对我国制造业发展及其升级转型的重要性更加凸显。我国积极顺应经济全球化趋势，并努力推进全球要素市场机制的优化，符合当下我国制造业创新升级发展的客观需要。习近平总书记在中国共产党第十九次代表大会所作报告中提出了人类命运共同体战略，我国制造业顺应经济全球化趋势，并且努力成长为全球要素市场机制优化的重要参与者甚至是领导者，也是我国不断推进人类命运共同体建设和将中国现代化发展红利共享于全人类的必然需要。在中国制造业顺应并更加深刻地融入经济全球化过程中，我国要积极承担起一个世界大国的责任，努力推进更加公正合理的国际经济新秩序建设，既要努力推进中国制造走向世界，也要充分利用国际要素资源推动中国制造业做大做强，利用国际市场和国际要素助推国内制造业的创新升级发展①。同时，我国还要在制造业创新升级发展中不断提高自身在全球要素市场的国际话语权，通过推动构建更加公正合理的国际经济贸易新秩序，推进人类命运共同体建设。尤其是在美国推进制造业"回流"和为实现其"再工业化"战略而不断表现出逆全球化特点，并在国际贸易中开始推行贸易保护主义的今天，我国应依托作为"世界工厂"的体量和需要，争当自

---

① 黄群慧. 中国的制造业发展与工业化进程：全球化中的角色［J］. 中国经济学人（英文版），2019（4）：2－13.

由贸易的代言人和领导者，甚至要抓住机遇勇于担当经济全球化的推动者和领导者。

9.7 尽量保留低端制造业，坚持推进低端制造业技术升级改造

美国制造业"外迁"与"回流"是 20 世纪至今全球制造业在升级发展中出现的最引人注目和影响最为深远的产业事件。美国制造业"外迁"与"回流"的态势及其在此过程中取得的经验，既反映着制造业在升级发展中呈现出的一般规律，也有基于美国制造业特殊的国内发展环境而呈现出的独特特色。美国制造业"外迁"至今实际走的是一条本土的"去工业化"之路，而其制造业"回流"则是一种对长期的"去工业化"造成的产业空心化问题的补救措施，并顺应 21 世纪以来新科技革命最新发展成果及其引发的制造业升级趋势而力图赋予美国制造业继续保持全球领先地位的努力。世界上主要的发达国家，当其工业化达到相应的发展阶段时都曾出现过"外迁"趋势，如英国、法国、德国和日本等国家和地区。但是，除英国和法国采取"去工业化"的措施外，德国和日本分别走了一条不同的制造业升级发展之路。德国和日本也曾推进其制造业"外迁"，但在推动制造业"外迁"的同时，却在本土的"去工业化"中采取较为谨慎的做法。尤其是德国，在其制造业面临国内生产要素价格尤其是劳动力价格大幅上涨时，德国并未对其传统制造业采取"外迁"的简单做法，而是通过加大政府的财政扶持力度及采取税收优惠政策，给予传统制造业充分的发展机会，让其能够在积极采用最新科技成果的过程中实现劳动生产率的提高，尤其是积

极采用自动化技术和设备降低生产过程对劳动力的过度依赖，进而降低生产成本和单位能耗。通过推动传统制造业的技术改造，德国传统制造业很多得以保留并得到长期发展，甚至因积极采用最新科技成果尤其是大量的自动化技术和装备，而在诸多发达国家的传统制造业如汽车、钢铁和机械等行业"去工业化"后而得到更加充分地发展，成为德国国民经济的重要支柱性产业，并取得了显著的后发优势，这也成为德国制造业独步天下的重要法宝。

另外，日本的经验也非常值得借鉴。日本在20世纪70～80年代后，随着国内制造业自主创新能力的增强及劳动力成本的增加，也开始大力推进制造业"外迁"，且外迁的力度和规模并不亚于之前的美国。但是，日本制造业"外迁"与美国不同，其在将生产环节转移到中国等劳动力成本较低、资源丰富和市场广大的发展中国家和地区的同时，将传统制造业的研发环节保留在本土。因而，日本的制造业"外迁"既具有美国制造业"外迁"的特点，也具有德国将传统制造业在升级中予以保留的特点。因而，日本制造业"外迁"并未造成传统制造业的衰落，其汽车制造、造船、钢铁和机械等传统制造业依然在积极利用最新科技成果尤其是大力推动自动化技术研发和运用的过程中得到升级发展，并通过利用"外迁"后相对廉价的要素和市场竞争优势获得了更为持久的发展后劲。反观美国，其在制造业"外迁"中对于传统制造业更多采用"去工业化"的做法，也即直接淘汰掉，最终造成本土产业空心化的问题。与德国相比，日本的做法也更加可取。德国虽然保留传统制造业并通过持续的科技研发对其传统制造业进行技术改造，但是却因此降低了对最新高科技产业培育的支持力度，并造成其在新科技革命发生后，尤其是在智能化技术研发和运用成为世界范围内新一轮制造业升级的发展趋向后，不得不面对可能在未来世界制造业竞争中落伍的风险。正因如此，德国较早提出了工业 4.0 战略，通过物理系统与信息系统的融合，加速推进其制造业的信息化、数字化和智能化发展。在这一方面，日本既推进制造业"外迁"，又坚持推动传统制造业技术升级的做法，非常值得我国借鉴。

目前，我国正处在从工业化中期向工业化后期的加速转变中，既面临着推动制造业升级的发展任务，也要在此过程中着力避免产业空心化问题的出现①。因而，在制造业升级中，我国还要依据国情适度保留低端产业，如保留家庭经济和地摊经济等。因为，我国推动制造业的产业升级不能简单取缔低端产业。这既符合制造业升级发展的一般规律，也由我国特殊的国情所决定。从制造业升级的角度看，制造业的升级主要包括两种方式，一为推动传统制造业的技术改造，二为在持续的科技创新中不断培育高新技术产业。

实际上，制造业升级的两种方式可以同时存在，并同时进行，并不存在本质矛盾，甚至能够在协同发展中形成高低搭配的优势互补关系。科技创新和高新技术产业培育的动力来自市场需求，并需要在不断优化的科技创新机制尤其是要素供给机制下进行，低端制造业产业发展的过程本身便是市场需求的体现，若没有市场需求，低端制造业产业也不会存在。同时，低端制造业产业的存在还能够为高新技术研发及其产业化提供必要的要素条件，如资本和技术的积累，都需要在低端制造业产业存在和发展中逐步具备。德国和日本传统制造业在技术改造中逐步升级并取得今日世界发展地位的经验，已经充分证明了这一点②。另外，我国特殊的国情也决定了在推动制造业升级中，我国应适当保留低端制造业产业。所谓适当保

---

① 梁泳梅. 传统制造业优化升级："十三五"回顾与"十四五"展望 [J]. 当代经济管理，2021（1）：20 – 36.

② 姬莉，孙会民. 对传统制造业转型升级的思考 [J]. 中外企业家，2020（8）：112.

留是指对低端制造产业的淘汰应当是一个非常缓慢的过程，除非一些低端制造业产业存在严重的能源浪费、环境污染和生态破坏等问题，否则只要市场需求依然存在，就应当尽量通过各种技术改造手段逐步推进其升级发展，甚至在必要的时候政府要积极动用宏观调控手段，如采取一定的财政扶持和税收优惠政策为传统制造业的技术改造提供支持。之所以要如此做，是因为制造业是提供社会就业的主要产业领域。我国人口众多，劳动力资源非常丰富，既要在制造业升级中确保制造业可以提供大量的社会就业岗位，也要稳定经济增长的大局。

在保留低端制造业的过程中，我国应坚持供给侧结构性改革确立的基本原则。对于落后和过剩的产能，我国应采用坚持逐步化解的做法。在生产技术和生产工艺上严重落后，且确实已经无法满足市场消费需要的制造业产业，我国应坚持淘汰。同时，随着国家和民众对于环境污染问题及生态环境破坏问题的日益重视，尤其是社会公众对于生态环境要求的提高，国家对于生态环境保护的法律规范也日益严格。传统制造业中那些能源耗费大、环境污染强、生态破坏严重的产业，若非必要，也应当逐步淘汰[①]。但是，对于落后产能的淘汰并非一关了之，而是要在坚持生态环境保护法律底线的前提下，结合地方经济社会发展的实际，逐步为之。我国供给侧结构性改革的重要目标之一是"稳增长"。虽然一些传统制造业生产技术落后，生产工艺也不先进，却在一些地方的经济社会发展中起到了重要的支撑作用，若一味强调关停，则容易对区域经济社会的"稳增长"造成较大冲击。当然，在"稳增长"和"去产能"的过程中既要坚持生态环境保护法律的底线，也要兼顾"稳增长"的原

---

① 张虹，王红梅．传统制造业向绿色制造转型的可行性研究［J］．中外企业家，2020（7）：89．

则，要在两者中间谋求适度的平衡点，只有这样才能真正做到"惠民生"。显然，对于一些地方的落后产能，若一味强调关停或盲目保留而造成环境污染和生态破坏，都不是"惠民生"。无论淘汰落后产能还是稳增长，其更加重要的目标指向，是要做到"惠民生"。

目前，我国正处在从工业化中期向工业化后期的加速转变中，曾经美国、英国、法国、德国和日本等发达国家和地区在制造业升级中出现过的造成其制造业"外迁"的一些条件因素已经显现。其中，最重要的一个条件因素便是我国劳动力成本的上涨。21 世纪以来，我国劳动力成本的上涨速度大幅加快，相比于 2000 年时，2001年我国劳动力成本上涨幅度有十几倍之多。随着劳动力成本的大幅上涨及国内制造业消费市场从卖方市场向买方市场的转变，我国传统制造业如钢铁、纺织及东南沿海的地区的劳动密集型对外加工制造业面对的发展压力不断加大，造成"人口红利"优势在我国产品的对外出口贸易中长期存在的价格优势已经削弱①。在此背景下，我国传统制造业也应当积极开启"外迁"进程。

近年来，实际上我国的一些传统制造业企业已经开始了"外迁"进程。传统制造业"外迁"已经在发达国家制造业升级发展历程中被实践证明，是一个国家和地区在工业化达到一定阶段后为应对国内劳动力及其他生产要素价格上涨和不断收紧的生态环境保护法律要求而采取的必然举措，因而也是符合工业化进程中制造业升级发展规律的正确做法②。但是，在推动传统制造业"外迁"的过程中，不能盲目学习美国的做法，因制造业"外迁"造成国内严重的产业空心化问题，而是应当积极借鉴日本的做法，既要推进传统

① 陈喆，宋培. 传统制造业向中高端迈进的技术升级路径研究［J］. 科技与管理，2019（6）：14 - 23.

② 王晨昕，钟玉庆，张龙飞，郭禹曹. 新形势下传统制造业的转型升级［J］. 化工管理，2019（22）：91 - 92，120.

制造业"外迁",也要在此过程中将本土制造业维持在不能造成产业空心化的合理水平。对于该比例,日本和德国的做法都是维持在30%左右。因而,我国在推动传统制造业"外迁"的过程中,可以参考日本和德国的做法,将本土制造业占GDP的比重维持在30%左右,而20%是所占比重的红线。

另外,我国在推动传统制造业"外迁"的过程中,还要坚持推动传统制造业的技术改造,通过制造业"外迁"带来的发展红利加强对技术研发和技术改造的扶持,形成传统制造业"外迁"与技术改造升级的良性互动,进而推动传统制造业向高新技术产业升级发展。我国在推动制造业"外迁"的过程中,还要积极在国内设立研发中心,立足国内的人才优势和不断优化的市场要素机制聚焦传统制造业的科技创新,通过持续的科技研发实现传统制造业的技术改造和生产工艺更新,尤其是要坚持推动传统制造业的智能化改造,坚持提高传统制造业的劳动生产率和产品科技含量①。我国制造业"外迁"的模式在借鉴日本做法的同时,还要坚持避免德国在推动其传统制造业升级发展中在一段时期内相对忽视紧跟世界最新科技发展趋势和产业变革方向的做法,要坚持推动创新驱动发展战略的实施,坚持推动"中国制造2025"战略的实施,将智能化技术研发和运用作为推动传统制造业技术改造和升级发展的主导方向。

从美国、日本和德国制造业"外迁"和"回流"态势及其取得的基本经验来看,美国作为二战后最早开启制造业大规模"外迁"的国家,其制造业在20世纪60~70年代后向世界范围内的转移确实对推进一些国家和地区尤其是发展中国家和地区的工业化进程起到了重要的助推作用,但是也同时造成其本土出现了严重的产业空

---

① 钟玉庆. 传统制造业向绿色化、智能化转型升级方面的探讨 [J]. 今日财富,2019 (14): 61-62.

心化问题。我国在推动制造业升级的过程中，既要积极借鉴美国推动制造业"外迁"的正确做法，也要避免在此过程中出现严重的产业空心化问题①。日本和德国在出现国内劳动力要素价格上涨并需要推动传统制造业"外迁"的情况时依然坚持推动本国传统制造业技术改造的做法对于奠定今日德国和日本在世界制造业发展中的领先地位，起到了重要作用。传统制造业并非制造业升级发展的包袱，而是一笔巨大的财富，在制造业升级发展中，只要坚持对传统制造业进行技术改造，并聚焦科技研发和生产工艺改进，传统制造业即便在新兴制造业大量出现的情况下依然可以赋予一个国家制造业发展的核心竞争力，依然可以在很长的一段时期内发挥国民经济支柱性产业作用。从制造业升级发展的角度看，新兴制造业包括在科技创新中不断培育出来的最新的高新技术产业，其出现并非偶然，尤其是并非完全脱离传统制造业而凭空产生，而是与传统制造业存在密切的联系，甚至需要在传统制造业长期的资本和技术积累下才能逐步产生。即便最新的高新技术产业在产品形式上具有独创性，是此前在消费市场上从来没有出现过的全新产品，但是研发此种全新产品所依赖的科技创新机制，依然决定了其研发和产业化不可能脱离传统制造业的工业体系而凭空产生，传统制造业在长期发展中的技术积累及其溢出效应依然在诸多方面对于这种全新技术产品的科技研发和产业化活动在生产要素的各个方面形成了一定支撑。

德国和日本尤其是日本在制造业"外迁"中所采取的做法，非常值得我国借鉴，应当成为我国推动制造业"外迁"时着重参考的主要模式。我国应在制造业升级中积极推进传统制造业"外迁"，

① 冯俊华，唐萌. 改革开放以来我国传统制造业的持续转型升级［J］. 企业经济，2018（8）：54-60.

以充分利用国际要素资源优化传统制造业的发展环境，并通过制造业"外迁"带来的红利优势加速推进传统制造业的技术改造，聚焦以智能化技术研发及其运用推动传统制造业技术改造与升级，让传统制造业在升级中充分释放其后发优势，持续充当国民经济的支柱性产业作用，尤其是可以在此过程中能够为我国在传统制造业领域登上全球制造业发展制高点赢得新机遇。日本和德国在诸多传统制造业领域中取得的重大发展成就，如汽车、钢铁和机械乃至于纺织业领域中，日本和德国并未像美国那般，在推动制造业"外迁"过程中同时实行"去工业化"的发展思路，而是坚持以最新技术推进这些传统制造业领域的技术改造和升级，最终在这些传统制造业领域站在世界制造业发展的制高点，而成为在当今制造业发展中后来居上的典型。因而，我国在科技创新战略实施的过程中，不仅要坚持推动最新高新技术制造业新业态的培育，也要高度重视传统制造业的技术改造和升级发展，甚至要将更多的精力专注于以智能化技术等最新科技创新成果加速推进传统制造业的技术改造。

10

结　论

　　1492 年后，自哥伦布等欧洲的远航者们发现新大陆，并不断开辟新的地理大发现开始，从严格意义上来说，世界各地过去彼此隔绝的各大洲尤其是新旧大陆之间地理封闭的状态即被打破，人类社会的全球化进程便已经开启。500 多年以来，全球化进程的推进、世界市场的发育始终在持续推进，且在 21 世纪的今天因网络信息技术的运用及其与传统物理系统的结合所带来的人类社会以信息化、数字化和智能化为核心内容的科技进步而步入一个全新的甚至可以称得上是带有变革性的高度，这个高度体现为全球化的广度。当今世界，世界各个国家和地区之间无论是政治上、经济上、文化上、科技上还是社会发展等各个领域的全球化趋势都已经发生，在国际政治领域，联合国的建立与发展、各类其他国际组织的出现及区域性国家联合组织的形成等，都可以被理解为一种政治全球化趋势。当然，政治的全球化越是在全球化的时代趋势下越要坚持国家主权独立原则，在该原则下世界各国通过多边或双边的国际政治平台进行协商对话，以共同应对一些全球事务，也是一种客观需要决定的必然趋势。

　　全球化之所以发生，正是在于西方国家在资本主义萌芽中产生的对于海外市场及其预期财富的向往，而在地理大发现以后的四五百年间，全球化进程的持续推进，归根结底其动力也是主要来源于全球范围内经济联系、市场交易、产业协作、国际分工和要素流通的需要，而全球化进程的推进仅仅基于各种各样的哪怕是非常迫切的经济产业联系还不够，还要求人类具备日益快速高效地突破全球地理和地缘隔绝状态的交通通信能力。因而，在全球化进程中，科技进步和产业经济发育的协同互动不断开拓着经济全球化的领域，而科技进步和经济产业发育的互动发展及其展示出来的现实主义倾向，决定了经济全球化成为不可阻挡的历史趋势①。在此过程中，制造业在科技进步的推进中对于全球化尤其是经济全球化形成的推动作用最为重要，而经济全球化也成为自地理大发现以后人类社会制造业发展无法规避的基本现实，更是其发育发展的重要依托。美国的制造业"外迁"抑或是"回流"，乃至于其在对外贸易中或采取贸易保护主义思路，或倾向于贸易自由主义主张，实际上都是美国在经济全球化时代基于美国自身的利益，也即"美国优先"原则，在思考美国经济产业和社会民生发展与世界其他国家和地区的关系时所做出的带有单边主义的选择。在经济全球化时代中，如果美国做出的单边主义选择符合世界其他各个国家和地区的利益，或者这种选择能够获得双赢的效果，那么其便会得到顺利推进，如美国自20世纪60~70年代后出现的制造业"外迁"现象，若其不符合其他国家和地区的利益，则在推行中可能面对重重阻力，如美国近年来大力推进的制造业"回流"遭遇了重重阻力，便是因为其在经济全球化高度发展的今天不符合其他国家和地区的利益。当然，美国的制造业"回流"遭遇重重阻力，也因为其本土制造业企业在其国内生产并不具备盈利发展的客观市场条件。

---

① 李仲周. 逆全球化：误入保护主义歧途［J］. 可持续发展经济导刊，2020（6）：63.

在经济全球化深度和广度上深入发展的今天，中美作为世界上GDP 规模最大的两个国家，各自制造业的升级发展乃至于国民经济和社会进步的方方面面，必然存在千丝万缕的关联。更何况，中美之间存在规模庞大的双边贸易及较为密切的制造业产业协同关系。因而，美国在本土制造业升级发展到后工业化阶段并基本结束制造业大规模"外迁"的背景下推进制造业"回流"必然对我国制造业升级发展产生较为重要的影响。无论是从我国制造业升级发展面对的中美经贸现状与发展趋势来看，还是从美国强大的经济产业国际影响力对世界宏观经济产业形势的深刻影响来看，我国都应在制造业升级发展中正视并重视美国制造业发展的最新动向，并对其制造业"外迁"的历史经验和"回流"的现实态势及其对我国制造业及国民经济和其他各个领域可能造成的潜在影响进行分析。通过前文分析可以发现，美国制造业的"外迁"与"回流"具有以下几个特点。

第一，美国的制造业"外迁"符合制造业升级发展的一般规律，并由其面对的诸多国内外因素导致。二战后，美国的世界霸权地位得到进一步巩固，其霸权优势体现在政治、经济、文化和社会发展的方方面面，而从经济产业的角度看，美国制造业规模世界占比不断增高，并长期维持世界第一位。同时，美国制造业保持着较强的科技创新能力，并在经历前期较长时间的培育发展后，出现了一批具备国内市场垄断经营优势的大型制造业企业，如汽车行业中的通用和福特及纺织、钢铁和机械等制造业行业领域中所出现的托拉斯形式的大型乃至超大型垄断企业。科技的进步及其对制造业带来的革新赋予了美国制造业强大的产能优势，但是国内市场消费规模毕竟存在上限，当其制造业产能超越国内消费市场消费能力甚至消费潜力后，美国制造业企业必然需要走向世界。正因如此，自美国制造业超越英国而在体量上占据世界首位后，美国政府开始放弃此前为保护美国本土工业发展而采取的贸易保护主义政策，成为国际贸易自由主义的化身，并长期致力于国际经贸体系建设，最终在其主导下成立了国际贸易组织。

20世纪70年代后，美国制造业发展面对的国内外环境开始出现重大变化。从其国内来看，美国制造业经历二战后长达二三十年的快速发展，其传统制造业产能已经远远超越本土消费市场的承载能力，且其国内劳动力、土地等生产要素价格在其经济持续发展的推动下出现大幅上涨，导致其传统制造业如纺织、钢铁、煤炭、汽车制造等大量行业出现利润率受到严重压缩的情形。同时，自二战结束后，尤其是20世纪70年代后，美国国内的生态保护主义思想不断兴起，从20世纪20~30年代兴起并在欧美国家长期游荡发展的后现代主义思潮，在二战结束后开始走出社会思潮的初级层面，并越来越深刻地成为影响欧美国家政府施政方略的社会乃至政治思想[①]。在此背景下，美国政府开始重视生态环境保护，并越来越多地通过生态环境立法的形式对传统制造业中那些存在较为严重的污染和能源资源消耗较大的产业进行限制。

从美国制造业发展面对的国际环境来看，欧洲、日韩及其他新兴工业化国家或经历战后20多年的重建复苏，或开始开启其工业化进程并逐步具备了一定的制造业发展实力。尤其是西欧国家和日本在传统制造业领域对美国诸多制造业产品构成了强势竞争，如西欧国家中德国、法国和意大利等国家在汽车制造技术和产品质量上都毫不逊色于美国的通用和福特，而汽车制造业领域美国面对的来自西欧国家的激烈竞争仅仅是美欧制造业竞争加剧的一个缩影，其他

---

① 卜志成. 美国去工业化问题研究及其对当前中国的启示 [J]. 中国商论，2017（19）：72－73.

在纺织、机械、服装和其他制造业领域的竞争也已普遍出现。除西欧以外，日本制造业的强势崛起对美国制造业发展造成的冲击在当时可谓最大，并导致美国、日本之间围绕半导体产业、汽车产业等制造业领域形成你死我活的竞争态势。此外，20 世纪 70 年代，中东产油国还针对西方国家发起了"石油战争"，大幅提高石油出口价格，也导致美国制造业生产成本增加。总而言之，美国制造业在 20 世纪 60~70 年代后出现的大规模"外迁"现象是其面对的诸多国内外因素综合作用的结果，但是其本质原因仍在于制造业升级发展的一般规律，即当制造业培育和发展达到一定阶段后，其国内劳动力等生产要素价格上涨必然造成其本土制造业产生"外迁"需要，然后去寻求劳动力价格较低的国家和地区生产。

第二，美国制造业"外迁"造成其制造业衰落的说法既不严谨，也不科学，而"外迁"为美国制造业升级提供了客观条件则是一个基本事实。目前，美国提出制造业"回流"的一个重要依据便是其国内各界关于其制造业"外迁"造成制造业衰落的观点。当然，美国国内尤其是美国以外的许多产业经济学者也有人认为，美国制造业"外迁"并未造成其制造业衰落的事实。对于该问题，应当从两个方面来看：

一方面，从 2008 年国际经济危机爆发后美国产业经济和社会应对的表现来看，在制造业占国民经济比例过低的情况下，确实会出现较为严重的除经济危机本身以外的次生产业经济和社会民生问题，尤其是制造业占比低无法创造大量就业的问题。同时，从美国产业经济运行的现状来看，制造业占国民经济比例过低也难以发挥其对整体产业结构升级及科技创新的带动作用，美国虽然仍保持着非常强大的科技创新能力，但是其全球科技垄断优势在一些领域正在遭遇来自西欧、日韩及包括我国在内的新兴工业化国家的挑战①。
如 20 世纪 70 年代后，美国和日本之间在汽车制造和半导体领域展
开的激烈竞争及当前中美之间围绕 5G 世界标准制定展开的竞争等，
不仅反映出美国在传统制造业乃至先进制造业等产业经济领域的衰
落，而且说明其全球科技垄断优势也开始在一些领域动摇。之所以
出现此种情形，其中一个不可规避的重要因素在于其制造业占国民
经济的比重下降，因为制造业对产业结构升级和科技创新存在强大
的带动作用。诸多科技创新活动的开启及其最终成果都是基于市
场需求，而将市场需求变为具体的消费行为往往需要具体的制造业产
品，因而制造业是科技创新的重要立足点或者说是重要的实现条
件。一个国家若制造业规模较小，那么其基于制造业而产生的科技
创新需求就会较少，即便偶然出现一些并非基于市场需求或制造业
发展而出现的科技成果，也会因为无法通过制造业转化为具体的商
品而失去创新的本质内涵，沦落为单纯的科技实践活动，无法被称
为创新。因为，任何科技创新最终都要通过良好的市场效应来
检验。

　　另一方面，我们还应看到美国制造业依然保持非常强大的科技
创新能力，并在制造业发展的诸多指标上保持世界领先，美国依然
是当今世界首屈一指的制造业强国。美国制造业虽然经历长期的大
规模"外迁"，且制造业占国民经济比例降低到 10% 左右，但是我
们还应该看到，美国依然是当今世界唯一的超级大国和最大的制造
业强国。美国制造业产值依然维持世界首位，尤其是美国制造业的
质量非常高。美国制造业"外迁"基本集中在传统制造业领域或科
技含量不高的先进制造业的零部件生产环节及一些制造业成品的组

---

① 王杰. 美国次贷危机的成因及对我国现金贷市场监管的启示 [J]. 对外经贸,
2020 (6)：109 – 110, 145.

装生产环节，而具有较高科技含量的先进制造业的研发和生产，美国依然坚持本土化原则。正因如此，美国制造业的产品附加值非常高，其占据着当今世界制造业产业链的高端位置，在制造业产品的国际出口贸易中，美国主要出口高新技术产品和大型科技装备。比如，在大型民用航空飞机制造领域，美国的波音公司占据全球的半壁江山，且波音飞机的零部件供应虽然分布在世界几十个国家和地区，但是美国的西雅图依然是波音飞机的整装基地和关键零部件的生产基地。又如美国最大的科技企业苹果公司，作为世界上最大的跨国公司之一，虽然将成品组装放在包括我国在内的发展中国家，但是苹果产品的关键零部件，尤其是芯片的设计，依然在美国本土。此外，美国强大的军火制造业几乎都属于先进制造业，且其军火出口贸易规模非常庞大。

美国制造业在诸多数据指标上维持世界领先地位的同时，其还保持着较强的科技创新活力和能力。美国制造业在发展中形成了特色鲜明和切实有效的创新驱动发展机制。美国高度重视先进制造业发展，并将其上升到国家战略高度，如其提出的"再工业化"战略，实际上就是其先进制造业发展的国家战略。美国拥有数量众多并享誉世界的高等院校和科技机构，其发达的高等教育体系为其培养了丰富的科技研发人才及先进制造业发展所需要的高素质技能型人才。同时，美国的科研机构和制造业企业之间还形成了非常高效的科研与产业转化协作机制，在此过程中，美国发达的科技中介服务业发挥了重要作用[1]。正因如此，美国在制造业科技创新中出现了硅谷、128号公路带及贝尔实验室等享誉世界的高新技术产业带和独具特色的科研和产业化协同转化机制。另外，美国还高度重视

---

[1] 胡欣琪，沈嘉伟. 产学研协同创新机制中的政府介入权及其完善 [J]. 法制与社会，2017（6）：152 – 153.

资本市场机制在制造业创新驱动发展机制建设中的作用，如美国一些中小企业同样具有很强的科技研发能力，其往往专注于某个具体的产品研发，当产品的科技研发取得重大突破性进展后，其往往以科技成果入股较大的生产性企业，借助大型制造业企业的生产规模优势将科研成果迅速转化为大规模的商品投放到市场上，同时依托于美国健全的资本产权法律体系维持其依据知识产权所享有的相应权益及知识产权的入股收益。可以说，美国制造业创新驱动发展机制的成功经验有很多，这些都是保持美国制造业较强的科技创新活力和能力的重要法宝。

第三，美国制造业"回流"是其"再工业化"战略的重要内容，其本质在于推动美国制造业的创新驱动发展，即培育先进制造业。美国的制造业"回流"早于奥巴马时期便已经提出，其作为"再工业化"战略的重要内容存在的。美国的"再工业化"战略和制造业"回流"并非要在美国本土重新建立过去长期在"去工业化"中"外迁"的传统制造业生产能力，也并非将传统制造业中科技含量不高的生产环节回归美国本土，而是通过制造业"回流"实现美国制造业的再次强大。美国制造业"回流"及其所从属的"再工业化"战略在实现制造业"回流"时可以表现为如下几种形态：

一是将美国一些制造业的生产环节转移到本土，而这些制造业至少应当不存在污染生态环境和过度消耗资源和能源的问题，同时也应当具备较高的产品附加值及较高的科技含量。从美国国内制造业发展的现实条件来看，如果不是科技含量和产品附加值较高的先进制造业，即便其被美国政府强制迁回本土，也会因劳动力等要素价格过高而无法生存。因而，能够迁回美国本土继续维持生存和发展的制造业企业一般应是先进制造业①。如在美国政府推进制造业"回流"中,其对苹果公司施加了较大压力,不仅因为苹果公司是美国乃至全球收益最高也是规模最大的高新技术企业,还在于苹果公司的高新技术产品附加值本来就非常高,其即便将生产环节转移到美国本土会增加生产制造成本,但是相比于其非常之高的产品附加值而言,苹果公司依然能够承受。又如美国的可口可乐和百事可乐并未在其制造业"回流"推进中遭遇美国政府的强迫"回流",而是依然坚持在消费市场就近生产的经营模式,主要原因还在于可口可乐和百事可乐作为一种低端消费品,产品附加值本来就低,迁回美国本土根本无力承担额外增加的劳动力成本及其他要素价格增长带来的生产成本。

二是美国引导其跨国公司将资金回笼到本土,并进行先进制造业投资。所谓制造业"回流"更多并非要将美国海外的制造业生产线关闭,并将生产设备运到其本土再设厂生产,而是要引导美国制造业企业中的跨国公司将其海外资本回笼,并在美国本土进行生产。但是,美国的跨国公司回归本土后,在投资生产时也应当主要集中在先进制造业领域。在前文的分析中已经说明,美国本土劳动力等生产要素价格较高的现实已经决定了其本土制造业只能以高附加值的高新技术产业为主,而劳动力密集型或资源密集型的制造业产业若产品无较高的利润空间则很难在其本土生存。因此,美国本土特殊的制造业发展环境决定了其制造业跨国公司在资本回笼后也只能主要以投资先进制造业领域为主。当然,回笼资本到其本土进行生产投资也是美国制造业"回流"在预想中的主要形式。除美国企业外,美国还希望通过诸多优惠政策吸引其他国家和地区的制造

---

① 聂日明. 美国制造业"回流"难成趋势 [J]. IT 时代周刊, 2012 (16): 73.

业企业到美国本土投资生产，如中国台湾的"台积电"便在美国的引诱胁迫下表示要在美国本土投资生产。

三是美国通过技术改造升级其传统制造业，同时培育新兴先进制造业。美国制造业"外迁"和"回流"是其制造业在升级发展的不同阶段呈现出的阶段性特征和相应选择，其动力从根本上来说是因为科技的进步。科技进步在特定的历史条件下往往呈现出一定的阶段性特征，而这种阶段性特征的出现主要是因为在一定历史条件下，因人类的知识结构及其创新步伐需要遵循一定的认知发展规律及知识的积累发展规律。因而，诸多科技创新成果的出现虽然在特定的历史条件下呈现出了超越时代的前瞻性或先进性，但是这种超越又必然受限于一定的历史条件。科技进步的这种特点决定了其在一定的历史条件下相应呈现出一定的阶段性。自近代以来，人类科技进步大体上可以被划分为三个阶段，即第一次工业革命、第二次工业革命和第三次科技革命。在前两次工业革命中，制造业在科技进步中呈现出升级发展的趋势，但这种升级发展的速度及其对社会生产力产生的推动作用虽然是非常快速和强大的，但是其与第三次科技革命相比仍然不可同日而语。第三次科技革命与前两次工业革命相比，不仅持续时间长，而且其自二战结束后便已开始，到今天为止仍然呈现出方兴未艾之势，还存在涉及领域异常众多的特点。二战结束以来，第三次科技革命在原子能、航空航天、新材料、新能源、信息网络技术以及人工智能等领域相继取得了众多带有突破性的成就，并推动制造业出现持续的升级更新。

目前，在第三次科技革命最新发展成果尤其是信息网络技术和人工智能等技术等推动下，世界范围内制造业升级发展的趋势愈发明显，甚至在人工智能等技术成果的应用中，制造业的升级发展可能出现革命性变化。为此，世界上许多国家，尤其是发达国家和一些新兴发展中国家纷纷将人工智能和信息网络技术可能引发的制造业变革视为决定其国际地位和未来命运的关键所在。于是,包括美国在内的发达国家和中国、印度等新兴发展中国家将以工业化和信息化融合为基本形式、以人工智能为核心内容的当代先进制造业培育上升到国家战略高度,并制定了相应的国家战略,如德国的"工业4.0"战略、中国的"中国制造业2025"和创新驱动发展战略等,而"再工业化"战略则是美国先进制造业创新驱动发展的国家战略,其中推进制造业"回流"则是其"再工业化"战略的重要内容之一①。美国的"再工业化"战略本质目标就是要发展先进制造业,而其"再工业化"主要体现为两种形式:一为推动传统制造业的技术改造,以实现传统制造业向先进制造业的升级发展;二为通过科技创新不断孕育新的先进制造业新业态②。美国自2020年以来在不断加重中美贸易摩擦中不断加强对我国的华为、中兴等网络信息技术企业的围堵封杀,正是因为网络信息技术和人工智能指向的产业领域正是本轮制造业升级也即先进制造业创新驱动发展的关键所在,而华为和中兴的一些科技创新活动及其取得的成果,如5G技术和装备研发等,已经对美国的全球科技优势及其在未来先进制造业领域的领先地位造成了威胁。

综上所述,美国制造业"外迁"在经济全球化背景下,虽然已大规模结束,但是其"外迁"的趋势将一直持续,而其制造业"回流"则因违背制造业升级发展的基本规律及市场价值规律发挥作用的一般形式,并因无法在经济全球化深入发展的今天彻底斩断其制造业创新升级发展与制造业全球产业链的密切关联和协同发展关系

---

① 陈超,吕光伟,乔雪. 论生态文明视角下的科技创新驱动发展战略 [J]. 中国市场,2020 (15):169 - 170.

② 蓝乐琴,黄让. 创新驱动经济高质量发展的机理与实现路径 [J]. 科学管理研究,2019 (6):10 - 17.

而困难重重。美国通过推进制造业"外迁"规避国内劳动力价格上涨造成的制造业利润空间被压缩的做法、重视科技创新并不断健全制造业创新驱动发展机制以不断培育先进制造业和实现制造业转型升级，以及将先进制造业发展上升到国家战略高度等关于现代制造业创新发展的实践活动，对于正处于从工业化中期向工业化中后期快速转型中的我国来说非常值得借鉴。我国应当积极借鉴美国制造业"外迁"的经验并吸取其推进制造业"回流"以来取得的一些教训，顺应并推动经济全球化趋势，坚定推进"中国制造2025"战略和创新驱动发展战略，不断健全我国制造业的创新驱动发展机制，大力培育先进制造业，加快实现我国由制造业大国向制造业强国的转变，掌握更多的先进制造业核心知识产权，不断提高中国制造业产品的附加值，优化我国制造业产品出口贸易结构，争取占据世界制造业产业链的高端位置。

参 考 文 献

一、专著

[1] 张友伦. 美国通史——美国的独立和初步繁荣 [M]. 北京: 人民出版社, 2002.

[2] Paul D. Staudohar, Holly E. Brown, Deindustrialization and Plant Closure [M]. Lexington: D. C Heath and Company, 1987.

[3] 圭拉姆, 德拉德赫萨. 全球化博弈 [M]. 董凌云, 译. 北京: 北京大学出版社, 2009.

[4] 黄梅波. 世界经济国别经济 [M]. 厦门: 厦门大学出版社, 2005.

[5] 陈宝森. 当代美国经济 [M]. 北京: 社会科学文献出版社, 2001.

[6] Robert J. Gordon. The Rise and Fall of American Growth: The U. S. Standard of Living since the Civil War [M]. Princeton University Press, 2012.

[7] Barry Bluestone. "Foreword," in Jefferson Cowie and Joseph Heathcott, eds. , Beyond the Ruins: The Meanings of Deindustrialization [M]. Ithaca: Cornell University Press, 2003.

[8] Steven High. Industrial Sunset: The Making of North America's Rust Belt, 1969 – 1984 [M]. Toronto: University of Toronto Press, 2003.

［9］Bluestone, Barry. Deindustrialization of America ［M］. New York: Basic Books, Inc, Publishers, 1982.

二、期刊

［1］李聪颖. 发达国家和地区产业空洞化：形成与启示 ［J］. 全国商情, 2008（17）: 37 – 38.

［2］杨英法, 周子波, 陈静. 以文化和智能制造推进先进制造业发展的路径研究——以河北省为例 ［J］. 云南社会科学, 2018（3）: 85 – 89.

［3］陈洪斌. 美国制造业的发展变迁对我国的启示 ［J］. 债券, 2019（11）: 71 – 74.

［4］傅钧文. 发达国家制造业回流现象及成因分析：以日本为例 ［J］. 世界经济研究, 2015（5）: 108 – 118, 12.

［5］宾建成. 新国际分工体系下中国制造业发展方向与对策 ［J］. 亚太经济, 2013（1）: 121 – 127.

［6］李玉梅. 美国制造业从中国回流的现状与对策 ［J］. 学海, 2017（6）: 135 – 139.

［7］王昌林, 盛朝迅, 苑生龙. 特朗普"制造业回流"政策对我国产业的影响及应对 ［J］. 全球化, 2017（8）: 62 – 68, 134.

［8］赵贺. 发达国家高污染产业转移及我国的对策 ［J］. 中州学刊, 2001（5）: 30 – 31.

［9］杨霖辉. 国际贸易与环境问题溯源及研究进展 ［J］. 品牌, 2015（12）: 97 – 97.

［10］刘文娟. 发达国家劳动密集型产业转移的因素分析及启示 ［J］. 桂海论丛, 2007（5）: 6 – 9.

［11］刘凡胜. 产业转移理论研究综述 ［J］. 吉林工商学院学报, 2013（1）: 39 – 44.

[12] 王福君. 后金融危机时代美国、日本、德国三国装备制造业回流及对中国的影响 [J]. 经济研究参考, 2012 (63): 7 - 13.

[13] 王婷, 谭宗颖, 谢光锋. 从发达国家制造业回流看中国制造业的发展 [J]. 科学管理研究, 2014 (6): 113 - 116.

[14] 李俊江, 焦国伟, 黄浩政. 从全球化到逆全球化思潮下的欧美发达国家制造业回归效果分析 [J]. 吉林大学社会科学学报, 2018 (4): 66 - 75.

[15] 姜弹弹. 《美国工厂》戳痛了谁 [J]. 法人, 2019 (9): 103 - 105.

[16] 胡峰, 张月月. 中国如何应对发达国家制造外包的本土化回流 [J]. 社会科学战线, 2014 (1): 261 - 263.

[17] 杨帅. 美国制造业回流政策分解与效果分析——基于企业要素投入成本和竞争力视角 [J]. 西部论坛, 2015 (4): 84 - 92.

[18] 任继球. 特朗普经济政策对我国产业发展的影响 [J]. 宏观经济管理, 2017 (6): 30 - 34.

[19] 胡鞍钢, 任皓等. 国际金融危机以来美国制造业回流政策评述 [J]. 国际经济评论, 2018 (2): 112 - 130, 7.

[20] 今贤. 抓住大好机遇 承接世界制造业转移 [J]. 上海工业, 2003 (5): 13 - 15.

[21] 唐志新. 世界制造业向江苏沿江地区转移的金融支持 [J]. 现代金融, 2003 (6): 9 - 10.

[22] 郭强. 从世界制造业中心转移看我国船舶工业发展 [J]. 中国造船, 2004 (2): 1 - 6.

[23] 高文书. 世界制造业中心的国际转移与中国的策略选择 [J]. 学术探索, 2005 (5): 41 - 45.

[24] 胡峰, 王芳. 美国制造业回流的原因、影响及对策 [J].

科技进步与对策，2014（9）：75 – 79.

[25] 金慰祖，于孝同. 美国的"再工业化"问题 [J]. 外国经济参考资料，1980（10）：3 – 14.

[26] 佟福全. 美国"再工业化"战略前景 [J]. 未来与发展，1982（3）：35 – 38，45.

[27] 佟福全. 美国的"再工业化"战略 [J]. 世界经济，1982（7）：59 – 63.

[28] 金碚，刘戒骄. 美国"再工业化"的动向 [J]. 中国经贸导刊，2009（22）：8 – 9.

[29] 陈宝明. 发达国家再工业化政策影响及我国的对策 [J]. 中国产业，2010（2）：2 – 5.

[30] 杜肖伟. 美国再工业化对我国制造业出口的影响研究 [J]. 商，2013（20）：287.

[31] 白云天. 略论"再工业化"战略对美国贸易逆差和就业的影响 [J]. 中国商界（上半月），2010（8）：74 – 75.

[32] 彭银. 浅析美国制造业回流给中国制造业的启示 [J]. 中外企业家，2012（8）：58 – 59，119.

[33] 袁冬梅，刘建江. 美国制造业重振中的资本回流困境与对策 [J]. 学海，2012（1）：33 – 39.

[34] 石光宇，孙群郎. 美国去工业化与后工业经济的形成 [J]. 辽宁大学学报（哲学社会科学版），2013（3）：137 – 142.

[35] 马光远. 美国制造业回流的冷思考 [J]. 当代贵州，2017（9）：64.

[36] 王林燕. 金融危机以后国际分工新趋势——发达国家制造业回流对国际分工的影响 [J]. 知识经济，2015（14）：73 – 74.

[37] 龚轶，王铮，顾高翔. 技术创新与产业结构优化——一

个基于自主体的模拟 [J]. 科研管理, 2015 (8): 44 - 51.

[38] 姚文宽. 技术创新与产业结构优化——一个基于自主体的模拟 [J]. 经济研究导刊, 2014 (8): 199 - 201.

[39] 郭树华, 杨泽夏. 中国产业结构演变的驱动要素 [J]. 安庆师范大学学报 (社会科学版), 2020 (1): 87 - 93.

[40] 张媛媛. 科技创新第一动力论的整体性审视 [J]. 经济问题, 2020 (7): 19 - 26.

[41] 谢思艳, 陈利晓. 全球价值链下的国际分工地位 [J]. 合作经济与科技, 2018 (22): 98 - 99.

[42] 刘戒骄. 生产分割与制造业国际分工——以苹果、波音和英特尔为案例的分析 [J]. 中国工业经济, 2011 (4): 148 - 157.

[43] 丁堡骏. 亚当·斯密的宏观经济分析与现代西方宏观经济学 [J]. 经济评论, 1996 (6): 90 - 95.

[44] 牛文涛.《经济学原理》、马歇尔学说及其启示 [J]. 决策与信息, 2017 (4): 86 - 92.

[45] 李鸿雁, 徐斌, 任小伟, 刘玉梅, 张瑜. 河北省生产要素市场发展对策 [J]. 北华航天工业学院学报, 2009 (3): 36 - 38.

[46] 刘昭媛. 亚当·斯密经济理论对中国特色社会主义市场经济的启示 [J]. 新西部, 2017 (30): 160 - 161.

[47] 郑忆石. 列宁对英国古典政治经济学的辨析 [J]. 贵州省党校学报, 2020 (3): 5 - 13.

[48] 李翀. 流动性陷阱之谜的解析 [J]. 学术研究, 2019 (6): 74 - 84, 178.

[49] 王闯闯."共同体"与英国重商主义者的富强观 [J]. 江海学刊, 2019 (3): 191 - 198.

［50］刘勇，姜彦杨．近年来马克思世界市场理论研究述论
［J］．理论与改革，2019（5）：177－178．

［51］孙小林．长三角指导意见效应：30%制造业需外迁［J］．
长三角，2008（10）：66－67．

［52］叶檀．制造业外迁背后［J］．商周刊，2015（Z1）：07．

［53］叶檀．制造业外迁是个假问题［J］．上海企业，2015
（3）：47．

［54］胡国良，王继源．全球产业布局调整背景下中国制造业
外迁问题研究［J］．上海企业，2020（1）：50－64．

［55］金成．我国产业应对制造业回流美国的压力研究［J］．山
东社会科学，2019（3）：120－124．

［56］石光宇，孙群郎．美国去工业化与后工业经济的形成
［J］．辽宁大学学报，2013（3）：137－142．

［57］陈曦．美国贸易促进政策的启示［J］．中国外资，2020
（11）：42－45．

［58］吕拉昌．基于创新的城市化：深圳、底特律、硅谷的案例
分析［J］．河北师范大学学报（自然科学版），2020（2）：166－169．

［59］叶振宇，茹雪，张云鸽．从底特律破产看东北老工业城
市之转型［J］．环境经济，2017（3）：18－21．

［60］孙群郎，孙金龙．20世纪中后期美国东北部和中西部的
去工业化与城市衰落［J］．求是学刊，2020（4）：167－180．

［61］《国际问题》研究组．美国产业结构变迁［J］．上海国
资，1999（10）：3－5．

［62］魏春竹．浅析美国制造业回流现象［J］．知识经济，2015
（22）：53－54．

［63］韩力，梁一新．如何应对美国制造业回流政策［J］．中国

经济报告，2018（5）：27－29.

[64] 杨英. 香港制造业现状与趋向 [J]. 嘉兴学院学报，2005（1）：68－71.

[65] 张大龙. 美国制造业回流政策对中国出口的影响及应对策略 [J]. 对外经贸实务，2020（6）：17－20.

[66] 王爽，李晓欢，邢国繁. 特朗普"制造业回流"政策对中国出口的影响及对策 [J]. 价格月刊，2019（2）：80－83.

[67] 王菲，魏清健，周佳婧. 中美贸易摩擦的应对与思考 [J]. 中国商论，2020（14）：78－81.

[68] 李括. 美国科技霸权中的人工智能优势及对全球价值链的重塑 [J]. 国际关系研究，2020（1）：26－50，155.

[69] 蒋卓晔. 制造业回流美国背景下我国产业面临的压力及其应对 [J]. 社会科学家，2018（9）：41－48.

[70] 贾涛. 从苹果手机产业链看制造业回流美国的现实性 [J]. 经济导刊，2017（7）：80－87.

[71] 张明志，岳帅. 基于全球价值链视角的中美贸易摩擦透视 [J]. 华南师范大学学报（社会科学版），2019（2）：87－92，192.

[72] 方兴起. 基于马克思产业资本理论解析美国去工业化与再工业化——观察当前中美贸易摩擦的新视角 [J]. 学术研究，2019（9）：75－82.

[73] 宋宪萍，康萌. 美国发起贸易争端的缘起反思 [J]. 当代经济研究，2019（9）：72－83，113.

[74] 穆朗峰. 从中国先进制造业发展现状看进入壁垒及其突破 [J]. 金融经济，2019（8）：27－30.

[75] 景维民，裴伟东. 发达国家"去工业化"的政治经济学分

析及中国的选择［J］．天津商业大学学报，2020（1）：3 - 9，18．

［76］罗利勇．中国企业"走出去"后面临的产权保护问题及应对之策［J］．云南社会科学，2020（1）：71 - 75．

［77］崔光灿，刘羽晞．土地财政、房地产投资与"产业空心化"［J］．金融与经济，2019（10）：52 - 58．

［78］任净，周帅．美国产业空心化问题研究［J］．大连海事大学学报（社会科学版），2015（5）：6 - 13．

［79］张佳睿，朱颖．美国制造业实力地位的观察视角［J］．理论经纬，2016（1）：62 - 63．

［80］刘承元．从曹德旺事件看美国制造业回流［J］．企业管理，2017（2）：28 - 29．

［81］贾根良，楚珊珊．制造业对创新的重要性：美国再工业化的新解读［J］．江西社会科学，2019（6）：41 - 50，254 - 255．

［82］潘云鹤．以创新引领制造业高质量发展［J］．智慧中国，2019（8）：43 - 45．

［83］李春顶，林欣．美国贸易政策的制定与决策机制及其影响［J］．当代美国评论，2020（1）：88 - 104，125 - 126．

［84］马弘，秦若冰．美国经济的开放结构：兼论后危机时代美国贸易政策转向［J］．当代美国评论，2020（1）：56 - 71，124．

［85］程风雨．产业集聚、空间溢出与区域创新效率［J］．产业创新研究，2020（12）：1 - 4．

［86］刘昕．技术创新路径对制造业产业升级的影响研究［J］．科技和产业，2020（6）：107 - 111．

［87］马中东，宁朝山．数字经济、要素配置与制造业质量升级［J］．经济体制改革，2020（3）：24 - 30．

［88］韩永辉，邹建华．产业空心化与地区债务危机——再探

欧债危机根源 [J]. 国际经贸探索, 2016 (2)：91 - 102.

[89] 吴画斌, 许庆瑞, 陈政融. 创新驱动下企业创新能力提升路径及机制——基于单案例的探索性研究 [J]. 科技管理研究, 2020 (10)：1 - 9.

[90] 俞新观. 如何应对"产业空心化"的趋势 [J]. 浙江经济, 2019 (12)：52 - 53.

[91] 颜恩点, 李上智. 产能过剩与企业创新——来自 A 股上市公司的经验证据 [J]. 上海管理科学, 2020 (3)：14 - 25.

[92] 张为付, 薛平平. 多元化经营、政府支持与产能过剩治理——基于中国粮油加工业的研究 [J]. 山东社会科学, 2020 (6)：136 - 142.

[93] 王雪. 多中企借助"一带一路""走出去"的对策 [J]. 经贸实践, 2018 (12)：5 - 7.

[94] 王珏. 中国制造业全球价值链地位影响因素研究 [J]. 西安文理学院学报 (自然科学版), 2020 (2)：7 - 13.

[95] 郑玉. 中国产业国际分工地位演化及国际比较 [J]. 数量经济技术经济研究, 2020 (3)：67 - 85.

[96] 李华. 中国制造业参与国际分工的生态效率测度——基于我国 25 个行业的出口数据 [J]. 当代经济, 2019 (12)：22 - 27.

[97] 王娟, 张鹏. 我国制造业与现代生产性服务业融合发展研究——基于产品内国际分工的视角 [J]. 科技管理研究, 2020 (4)：154 - 163.

[98] 郁万荣. 生产性服务业促进经济发展研究 [J]. 现代商业, 2020 (18)：30 - 31.

[99] 杨一帆. 提升现代服务业高质量发展的质量治理水平

[J]. 质量与认证, 2020 (7): 33 - 34.

[100] 陈伟光, 刘彬. 理性认知经济全球化与全球经济治理——基于人类命运共同体理念的分析框架 [J]. 社会科学, 2020 (7): 24 - 34.

[101] 黄群慧. 中国的制造业发展与工业化进程: 全球化中的角色 [J]. 中国经济学人 (英文版), 2019 (4): 2 - 13.

[102] 李仲周. 逆全球化: 误入保护主义歧途 [J]. 可持续发展经济导刊, 2020 (6): 63.

[103] 王杰. 美国次贷危机的成因及对我国现金贷市场监管的启示 [J]. 对外经贸, 2020 (6): 109 - 110, 145.

[104] 胡欣琪, 沈嘉伟. 产学研协同创新机制中的政府介入权及其完善 [J]. 法制与社会, 2017 (6): 152 - 153.

[105] 聂日明. 美国制造业"回流"难成趋势 [J]. IT 时代周刊, 2012 (16): 73.

[106] 陈超, 吕光伟, 乔雪. 论生态文明视角下的科技创新驱动发展战略 [J]. 中国市场, 2020 (15): 169 - 170.

[107] 蓝乐琴, 黄让. 创新驱动经济高质量发展的机理与实现路径 [J]. 科学管理研究, 2019 (6): 10 - 17.

[108] 柯居韩. 美国对华投资发展趋势及政策建议 [J]. 世界经济与政治, 1988 (3): 28 - 32.

[109] 黄桂林. 美国在华投资浅析 [J]. 珠江经济, 1997 (4): 30 - 31.

[110] 韩之怡, 李雁玲. 美国对华直接投资及我国的对策 [J]. 中南工业大学学报 (社会科学版), 2000 (2): 103 - 105.

[111] 孔舰. 中美贸易与美国对华直接投资关系的实证研究 [J]. 福建论坛 (人文社会科学版), 2008 (5): 25 - 29.

[112] 董青. 美国直接投资与对华贸易的关系检验 [J]. 顺德职业技术学院学报, 2009 (2): 32-34.

[113] 林海. 美国跨国公司对华投资新趋势及我国应对措施分析 [J]. 商场现代化, 2009 (9): 11.

[114] 杜薇. 浅析美国对华直接投资对中美贸易不平衡的影响和我国的应对策略 [J]. 科技广场, 2016 (3): 116-118.

[115] 司春晓, 罗长远. 撤离中国? ——基于美国对华投资的研究 [J]. 当代美国评论. 2021 (1): 64-85, 125.

[116] 孙立鹏. 美国加紧对华经贸"脱钩" [J]. 世界知识, 2020 (12): 62-64.

[117] 靳之赟. 浅析美国对华直接投资与中美贸易关系 [J]. 江苏科技信息, 2008 (4): 44-46.

[118] 杨珍增, 王捷. 美国对华直接投资对中美贸易失衡的影响研究 [J]. 国际贸易, 2015 (8): 49-53.

[119] 卢占凤. 美国对我国直接投资状况与优化研究 [J]. 求索, 2013 (9): 263-265.

[120] 李梦梵. 美国制造业回流政策对我国出口贸易的影响 [J]. 北方经贸, 2021 (3): 30-34.

[121] 高敬峰, 王彬, 宋玉洁. 美国制造业回流对中国国内价值链质量的影响研究 [J]. 世界经济研究, 2020 (10): 121-134, 137.

[122] 宋清辉. 美国制造业回流是中国制造的历史机遇 [J]. 现代商业银行, 2017 (4): 33-34.

[123] 沈建光. 高端制造回流能挽救美国制造业吗 [J]. 商业观察, 2020 (2): 12-16.

[124] 张谦. 美国"制造业回流"对青海省的启示 [J]. 青海

金融，2018（3）：24－28.

[125] 刘冰洋，赵钰琳，任新平. 美国制造业回流战略对中国经济的影响 [J]. 今日财富，2017（10）：11－12.

[126] 陈曦. 英国到了挽救制造业的时刻 [J]. 装备制造，2010（4）：52－53.

[127] 毛锐，张晓青. 英国学术界对非工业化问题的研究 [J]. 历史教学（下半月刊），2013（1）：59－65，58.

[128] 吴丛司. 英国制造业转型之鉴 [J]. 质量探索，2014（10）：60.

[129] 章汝旦. 法国的纺织机械制造业 [J]. 上海纺织科技动态，1979（8）：44－46.

[130] 曾涤，王廉. 制造业是国家经济竞争力的核心——西方七个经济大国工业制造业发展规律及其影响点评 [J]. 广东行政学院学报，2000（2）：57－66.

[131] 刘昶，赵红云. 法国制造业国际竞争力分析 [J]. 中国中小企业，2015（10）：74－75.

[132] 赵彦云，侯晓霞. 法国产业结构高端化作用及影响研究 [J]. 现代产业经济，2013（1）：65－72.

[133] 宾建成，李德祥. 法国"再工业化"战略及对我国外经贸的影响分析 [J]. 湖湘论坛，2014（2）：52－56.

[134] 陈宝明，李东红. 法国先进制造业发展经验与启示 [J]. 科技情报开发与经济，2006（16）：124－125.

[135] 范伟军. 倾听来自德国制造业的声音 [J]. 机电一体化，2008（2）：65－70.

[136] 王岳平. 德国提升制造业产品质量的做法及对我国的启示与借鉴 [J]. 经济研究参考，2012（51）：33－37.

[137] 张秋旸，孟峻宇. 德国工业 4.0 战略及其对我国金融发展的启示 [J]. 华北金融，2021 (4): 83 - 87, 94.

[138] 王厚双，盛新宇. 德国制造业参与全球价值链分工特征及对中国的启示 [J]. 经济体制改革，2020 (3): 160 - 166.

[139] 沈立. 德国国家工业战略 2030 及其对中国的启示 [J]. 中国经贸导刊（中），2021 (3): 51 - 53.

[140] 徐梅. 日本制造业强大的原因及镜鉴 [J]. 人民论坛，2021 (Z1): 116 - 121.

[141] 周毅，许召元，李燕. 日本制造业发展的主要经验及其启示 [J]. 中国中小企业，2020 (9): 79 - 80.

[142] 包歌. 日本产业转移镜鉴 [J]. 中国外汇，2019 (22): 41 - 43.

[143] 朱帅. 日本制造业转型之路 [J]. 中国工业和信息化，2019 (9): 42 - 45.

[144] 林丽敏. 日本制造业："回归"抑或"从未失去" [J]. 现代日本经济，2019 (5): 70 - 82.

[145] 满颖. 日本高端装备创新发展的经验与启示 [J]. 中国经贸导刊（中），2019 (8): 68 - 70.

[146] 王育琨. 日本制造业的转型秘钥 [J]. 商讯，2018 (4): 118 - 119.

[147] 凡夫俗子. 日本制造业兴衰启示录 [J]. 商业观察，2018 (6): 56 - 61.

[148] 梁泳梅. 传统制造业优化升级："十三五"回顾与"十四五"展望 [J]. 当代经济管理，2021 (1): 20 - 36.

[149] 姬莉，孙会民. 对传统制造业转型升级的思考 [J]. 中外企业家，2020 (8): 112.

［150］张虹，王红梅．传统制造业向绿色制造转型的可行性研究［J］．中外企业家，2020（7）：89．

［151］陈喆，宋培．传统制造业向中高端迈进的技术升级路径研究［J］．科技与管理，2019（6）：14－23．

［152］王晨昕，钟玉庆，张龙飞，郭禹曹．新形势下传统制造业的转型升级［J］．化工管理，2019（22）：91－92，120．

［153］钟玉庆．传统制造业向绿色化、智能化转型升级方面的探讨［J］．今日财富，2019（14）：61－62．

［154］冯俊华，唐萌．改革开放以来我国传统制造业的持续转型升级［J］．企业经济，2018（8）：54－60．

［155］Tomlinson, P. R. The Real Effects of Transnational Activity Upon Investment and Labour Demand within Japan's Machinery Industries ［J］. International Review of Applied Economics, 2002（16）.

［156］Alghamdi S M, Sohail M S. Sustaining Competitive Advantage in the Global Petrochemical Industry: A Saudi Arabian Perspective ［J］. Social Science Electronic Publishing, 2015（3）.

［157］Barren S. Strategic Environmental Policy and International Trade ［J］. Journal of Public Economics, 1994（3）: 435－445.

［158］Butollo F. Moving Beyond Cheap Labour? Industrial and Social Upgrading in The Garment and LED Industries of The Pearl River Delta ［J］. Journal of Current Chinese Affairs China Aktuell, 2014（4）: 139－170.

［159］Cain L P, Paterson D G. Biased Technical Change, Scale, and Factor Substitution in American Industry, 1850－1919 ［J］. The Journal of Economic History, 1986（1）: 153－164.

［160］Daly A, Hitchens, Wagner K. Productivity, Machinery and

Skills in A Sample of British and German Manufacturing Plants: Results of A Pilot Inquiry [J]. National Institute Economic Review, 1985 (111): 48 – 61.

[161] Chen X. A Tale of Two Regions: Rapid Economic Development and Slow Industrial Upgrading in The Pearl River and Yangtze River Delta [J]. International Journal of Comparative Sociology, 2007 (3): 167 – 201.

[162] Davis J H. An Annual Index of US Industrial Production, 1790 – 1915 [J]. The Quarterly Journal of Economics, 2004 (4): 1177 – 1215.

[163] Edward J. Feser, Edward M. Bergman. National Industry Cluster Templates: A Framework for Applied Regional Cluster Analysis [J]. Regional Studies, 2000 (1): 6 – 10.

[164] Elu J. The Impact of Ten Years of IMF (SAP) Reform: The Case of Sub-Saharan Africa (SSA) [J]. World Studies in Education, 2000 (1): 41 – 59.

[165] Erik Dietzenbacher, Bart Los. Structural Dependent Determinants [J]. Economic Systems Decomposition Analyses with Research, 2000 (4): 497 – 514.

[166] Finegold D, Wagner K. The Search For Flexibility: Skills and Innovation in the German Pump Industry [J]. British Journal of Workplace Industrial Relations, 2015 (3): 469 – 487.

[167] Gereffi G, Lee J. Economic and Social Upgrading in Global Value Chains and Industrial Clusters: Why Governance Matters [J]. Journal of Business Ethics, 2016 (1): 25 – 38.

[168] Gereffi G. International Trade and Industrial Upgrading in the

Apparel Commodity Chain〔J〕. Journal of International Economics，1999（1）：37 – 70.

〔169〕Giuliani E. Human Rights and Corporate Social Responsibility in Developing Countries'Industrial Clusters〔J〕. Journal of Business Ethics，2016（1）：1 – 16.

〔170〕Hoekstra R，Jeroen C. J. M. Van Den Bergh. Structural Decomposition Analysis of Physical Flows in the Economy〔J〕. Environmental Resource Economics，2002（3）：357 – 378.

〔171〕Autor D H，Dorn D，Hanson G H. "The China Shock：Learning from Labor-Market Adjustment to Large Changes in Trade"〔J〕. Annual Review of Economics，2016（8）：205 – 240.

〔172〕Acemoglu D，Autor D，Dorn D，et al. "Import Competition and the Great US Employment Sag of the 2000x"〔J〕. Journal of Labor Economics，2016（S1）：141 – 198.

三、学位论文

〔1〕肖婷. 发达国家制造业回流对我国制造业转型升级的影响〔D〕. 兰州：兰州大学，2019.

〔2〕齐爽. 发达国家产业空洞化问题研究〔D〕. 郑州：郑州大学，2015.

〔3〕程斌. 基于世界制造业转移大背景下的中国制造业发展研究〔D〕. 保定：河北大学，2007.

〔4〕张楠楠. 美国制造业回归对中国经济的影响研究〔D〕. 天津：天津财经大学，2013.

〔5〕徐冰曦. 美国制造业回归对我国产业升级的影响——基于FDI 视角的研究〔D〕. 杭州：浙江大学，2014.

〔6〕高丽媛. 美国制造业回归对中国制造业出口的影响〔D〕.

石家庄：河北经贸大学，2016.

　　[7] 高婕 . 美国制造业回归对我国制造业出口的影响研究 [D]. 武汉：武汉工程大学，2018.

　　[8] 焦国伟 . 全球金融危机后美国制造业发展战略研究 [D]. 长春：吉林大学，2019.

　　[9] 马玥 . 美国"再工业化"对中国贸易竞争力的影响及趋势研究 [D]. 上海：上海外国语大学，2012.

　　[10] 王贝 . 美国制造业回流及其对中美贸易的影响 [D]. 天津：天津财经大学，2015.

　　[11] Kobayashi，H. Responses of South Korea，Taiwan and Japan to the hollowing out of industry [D]. Tokyo：Waseda University，2004.

四、电子文献

　　[1] Helper. S，Krueger. T，& Howard. W. Why does Manufacturing Matter? Which Manufacturing Matters? [EB/OL]. [2012 – 02 – 22]. http//www. brookings. Edu/research/papers/2012/02/22 – manufacturing – helper – krueger – wial.

　　[2] Marshall，G. North American Manufacturing：Reshoring Requires Developing Workers [EB/OL]. [2011 – 08 – 01]. http：//www. pddnet. com/articles/2011/08/north – american – manufacturing – reshoring – requires – developing – skilled – workers.

　　[3] Crooks，E. Jobs spur hopes of US industrial rebirth [EB/OL]. http//www. ftchinese. com/story/001042781/en.

　　[4] 沈建光 . 二战后美国制造业的变迁与衰落 [EB/OL]. [2019 – 09 – 29]. http：//jj. china. com/news/11173316/20190929/37133703_3. html.

　　[5] 首席经济学家论坛 . 从全球产业迁移，看"中国制造"崛

起［EB/OL］. https：//www. sohu. com/a/226959133_465450.

［6］新华社. 降至72年来新低！二季度制造业增加值占美国GDP比重11%［EB/OL］. http：//finance. ifeng. com/c/7rBj3c1vthq.

［7］王延春. 二战后美国制造业变迁启示［EB/OL］. http：//www. sohu. com/a/344899341_120029359.

［8］全球视野. 美国制造业回流分析——兼评《美国先进制造业领导力战略》报告［EB/OL］. http：//www. chinagazelle. cn/news/detail/757e8dec7927488fb189e766b4e81c9c.

［9］电子信息产业网. 日本制造业：回流本土，追随德国工业4.0［EB/OL］. http：//www. eepw. com. cn/article/275923. htm.

［10］吴成良，刘歌. 美国制造业"回流"真相探究［EB/OL］. http：//cpc. people. com. cn/n/2013/0328/c83083–20944897. html.

［11］搜狐. GDP总量高居世界第一，美国经济的支柱是什么？［EB/OL］. https：//www. sohu. com/a/407281739_114719？_f = index_pagefocus_7.

［12］搜狐. 美国2019年7月经济情况分析及政策展望［EB/OL］. https：//www. sohu. com/a/331173293_481845.

［13］搜狐. 1.3万亿美元！2018年，美国外资流入2520亿美元！那中国多少呢？［EB/OL］. https：//www. sohu. com/a/320230705_591132.

［14］环球视野. 刘云，刘渝峡. 美国制造业"空心化"的恶果、根源及警示［EB/OL］. http：//www. globalview. cn/html/global/info_22124. html.

［15］宏观数据. 美国对外投资［EB/OL］. http：//www. 100ppi. com/mac/world_gj–6S1V. html.

［16］搜狐. 《2019年世界投资报告》发布（附全文）［EB/

OL]. https：//www. sohu. com/a/320792519_100020617.

［17］联合国 MBS 数据. 2015～2019 年 7 月美国制造业就业总人数统计表［EB/OL］. http：//data. chinabaogao. com/hgshj/2019/10144554522019. html.

［18］财经与科技. 美国 ISM 制造业指数 3 年来首次陷入萎缩水平［EB/OL］. https：//www. sohu. com/a/338692910_120154969.

［19］联合国 MBS 数据. 2014～2019 年 7 月美国失业总人数统计表［EB/OL］. http：//data. chinabaogao. com/hgshj/2019/10144554532019. html.

［20］观研网. 2000～2017 年美国历年制造业实际增加值及增速情况［EB/OL］. http：//www. gyii. cn/m/view. php? aid＝212379.

［21］快易理财网. 美国历年制造业增加值占 GDP 比重［EB/OL］. https：//www. kylc. com/stats/global/yearly_per_country/g_manufacturing_value_added_in_gdp/usa. html.

［22］全球经济数据. 2001～2017 年美国对外商品出口、进口总额［EB/OL］. http：//www. qqjjsj. com/show72a25405.

［23］腾讯网. 苹果公司资本回流美国不可忽视［EB/OL］. https：//new. qq. com/omn/20180119/20180119G035MB. html.

［24］新浪财经. 台积电仍在与美国商讨新厂补贴，美国也怕"富士康建厂"套路再现［EB/OL］. https：//t. cj. sina. com. cn/articles/view/6180144188/1705d843c00100tlql? from＝tech&subch＝internet.

［25］新浪财经. 2018 年《财富》美国 500 强排行榜（完整榜单）［EB/OL］. http：//finance. sina. com. cn/stock/usstock/c/2018－05－21/doc－ihawmaua3371039. shtml.

［26］新华社. 到 2020 年我国总人口将在 14. 2 亿人左右［EB/

OL].［2017 – 02 – 26］. http：//www. gov. cn/xinwen/2017 – 02/06/
content_5165892. htm.

五、其他

［1］罗丹，王守义．美国"去工业化悖论"的政治经济学研究
［R］. 外国经济学说与中国研究报告，2018（1）：337 – 344.

［2］沈年耀．论近代西方列强对中国经济侵略的特点［R］. 襄
樊学院学报，2000（6）：71 – 73.

［3］张鑫．制造业外迁倒逼城市经济转型［N］. 中国社会科学
报，2016 – 07 – 03.

［4］本刊评论员．不要低估美国制造业回流的伤害［N］. 21 世
纪经济报道，2011 – 07 – 12.

［5］陆忠伟．美国"再工业化"任重道远［N］. 文汇报，2018 –
02 – 02.

［6］Li G，Pang Y. Analysis of Apple's Company and Maintainance
of Its Core Competence［C］. International Conference on Information Sys-
tem and Engineering Management，2013：595 – 598.

［7］S Kota，TC Mahoney，Manufacturing Prosperity. A Bold Strate-
gy for National Wealth and Security［R］. MForeight，2018.

［8］Advanced Manufacturing National Program Office Manufacturing
USA Annual Report［R］. 2017.

［9］Acemoglu D，Restrepo P. Robots and Jobs：Evidence from US
［R］. Labor Markets NBER Working Paper，No. 23285，2017.